MESOPOTAMIA, EGYPT, INDUS, AEGEAN

ANCIENT WESTERN
CIVILIZATIONS

西方
古城市
文明

薛鳳旋——著

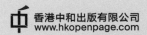
香港中和出版有限公司
www.hkopenpage.com

目錄

序

　　我的專業是現代城市地理學，在英國唸博士時，學習的主體乃歐美和第三世界的近現代城市與城市化。自 1970 年代中起我在香港大學講授「城市地理學」及「全球城市化模式的比較」。正是由於後一個課程，加上我對中華文明及中國歷史的興趣，使我展開了漫長 40 年的對中國文明與中國城市相互關係的探索。

　　1985 年，我和中國內地及台灣學者合作，編寫了我國第一部城市研究專著：《中國的大都市》，並同時以中文及英文在香港及倫敦出版。這亦是自 1949 年後，兩岸三地學者首個成功的、能結出全球性果實的學術合作的案例。之後，我與彭琪瑞和蘇澤霖編撰了《香港與澳門》（1986）、撰寫了《北京：由傳統國都到社會主義首都》（1993-1996），中英文兩版，2014 年和劉欣葵合作出版了更新版：《北京：由傳統國都到中國式世界城市》）、《香港發展地圖集》（2001）、《中國城市及其文明的演變》（2009，中英文兩版），《澳門 500 年：一個特殊中國城市的興起與發展》（2012 年，中、英、葡三種版本），和《清明上河圖與北宋城市化》（2016）。

　　由於我對中西方文獻的了解，在研究中國城市文明時，比一般外國及中國內地學者多佔了一點優勢：即能理解和融合中西角度以尋求一個更真確的認知。亦因為如此，我同時亦鑽研外國的城市及其文明，思考中西方在這方面的共通與差異。這本專著就是這個過程中的一個階段性成果。

　　我在研究過程中領悟到文明等同於城市，中外都如此。更甚者，從城市的起源、發展與特色去理解一個文明的興衰，會更容易和更合邏輯。我同時也發現：中國的文明和西方四大古文明，往往被視為不同個

體，鮮有放在同一視角去考慮和比較；而對其中的個別文明的介紹和論述也流於瑣碎。在本書中，我嘗試以淺白易明的文字系統地介紹這四大古文明，並把它們連結在同一的人與自然的互動過程之中，以說明不同的自然環境孕育出不同的古文明；而人的不同的適應能力，解釋了文明的興衰。

除了希望文字簡淺外，本書的另一特色乃採用了大量的地圖、文物實照、數據等以使主題更形象易明，歷史脈胳更清晰，空間關係更明確，同時也讓讀者通過實物的影像，感受到這些古文明偉大而璀璨的亮點。

對古文明研究時，成文記錄的缺乏使考古資料成為主要素材。考古資料在時空上的不完備以及在解讀上的主觀性，使不同學者在重組歷史時往往出現不同的版本。本書採納了主流的看法，但亦有一些自己的主觀判斷。此外，在四大古文明地區範圍之內，考古發掘仍在進行，不時亦有新的重大發現，以充實甚至改變舊的看法。因此，對四大古文明的理解，應是個動態過程。作者亦希望各方對本書的看法提出意見。

為了避免繁瑣，本書的資料出處，除了特別需要外，都省掉註明。讀者可在詳盡的參考書目中查看到主要內容的來源。

本書的出版花費了香港中和出版有限公司編輯不少心血，內中的不少地圖和圖表得到港大梁小姐幫忙，謹此致謝。

本書包含了內子的熱忱與鼓勵。經過與她多次的討論和她對草稿的審閱，最終稿才得以成形。在此特誌其事。

薛鳳旋

2017 年夏末

於煙滺望海樓

對西方古城市文明的探索

1. 文化、文明、古城市文明

1.1 文明的定義與起源

在現代漢語中,「文明」與「文化」這兩個詞常常被互換,幾乎被認為是個共通詞。我們在本書中採用了稍為狹義的理解,將「文明」放在「文化」之上,即當一個人類群體或社會的「文化」發展到一定成熟程度,滿足一定的條件時,這個社會才進入「文明」。在時間上,我們將還未跨進文明門檻的人類史前發展稱為「文化」。此外,「文明」亦被用作一個泛稱,如相對於中國文明或中華文明,在中國範圍內的地方文明,便被稱為地方文化。因此在一個經已進入文明的廣域國家,在其內可以存在具有不同特色的地方分異,即地方文化。

在諸個界定文明的標記中,城市是十分重要的,因為城市和文明的關係十分密切。蘇比(Sjoberg, 1961)在他的《前工業城市》一書中第一句便說:

「城市和文明是不可分割的:城市的出現和推廣,使人類離開了原始社會階段。同樣地,城市也能使人類建立一種越來越複雜,且更使人滿意的生活。」

城市的出現,即由原始農業聚落進化至城市,是一個複雜的過程,它包括了經濟結構和社會組織上的劇變。在這個過程中,原始文化走進了較高的發展階段,成為文明。從科學角度看,歷史上城市的出現,基於兩大因素:一是科技的突破,即生產技術、運輸技術和倉儲技術的重大發展,二是人類在組織和管理能力上的突破(豪瑟,Hauser,1965;莊臣,Johnson,1967;梅多斯,Meadows,1957)。這兩大動力使人類能生產出生產者自需以外的剩餘糧食,而這些剩餘又能成功地集中到某一些空間點或地方上(特納,Turner,1949)。

英國學者柴爾德(Childe, 1936, 1952),稱這個推動城市形成的過程為「城市革命」,它與在時間上更早的「新石器革命」及「農業革

命」組成了人類由原始文化進入文明的三大階段性變革。他指出：文明的出現與城市關係密切，甚至是由城市所帶動的，而城市也等同是文明的代號。亞當斯（Adams, 1966）則論斷城市文明出現的動力乃灌溉農業、頻繁的戰爭，及地區資源分佈的不平均。布雷德伍德（Braidwood, 1986）也認為：導致城市的出現乃糧食生產技術的進步，特別是公元前4000年在兩河流域灌溉技術的出現。大型灌溉工程的建造和管理，令對主要生產要素 —— 肥沃土地的擁有出現不平等現象，直接促使社會階級分化。

在上述學者的基礎上，費根（Fagan, 2001）作出如下的總結：

「考古學家將文明當作一個城市化的國家級社會的縮寫版。」

他並對遠古文明或前工業文明，綜合出 5 個主要標記或指標性標準：

1. 以城市為基礎的社會組織和複雜的社會；
2. 基於中央集中的資本積累及社會地位由朝貢與稅收所決定的經濟體，支撐千百名脫離糧食生產的非農就業，促進遠途貿易、勞動分工以及手工業的專業化；
3. 有記錄方法、科學和數學的進步，以及文字；
4. 宏大的公共及紀念性建築；
5. 有一個由統治者領導的有廣泛影響的全社會性的宗教。

曼恩（Mann, 1986）從另一角度描述了「城市革命」或文明形成的過程及其具體內容。他說：真正的城市生活是由四種社會權力所構建的，即：經濟、意識形態、軍事及政治。在公元前三千紀，農業進步導致經濟資源的增加，也促使了軍事力量的建立。在早期，這力量主要是對外的，而不是內部的徵稅或鎮壓工具。經濟精英和廟宇關係密切，也和文字記錄能力和遠途貿易相關。軍事力量最後促使已經控制了宗教的經濟精英蛻變為世俗的王。而從王的出現起，就出現了王與神廟 —— 或世俗與宗教，兩者關係的演變過程，最終導致了王的神化，並把這四種社會權力結合於王的一身。曼恩的這些觀點正可印證了本書中兩河流域及埃及城邦時期的古城市文明的演變。

然而，對於城市的興起，在西方學者間仍然存在不同的看法，它主

要源於兩類問題：（1）城市作為文明的標記，是否先有文明，後有城市？（2）既然是生產技術的起飛與貿易的發展導致經濟結構轉變，造成社會內生產與非生產活動人口的分化，形成「城市革命」的動力，那麼這動力是否乃工業化和商業化，因而是手工業者或商人，而不是一般的經濟精英或宗教領袖成為這過程的主要人物？

芒福（Mumford, 1961）為我們提供了這些問題的部分答案。他認為：從分散的農村經濟到高度組織化的城市經濟的轉化，最關鍵的因素乃是國王，即王權。在文明出現所依賴的經濟剩餘價值的集中過程中，「城市」是產生這些剩餘價值的科技和管理組織等關鍵投入的集中地，因而也就是當時文明要素的集中地。而主導這個城市功能的乃是以國王為代表的社會及其組織結構：「國王佔據了中心位置，他是城市磁體的磁極，把一切新興力量吸引到城市文明的心臟地區來，並置諸宮廷和廟宇的控制之下。」

明顯地，這個文明觀是將城市與鄉村看做同質的，是一個體系中的不同組成部分。雖然城市在表面上與農村明顯不同，如它在經濟上以非農活動為主，在景觀上有宏偉的宮殿與廟宇，在職業功能和社會階層上有國王、官員、商人和手工匠等，儼然自成一類「文明」。但城市中的這些文明要素，是文明的空間的集中，而不是與它所處的廣大的農村腹地內的農村地區相對及不同的另一種文明。套用芒福的話：城市是文明的心臟地區；國王或王權是當時的文明的簡寫；是當時的文明促進了整個廣大地區農業生產力的提升、剩餘價值的積累、集中和轉化（包括製造新器物、藝術，和通過貿易換取本地缺乏的器物）。芒福又指出：與城市發展亦有密切相關的工業化和商業化，只是一種附屬的現象，因為它們實際的操控者乃是王權，或王權與宗教的結合體。

不過，范德·米魯（Van De Mieroop, 1997）認為：「國家是城市基礎之上構建的」，是先有城市，才有國家及文明。因此，我們要在遠古城市與文明出現之間加添一種近似城市的過渡性大型聚落，即在文明出現之前的「初城」，它們為真正城市文明的形成及出現提供了必要條件。古埃及及兩河流域的考古都印證了前文明時期「初城」的存在。

1.2 對城市與古城市文明的定義

柴爾德的古文明形成的十項標準，具體地為古城市文明作出定義：

1. 人口規模大而且稠密；
2. 居民主要是從事非農業活動的官吏、僧侶、工匠、商人、運輸工人等；
3. 是剩餘財富的集中地；
4. 擁有象徵剩餘財富的規模巨大的公共建築；
5. 存在社會階級分化；
6. 文字出現和應用；
7. 產生科學；
8. 出現城市文化；
9. 遠途貿易興旺；
10. 手工業發達。

在這些標準中，文字的出現和應用是分辨真正城市，或已跨入文明定義的城市，和仍未進入文明的農業聚落及「初城」的主要標準，也即是分別「文明」與史前文化的主要標準。正因如此，文字與國家，是由近似城市的大型聚落「初城」所孕育的，它在文字和國家出現之前已出現，在時間上正處於城市文明的前夜。此外，正如前述，我們不能把城市從它所處的社會和地區分割出來，從文明的角度看，城鄉是個統一體。在這些意義上，「文明」可與「城市文明」畫上等號。

在文明出現前，地球上的不同地區因應不同的自然環境，和人類群體對環境適應的選擇，已存在不同的文化。在這個基礎上，其後在這些地區便產生了不同的古城市文明。目前，在全球範圍內已確認曾經形成了七個古文明，或七個古城市文明。它們各有不同的發展歷程和特點。在同一古城市文明中，我們也看到它們在文明演進的不同歷史階段中，產生了不同特點的城市。

總言之，城市是文明的載體，因為它是行政、教化、非農經濟活動等的支點，也是農村人口和農業服務的中介地。歷史上的城市演變因而自然地體現了文明的演變。本書的主要目的之一是為「城市文明」正

名，它等於一般所說的文明。但「城市文明」這個詞更準確地表達了文明的涵義，因為文明源於城市，城市的發展與變更體現了文明的演變。

1.3 本書的內容覆蓋：西方古城市文明

筆者對城市文明研究的初步成果，可見諸《中國城市及其文明的演變》一書。該書以中華文明為案例，從新石器中晚期起到當下的 2012 年，探索了中國城市文明發展的整個過程。它首先分析了由環濠聚落到龍山時代以城市為核心的城邦的演變。之後，介紹了史前期的夏、商朝的城市文明，並進而分析了由周代至中華人民共和國的城市特點及文明演變。全書通過系統的和詳細的研究，整理出跨越遠古到當代的長達六千多年的中國城市文明全過程。但對總結出城市文明發展的一般性理論，這只是第一步。我們還需要對世界上其他城市文明進行比較性的研究。

為此，本書選擇了兩河、埃及，和印度河的遠古城市文明作為第二階段的探討。這三個地區和中國一樣，大概在公元前 3000 年前後進入了文明（見附表）。在三者之外我們還加添了較晚期的愛琴海古城市文明（約公元前 2000 年進入文明），因為它被認為是西方文明的源頭，也是上接兩河及埃及發展經驗的古城市文明。加添愛琴海古城市文明可使本書的內容與羅馬時代的文明發展相對接。在時間上這四個古城市文明，應稱為遠古時代的文明，不過為求簡約，本書把它們通稱為古城市文明。至於美洲的三大古城市文明，基於資料不足，時日較晚，以及對現今的文明影響不大，我們暫不把它們包括在探討範圍之內，希望日後再把它們涵蓋。

2. 西方與中國古城市文明的時序與關係

　　中國自漢唐以來習慣把在中華帝國以西的世界，包括南亞次大陸、中東、埃及和歐洲統稱為「西域」或「遠西」。中國雖然與它們有一定的交往，並在中國史書上有所記載，但至清末為止，國人對這廣大地區所知不多，更談不上對這地區出現過的歷時久遠、極其偉大和各具特色的古城市文明有所了解。本書的目的就是把這四大古城市文明作一系統、清晰和扼要的介紹。不過在介紹它們之前，有必要簡略地把這些文明與中華古城市文明比對（見附表），以便在了解它們時有全球的及中國的角度。

　　與兩河流域和埃及相比，中國史前聚落的出現要更為早些。在新石器早期（公元前 10000－前 7000 年），河北的徐水南莊頭、江西的萬年洞和湖南的玉蟾岩已出現了早期的農業聚落。在新石器中期（公元前 7000－前 5000 年），大中型環壕聚落已遍佈南方的長江中下游和北方的黃河中下游，並且延伸至華北地區。它們一般面積 3－10 公頃，但大的如江蘇的順山集，面積達 17.5 公頃（見附表）。

　　到新石器晚期前段（公元前 5000－前 4000 年），亦即兩河流域的歐貝德時期，我國南方浙江省的河姆渡，北方內蒙古的趙寶溝、城子山和黃河中游的姜寨、半坡，及秦安大地灣等已出現眾多的大型聚落。它們的功能結構及文化遺存顯示了社會階級分異及製陶等手工業的專業化，而人工打造的早期銅器亦已出現。其中大地灣遺址佔地 110 公頃，密佈房屋遺存，中心區有超大型宮殿式及會堂式建築，顯示「初城」可能經已出現。但這些遺址的發掘及其研究報告的公佈，都是 1990 年或更後期的事，對它們知曉的外國學者並不多。因此，西方學界仍普遍存在中國城市的出現及文明的形成遠晚於兩河流域及埃及，甚至晚於印度河流域的誤解。

　　中國最早有文字記載的朝代是商代（公元前 1600－前 1040 年）。

這些文字乃現存的 16 萬片在晚商首都的王室特別檔案館（殷墟）出土的占卜甲骨刻文，其時段約為公元前 1300－前 1040 年。這批文字含 4500 個不同單字，其中約 1000 個已被譯破，餘下的主要是人名及地名。這些古文字和後來的中國文字有不少是相似的。從文字的成熟度及內容覆蓋的廣泛度推論，這些文字可能已經歷了 1000－2000 年的發展。零散地在陶片上出現的以毛筆書寫，或在甲骨和陶、玉石器上契刻的個別字或刻劃符號，在磁山的賈湖（公元前 7000－前 5500 年）、仰韶文化的村落（公元前 5300－前 3000 年）、龍山時代的城市（公元前 2800－前 2000 年），如陶寺及丁公城等古城遺址，間有出現，可作為商代成熟的甲骨文已經歷過一個漫長的演變過程的旁證。而在商代，或甚至在夏代，可能已普遍流行甲骨文或其簡易書寫體的文字，只因為中國文字的主要載體乃容易腐爛的紡織物、竹片或木片，令這些文字記錄，因載體已經腐化而失存，只遺留下王室占卜之用的、刻在數千年不朽的甲骨上的特殊功能文書。

相對於兩河流域和埃及，中國文明前夜的時間也較早，因為已發現的「初城」較多，時間較長，而其分佈範圍亦相當廣泛。在上述的大地灣之外，還有公元前 4000－前 3500 年的甘肅大地灣四期（50 公頃）、湖南城頭山（18.7 公頃）和陝西廟底溝（24 公頃）等。稍晚的，存在於公元前 3500－前 2800 年的「初城」在全國已發現 18 座，每座面積（以包括城牆計）在 20－60 公頃間。兩河流域因而並不是最早出現「初城」的地區。

用西方學術界的指標來界定一個社會是否已是文明社會，則中國約在龍山時代早期便已跨進了文明門檻。目前已發現 60 座龍山城市，都是分散的邦國的首都。已知的最大城邦石家河（公元前 2600－前 2000 年），國土面積達 20 萬平方公里，位於江漢平原，約等於兩河流域的阿卡德和蘇美爾兩個區域的總和。其首都石家河城面積 120 公頃，人口有 3－5 萬。城內發現冶銅、治玉和製陶等手工業。城外 20－30 公里半徑內發現了約 30 個聚落。

不幸的是，龍山城邦遺留下來的，除了夯土築成的城牆和城市中心區宮殿及公共建築的夯土台基外，就是一些銅、陶及玉器，鮮有文字及

畫像遺存。因為中國布帛發明較早，布和竹、木成為主要文字載體，而石雕在早期的黃河乃至長江流域都不普遍，泥木建築和竹書、帛書在中國濕暖的氣候下自然難以長久保存，這些物品和建築亦容易在洪水氾濫時湮滅。龍山晚期及商代中期，中國均發生特大洪水，淹沒了不少河谷平原上的城市。

基於自然氣候和水文條件、中國文字載體與建築特色的脆弱性，考古發現所能提供的遺存及相關資料十分有限（除了比同期其他古城市文明更精美的陶器及玉器），使我們對龍山時代情況的了解遠不如同時期跨進文明的兩河流域及埃及。後者的乾旱沙漠氣候，加上因應當地資源而產生的不同的文字載體，如泥版、滾印、石雕和牙雕的耐久保存特性，使我們通過它們的考古發現，能清楚和形象地知道當時的王室世系、神祇、社會主要價值觀、禮儀、建築，甚至不同階層的衣冠和生活等等細節。

不過自周代起（公元前 1040 年），中國的典章文物，包括了詳細的史書記載，都比西方古城市文明發達而詳盡。而且，自周代起，中國城市文明的發展從未停止，而兩河、埃及和印度河的古城市文明在公元前 1000 年前後已經成為了「死文明」（其文字體制及社會風格經已不存在）。不過，前兩者通過古希臘文明的部分繼承，今天我們還可以在其後的西方城市文明中找到它們的一鱗半爪，但印度河古城市文明卻在公元前 1400 年後便完全消失了。

近兩百年，特別是在二次大戰後，經考古發掘和研究的努力，已整理出兩河、埃及和印度河三大古城市文明較清楚和詳細的資料。這些除了讓我們了解西方古城市文明外，也為我們對中國在公元前 3000－前 1500 年間的古城市文明的發展及其特色的理解提供了重要的比較和參考。

附表 中國與西方四大古城市文明比較表

公元前	兩河流域	埃及	印度河	愛琴海	中國	注
7000-5000	耶莫、哈納蘇、薩邁拉	奧瑪里、莫林達、法尤姆	邁爾戈		環濠聚落：磁山、彭頭山、成背溪等	
5000-4000	哈拉夫、歐貝德	巴達里			大地灣、姜寨、半坡等	
4000-3500	烏魯克初期		前哈拉帕		初城：大地灣四期、城頭山、廟底溝	
3500-3000	烏魯克中晚期	涅伽達二期、涅伽達三期（零王朝）	哈拉帕早期		史前城市／初城18座	烏魯克及涅伽達出現初城
3000-2500	早王朝一期*	早王朝*	哈拉帕早、中期*	克里特島前宮殿期	龍山城邦（2800-2100）*	兩河、中國（2800），埃及（2680）印度（2600）進入城邦時代
	早王朝二期	古王國			有牆城市60座	埃及統一帝國
2500-2000	早王朝三期	古王國	哈拉帕中期			
	阿卡德帝國（2350）					兩河統一帝國
	烏爾第三王朝	第一中間期			夏朝（2100）	中國統一帝國
2000-1500	伊辛—拉爾薩時期	中王國	哈拉帕晚期	克里特島第一王宮期*		
	巴比倫第一王朝	第二中間期	梨俱吠陀	克里特島第二王宮期	商朝（1600）	
1500-1000		新王國		邁錫尼		
				黑暗時代		
1000-500		第三中間期	吠陀後期	黑暗時代	周朝（1040）	
		後王國		古風時代		愛琴海進入城邦時代
500-300			佛陀時期	古典時代		

* 進入文明期

3. 西方古城市文明的出現與各自特點：
自然條件、人的選擇

　　我們認為古城市文明的出現和相互間的分別，是自然條件的不同及人類主觀選擇的結合，亦即是中國傳統所說的「天人感應」過程的結果。地球上不同地域的早期人類在文明之前對轉變中的自然環境，在物競天擇的規律下，都曾作出不懈的努力，適應自然變遷以謀求自身的持續發展。當時的成功選擇（合乎自然的行為），往往是集體性的選擇，或集體意志的表達與執行，而它的最有效的媒介就是宗教。因此「天人感應」一詞中的人，是指集體的人，不是個別的人，而集體能在行為選擇中統一意志和行動，依靠的往往是「神」的旨意，即宗教的權威。同時，宗教不但有「神」的權威性，亦體現了自然本身，往往是神化了的自然力量。因此，這些集體決定或意志所依賴的就是自然力量。這「天人感應」過程，除了在中國古城市文明可以體會到外，正如本書顯示，亦在西方的兩河、埃及和印度河三大古文明的出現與發展過程中得到印證。

3.1 兩河經驗

　　在廣闊的中東地區，為何蘇美爾會首先走出城市的第一步？蘇美爾的遺存及其考古的實績為我們提供了這個在遠古發生的、讓人類由新石器晚期走向城市文明的「天人感應」過程的具體案例。

　　幼發拉底河和底格里斯河的河口區水資源豐富，那裡沼澤與潟湖密佈，又和南邊的沙漠、北邊山巒坡地及東南部的波斯灣相接，形成了一個適合遠古人類生存的生態多樣化地區。然而，若沒有農耕的出現，該地區只能是個牧、獵、漁業地區，難以支撐固定的村落和較多的人口。自公元前 5000 年起，由於河口淺灘地區受地殼運動而隆起，導致海水向波斯灣倒退，海岸線南移，以往的淺灘，經過數百年的雨水及河水的淡化，變成大片在水平線上可耕而又特別肥沃的土地。這片新土地更因

為沒有主人，自然吸引了中上游及北邊山坡地區的經濟發展落後（依賴低收旱作）的人口移入。

蘇美爾最早期的較大聚落埃里都，相傳地下是水神恩基居住的一個透水石層；因為可飲用水的供應，使埃里都能在河口淺灘首先發展起來，而水神也成為埃里都的主神。這個傳說，點出了河口區自然環境的變化，吸引了農耕人口的移入。高產土地與水上運輸便利的自然條件使蘇美爾成為當時整個中東經濟最發達的地區，令致神廟經濟擴大，使它產生對文字記錄的需求與專利，促進了神廟主導的遠途貿易和手工業的發展，成為兩河文明的始源。就算是在較後的城邦時代，國王還相當地依賴神廟，把自己定位為神的代言人及經理人，肩負了宗教與世俗的功能，藉用神的權威以執行人的集體選擇與意志。因此，宗教的核心，即主神廟或神廟區，亦一直是兩河古城市在空間佈局上及城市功能上的核心。

3.2 埃及經驗

從自然地理看，沙漠、山地及地中海從東南西北四面將古埃及壓縮成一個與外界相對封閉的狹長地區。區內尼羅河的定期氾濫及河道的交通便利也促使上下埃及很早便形成一個統一的經濟與價值共同體。這些自然地理條件促成了太陽神等古埃及主神的出現，亦塑造出法老作為這些神祇的代表，享有高度集中的權力，以進行河渠的建設與維修、農業剩餘的集中，及在農暇時通過大型神廟與王陵工程的力役回報向農民作資源的重新分配。因此，古埃及城市都指向一個主方向：王權與宗教的緊密結合。同時，每天的日出日落，特別是日落後保證太陽能順利渡過陰間，再在黎明升起，形成了埃及法老神王「重死不重生」的施政和文明特色，即顯示「神王」偉大與精神永續的神廟與王陵的建設。它們成為古埃及兩大城市化動力，構建了與世界其他古城市文明不同的特色。更因為本地石材資源豐富和水運的便利，神廟與王陵都以堅固的岩石建造（或建於岩石內），得以留存至今。但民居，乃至王宮，都是用泥磚建築的過渡性建築，成為難以遺留的歷史過客。

尼羅河氾濫的週期性，及它帶來的沃土，使古埃及農業富足，人民普遍比兩河地區溫飽，因而我們在它的古城市文明前期找不到很多的戰爭遺存，而在河谷內亦鮮有設防的城市。不過，在公元前 16 世紀後期，當中東地區出現了馬拉戰車與鐵製兵器，古埃及的自然地理的封閉局面便被人為的技術進步所打破。因而自新王國起，古埃及成為來自阿拉伯半島及海上民族的外族入侵對象。當有為的法老出現時，埃及亦展現了軍事和領土的擴張。在這一時期，古埃及出現了邊境的設防城市及貿易重鎮。然而，這些新元素對古埃及來說還是次要的。埃及古城市及其城市文明主要源於古埃及內部特有的自然環境和相應的人文發展，是一個時代及既定科技創新與應用的產物。因此，它的文明標誌，如金字塔和帝王谷的王陵、享廟、卡納克與盧克索的神廟等都是難以在其他地區出現或複製的。

我們通過王墓文物，包括壁畫和石浮雕，能知道古埃及諸王的名稱、王宮的樣式、邦國的名稱、重大的歷史事件，以及當時的服飾、主要手工業和遠途貿易的商品和範圍等。這是因為它是個「重死後」的文明，而地區的氣候又十分乾燥，加上墓地選址都在尼羅河狹窄的氾濫平原之上。自然地理條件加上人的主觀選擇，起了對古墓文物的保存和保護作用，使這古文明的關鍵記錄，相對於其他古城市文明，能較充分地遺留下來。

3.3 印度河經驗

印度河流域古城市文明是由河谷西部及北部坡地而來的移民在印度河河谷所建立的。但是古印度河的水文條件與兩河流域及古埃及不同。在這個不同的自然環境下，他們採取了與兩河流域和古埃及不同的灌溉農耕，即純依賴自然河道的氾濫（河谷內至今沒有發現大型灌溉工程的痕跡）。同時，這裡的氾濫有時是極具破壞性的，為了控制及防禦每年一度會造成禍患的水災，河谷裡的大小聚落都建有用燒結磚或石頭造成的堅固厚重的圍牆及衛城。又因為降雨少的關係，使一些城市建造了富有創意的特殊的儲水設施。這些與水有關的圍牆及水庫，成為古印度河

城市文明特有的城市聚落建築與景觀。

　　正是大量耗費人力而要求高組織能力的大型防洪和儲水工程，締造了古印度河文明文字、劃一的度量衡、一致的規劃與建造標準。河谷內一致的水文、地質和氣候狀況，使整個廣大流域內的不同地區在同一時間走進了文明的門檻。然而，因為它只出土了稀少及仍未能被解讀的文字，使這個古文明的資訊與兩河與古埃及相比，仍是非常缺乏，令我們至今仍無法確知這個古城市文明的性質和它的社會與統治模式。

　　至今在古印度河流域文明的有關遺址上仍沒有發現明顯的王權及宗教精英的痕跡。然而，從它的城市房屋結構與公共建築的功能與分佈，以及城市設施及已出土的文物推測，它似乎是個非常有規律、平等、樸實、衛生、清潔的社會，甚至可以推論它是個近似我國理想的「大同世界」的社會。它和其後的「恆河文明」，以至今天的印度和巴基斯坦社會，並沒有任何重大的共通點。

　　至於此文明為何在公元前 1900－前 1700 年間由衰落而至湮滅？大概兩點可能：一、自然環境變化，使大河流域大部分地區變得乾旱及沙漠化，不適宜農耕。人們被迫放棄河谷內的城市，向生存條件較好的東或東南部地區遷移。二、這一文明自身的保守性和對自然及人文社會發展的抗拒性，使它缺乏適應能力和創意，在自然界連續不斷的打擊下喪失了競爭力和持久力。

3.4 愛琴海經驗

　　愛琴海古城市文明的出現遠後於上述三個古城市文明。由於它在地理上與埃及和兩河古城市文明毗鄰，它自然地受到了這兩個時間及發展進程較早的古城市文明的影響。愛琴海地區的發展主要源於中歐遊牧民族向希臘半島及愛琴海諸島的武力佔據。他們其後通過海上貿易，逐步吸收了鄰近古文明的部分要素。然而，該地區沒有大河流域，而是由藍色海洋的眾多分散小島和港灣所構成，他們的選擇遂傾向於利用便利的航運及強悍武力的傳統，以舒展外向型的掠奪。因而愛琴海古城市文明擁有武力和掠奪的發展主軸，形成城邦大殖民式的城市化特色。

公元前 2000 年起，愛琴海古城市文明經歷了克里特島、邁錫尼及古希臘三個階段，前後共約 1600 年。期間，它通過海上商貿活動和不斷的向外殖民，影響覆蓋了整個地中海沿岸及黑海地區。它的不少文明元素更由於亞力山大及其將領建立的橫跨歐、亞、非大陸的龐大帝國（希臘化時代，Hellenistic）及其後的羅馬帝國的繼承，而被認為是西方文明的淵源。

自然地理對古希臘的政治、社會、文化產生的影響十分明顯：1. 關山阻隔的小塊平原，促進了小國寡民式的城邦政體和狹窄的價值觀。2. 商業和航海貿易需要平等和自由交換，促使平等觀念、民主政治和法治的形成。3. 狹小的城邦使糧食難以長期自給，促使古希臘人向海外擴張，建立殖民地或轉口糧食及必需商品。4. 城邦為了生存與擴張，打造了公民「集體」，以便更好應對自然與人文的挑戰。

考古資料及古文獻的充裕，提供了古希臘城邦的較詳細和清晰的資料，使我們對愛琴海城邦的定義、性質和體制有比較明確的認識，也對它的城市功能、結構、城市社會、生活和景觀等文明特色有詳細的了解。在公元前 9–前 8 世紀，愛琴海城市經歷了由防禦中心、宗教中心，至在統一運動中成為城邦的政治、經濟和文化中心的發展過程。雅典城體現了這時期的城市的特點：「重集體生活、輕私人生活」，呈現公共建築與公共空間的輝煌，和相對的住房、用水、排污與道路建設不足的矛盾。

雅典和它所主導的邦盟的發展顯示了古典時期城邦社會中存在的另一種矛盾：公民小圈子的民主與奴隸和外邦人沒有政治權利的矛盾。同時，個別領導人的能力及大權獨攬很多時候比民主更為重要；民主亦縛束了眾多城邦邁向帝國的發展，而邦國間的互相征伐卻給外敵機會，促成了愛琴海城邦時代的終結。

4. 結論：「天人感應」：解讀古城市文明間的差異

　　本書通過對西方古城市文明的研究，發現了文明出現的普遍性條件乃灌溉農業的出現，這亦與中國的經驗一致。而河谷平原具有能最早實行灌溉農業的條件，因為河道的自然週期性氾濫，配以平坦和疏鬆的土地，在原始技術條件下，仍然可以得到豐收。河谷平原因而聚集了較多人口，產生農業剩餘，創造了勞動分工、催生了手工業、貿易或交換。

　　在兩河流域，早期灌溉農業是在河口區即蘇美爾出現的，因為地殼運動使河口上升，水退去後的沃土，在大型人工排灌出現前便能成為豐產的農地。因此，蘇美爾先於兩河中上游的節水農業區，成為兩河流域跨入文明的最早地區。其後，因為技術的進步，人工灌溉在整個兩河中下游得到推廣。但河道的改變和人口增加，使水資源的爭奪成為兩河邦國不斷相互攻伐的主因，也催生了城邦霸主都聲稱為「基什王」、建造廟宇、拉攏宗教，以作為王權的重要支撐。

　　尼羅河的氾濫形式是平和而具規律的。同時，平直的，由南而北的河道的「渠道效應」，促使了安全和便利的河運和便捷的訊息傳遞，使文明能在狹長的河谷同步發展。它亦結合了太陽升落的白天與黑夜的循環，營造了法老是神及法老也與太陽一樣能於死後再生，即「重死不重生」的主要文明內涵。

　　但古印度河的氾濫卻是把雙刃劍。它使豐產的自然灌溉農業出現，成為文明出現的根基，但同時亦極具破壞性，能將城市與農村毀於一旦。因此古印度河的城市都以堅固的燒結磚或石塊建造，包以堡壘式的厚牆，但它們仍多次被洪水破壞乃至毀滅。這個古城市文明集中了全社會的力量，為的就是應對自然界的破壞力。考古資料顯示：為了集中能力以應對洪水，它是一個沒有王、沒有巨大神廟與神像、沒有明顯階級分野的，平等、富足、而又具有高度組織能力的社會。

上述三大古城市文明都是在大河流域原生的，可稱為大河文明，或「黃色文明」。然而不同的流域水文情況與河谷自然地理，產生了人類不同的適應，營造了本書所詳細描述的三種不同的古城市文明。

　　愛琴海沒有大江大河，它的文明起源並不來自灌溉農業，而是一種次生的古城市文明，即它的文明是從已存在的文明轉移過來並加以改變而成的。比如說克里特的王宮、陶瓷、繪畫是自兩河文明傳入的，它的文字也是源於腓尼基和埃及的古文字。然而愛琴海上的航船，如草原上的馬一樣，給予這文明在海上馳騁的便利。基於此，這些來自草原上的遊牧民族在愛琴海展開了文明史上的劃時代發展，開創了殖民與掠奪結合的另類文明：「海上文明」或「藍色文明」。

　　綜覽古今中外，人與大自然的相互關係，加上人的不斷適應及提高自身的組織與技術能力，成為了文明發展史的主線。這就是地理學上的「人」、「地」關係，或中國傳統的「天人感應」。在這人地關係中的人類的選擇，能否順乎天意或天道，自然關係到某一個文明能否可持續發展。我們是否可從兩河、埃及與印度河這三大古城市文明的終結 —— 成為已死的文明，吸收到一些經驗教訓？我們亦能否用愛琴海的經驗解讀西方近 500 年的殖民帝國發展史？此外，這些西方的正反經驗能說明甚麼？它能否幫助我們解釋為何中國城市文明能從龍山時代一直延續至今天，成為世界文明發展史上的唯一的、延續不斷的活文明的案例？這些問題值得我們探究。

第一章

兩河流域的古城市文明
與蘇美爾城邦

1. 西方城市及西方文明的發源地

　　20 世紀中之前，西方學術界一直以埃及文明，即埃及古城市文明，為世界最早的文明，及西方文明的發源地。雖然兩河流域的文化遺存在 18 世紀中後期起已不斷地被發現，但當時仍未有足夠的發現與權威研究以確立中東古城市文明，以及推翻埃及古城市文明為世界最早文明這個已被普遍接受的觀點。

　　20 世紀後半期後逐漸形成了的一個新共識即：西方文明的發源地乃兩河流域，而其標誌地區乃在其南半部，即蘇美爾地區，那裡於公元前 3100－前 2300 年出現了蘇美爾城邦（Sumerian city-states）。這些城邦擁有如下特點：一、複雜的社會階級結構，包括了王的出現；二、文字的出現；三、青銅器的出現；四、城市的出現。這些特點滿足了西方學術界如柴爾德等有關文明的定義，因而蘇美爾城邦被認為是世界最早的文明。有些學者甚至認為：這個文明在蘇美爾人被滅亡（包括其語言亦消失）後，仍主導了中東及相關文明近 1500 年，包括了亞述及古巴比倫帝國，以及之後興起的希臘及羅馬古城市文明。換言之，蘇美爾、亞述、古巴比倫、希臘、羅馬等城市文明是一脈相承的。

　　由於西方學術界普遍在文明與城市之間劃上等號，因此可以理解他們為何在 20 世紀後半期放棄了埃及，改而認為兩河乃是世界文明的發源地，因為在 20 世紀末，這些學者普遍認為古埃及的一個特色乃它是一個近乎「沒有城市」的文明。亦正因如此，我們在本書的首章回答以下問題：兩河南部的河口區及沖積平原為何自公元前 5000 年起，以灌溉農耕，相對兩河上游及河谷周邊山區，後來居上，成為經濟最發達、人口最稠密地區，並孕育了城市、文字與青銅器？為何蘇美爾存在一個明顯的「初城」（Proto-city）時期？為何它的城邦期（city state）長達近 800 年，而城邦間又長期爭霸？為何它的統一帝國只建立約 300 年便滅亡，連同蘇美爾文字與語言也一併消失？

兩河流域與蘇美爾的界定

常被提及的「中東」是個龐大的地域範圍，它包括了今天的整個阿拉伯半島、土耳其所在的安那托利亞半島（Anatolia）和伊朗。如果只包括其中的今天的國家土耳其、敘利亞、黎巴嫩、伊拉克及伊朗，則便是範圍稍細的「近東」；而其中的安那托利亞半島，又被單獨稱為「小亞細亞」。（圖 1.1，1.2）

在整個中東，最大的一片平原乃幼發拉底河（Euphrates）和底格里斯河（Tigris）之間的河谷平地。這兩條中東最大的河流，在公元前 5000 年前時是各自流入波斯灣的，其河口遠離今天的海岸線達 300 公里（圖 1.2）。兩河之間的平原，被稱為美索不達米亞（Mesopotamia，源於蘇美爾語「兩河之間」），泛稱兩河流域，總面積約 20 萬平方公里。它的西邊是敘利亞沙漠，北面是土耳其的托羅斯山脈（Taurus Mountains），東北是伊朗的扎格羅斯山脈（Zagros Mountains），南邊濱臨波斯灣。整個兩河流域成為一片狀似新月形的沃土地區（圖 1.2）。

約以今天的巴格達為界，我們可將兩河流域分為三個部分，即北部的古代的亞述區（Assyria），或上游區（上美索不達米亞，Upper Mesopotamia）；南部的沖積平原（River Plain），約在今天的巴格達和尼普爾（Nippur）之間，即古代的阿卡德區（Akkad）；和更南的河口區（Delta Plain）即古代的蘇美爾區（Sumer）（圖 1.3）。最早有人居住的乃上游區。河口區有人類定居的時間最晚，可能是從西北部上游山區遷移來的，他們構成了其後的蘇美爾人，說蘇美爾語，其後更以蘇美爾語創造了楔形文字。定居於沖積平原的是閃米特人（Semites）的一支，他們說阿卡德語，但沒有文字。公元前 4000 年後，阿卡德人多次南下河口區與蘇美爾人雜處，並且採用了蘇美爾的文字。在整個烏魯克時期，後來居上的蘇美爾文化，通過兩河便利的航運與貿易，影響了整個兩河流域。自城邦鼎盛期起（早王朝），阿卡德和蘇美爾在文化上和政治上已發展到近乎一致，因為有不少蘇美爾城邦的王的名字顯示出他們的阿卡德語的根源。不少學者甚至以公元前 1800 年建立的巴比倫國（Babylon）為基礎，將這兩區合稱為巴比倫尼亞（Babylonia）。因此，有時兩河古城市文明似乎就等同蘇美爾古城市文明（兩河古歷史分期見表 1.1）。

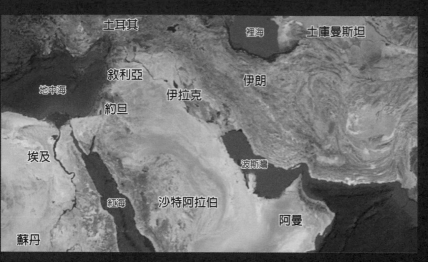

圖 1.1 │ 兩河流域位置：阿拉伯半島與中東地區

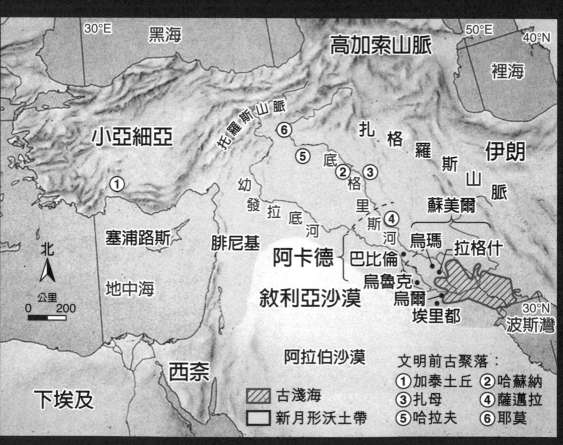

文明前古聚落：
① 加泰土丘 ② 哈蘇納
③ 扎母 ④ 薩邁拉
⑤ 哈拉夫 ⑥ 耶莫

古淺海
新月形沃土帶

圖 1.2 │ 兩河流域的沃土帶及遠古文化

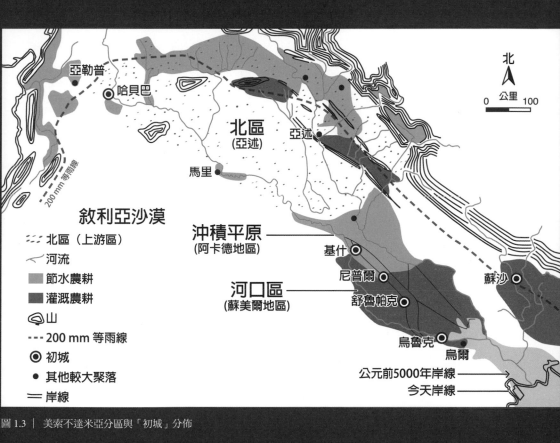

圖 1.3　美索不達米亞分區與「初城」分佈

亞勒普

哈貝巴

北區
(亞述)

亞述

馬里

200 mm 等雨線

敘利亞沙漠

沖積平原
(阿卡德地區)

河口區
(蘇美爾地區)

基什

尼普爾

蘇沙

舒魯帕克

烏魯克

烏爾

公元前5000年岸線

今天岸線

北

0　公里　100

北區（上游區）
河流
節水農耕
灌漑農耕
山
200 mm 等雨線
初城
其他較大聚落
岸線

2. 文明前的地方文化與農村聚落

表 1.1 兩河地區古城市文明進程

Nicholas Postgate 分法 公元前（年）	考古時期	本章分法 公元前（年）	時期	文明性質
5300－4000	哈拉夫／歐貝德	5300－4000	歐貝德	前文明
4000－3800	烏魯克初期	4000－3400	烏魯克	前文明
3800－3400	烏魯克中期			前文明
3400－3200	烏魯克晚期	3400－3100		初城
3200－3000	捷姆迭特・那色	3100－2900		城邦早期
3000－2750	早王朝一期	2900－2800	早王朝	城邦早期
2750－2600	早王朝二期			城邦鼎盛期早期
2600－2350	早王朝三期	2600－2500		城邦鼎盛期後期
		2500－2334		城邦鼎盛期後期
2350－2150	阿卡德帝國	2334－2154	阿卡德帝國	帝國
		2218－2041	古提人統治	帝國
2150－2000	烏爾第三王朝	2113－2004	烏爾第三王朝	帝國
		2047－1940	阿摩利人	外族統治
2000－1800	伊辛－拉爾薩時期			外族統治
1800－1600	巴比倫第一王朝			外族統治

在本章我們將按表 1.1 的時段來論述兩河古城市文明的進程：（1）文明前的新石器文化；（2）文明前夜的「初城」；（3）城邦初期；（4）城邦鼎盛時期；（5）統一帝國。兩河的「初城」延續約 300 年，城邦時期延續了約 800 年，這都是遠比其他古城市文明長很多的；它的城邦爭霸，王權與宗教的關係亦有與其他古城市文明不同的特色。

2.1 新石器早、中期聚落

在新石器早、中期，只有在兩河北部的河谷平原及其東北及北面邊沿的坡地及高地，初期的人類在節水農耕及森林採集及獵、牧的基礎上，形成發展水平很低、分散的早期聚落與地方文化（見圖 1.2，1.3）。南部兩區，即阿卡德和蘇美爾，地形低平，缺乏石頭、木材、金屬之類的材料，年降雨量更不足 200 毫米，氣溫及蒸發量又高，因此人煙稀少。只有發明了灌溉技術後，當地居民才能利用河水，進入農業生產時期。最南的蘇美爾地區，這時更在水平線之下，難以耕種，並無人煙。

於是在兩河東北及北部邊緣的扎格羅斯山脈和托羅斯山脈的山坡上，最早出現了原始村落耶莫（Jarmo，公元前 7000－前 6000 年）及加泰土丘（Catal Huyuk，公元前 7500－前 5600 年）（見圖 1.2）。加泰土丘雖然有房屋近千，但因為未發現宮殿或行政功能的房屋，其墓葬等遺存亦沒有顯示社會階級分化，更無專業手工作坊的痕跡，一般認為它不是個最早的城市，可能是一個位於貿易通途上的大型村落。

在稍後期，兩河亦出現了早期聚落文化，如北面的耶莫（Jarmo，公元前 7000－前 6000 年）和哈蘇納（Hassuna，公元前 6500－前 6000 年）、中部的薩邁拉（Samarra，公元前 6500－前 5900 年）、和稍晚的在北方的哈拉夫（Halaf，公元前 6000－前 5400 年）、及更晚的在南部河口區的歐貝德（Ubaid，公元前 5300－前 4000 年）（見圖 1.2）。這些遺址都是由從山坡上遷移而來的人口所形成的。

在耶莫文化的村落，出土了石製鋤頭、人工種植的大麥、小麥和各種豆莢，馴化了的山羊和綿羊的骨頭，大量野驢和瞪羚的骨頭，和蝸牛、橡樹子、阿月渾子等採集物 ── 說明它是個處於採集和獵、牧業向農業過渡的定居點。在哈蘇納出土了箭頭、石器、骨器工具和簡陋陶器；而從較淺地層則發現了食物儲藏室、石磨、烤麵包的簡易爐灶、大量農具和牛、羊和驢的骨頭，同時還發現了更為精細的薩邁拉陶器。在薩邁拉亦發現了公元前 6000 年的灌溉渠，顯示那裡的住民已經掌握了農業和灌溉技術。這些上河谷的地方文化，為後來向沖積平原（阿卡德）及南部河口區（蘇美爾）遷移及定居的移民提供了須具備的技術條件。

2.2 後來居上的河口區：歐貝德村落

因為地殼運動，兩河的河口區上升，原來淺海的水位因而自公元前5000年開始下降。這個自然變化使波斯灣岸線逐漸南移，導致河口區原在淺海水下的沖積土逐漸露出水面。至河水水位與新露出的平地高度差不多時，便無需建造大型灌渠，只用簡單的方法引水灌溉，便可以種植大麥和棗。這些在公元前5000－前4000年間不斷形成的肥沃而又沒有擁有者的新耕地，自然不斷吸引更多山區或上游的人口遷入。因此，兩河南部的農業及農村的出現雖然較北部晚，但其新增的肥沃而又容易灌溉的土地，比上游地區更利於發展高收農業。同時，兩河便利的水運也促進了區內及跨區產品的交換。

加上河口區豐茂的水草、沼澤、淺湖和河口多樣生態，蘇美爾後來居上，反而比平原北部，包括阿卡德，更能發展高產的多樣化的經濟，支持更高密度的農村人口，和促進更高水平的文化，即歐貝德文化（公元前5300－前4000年）。

在歐貝德文化後期，經濟及技術進一步發展，出現較大的人工灌渠，使小村莊林立，並伸延至河道五公里之外。蘇美爾此時已成為兩河流域人口最多、農業最發達地區。較大的灌渠，圍繞了較大的農耕面積（約10公頃）及人口達2000－3000的兩個較大聚落 —— 埃里都（Eridu）和烏爾（Ur）。這兩個聚落與眾多的小村落，形成一個兩級聚落體系。它們位於灌溉農業的中心，亦是附近村落所共同供奉的宗教聖地。

這時期河口區以北的阿卡德，即在沖積平原內，聚落不多（圖1.6）。根據亞當斯（1981）的研究，那裡村落細小，數目不多。不過在河口區內由於生產效益高，在人口增加的同時，每人平均土地卻在縮小，導致蘇美爾區內的人口更集中，村落減少。因此每村平均人口增加，聚落面積也擴大了。有估計認為在歐貝德文化晚期，蘇美爾的耕地面積達200平方公里（蘇美爾地區總面積約6000平方公里）。不過不是所有當地居民都以務農為生，他們有些是半農半牧或是從事漁獵的，放牧與漁獵的面積亦不少。

歐貝德文化時期的村民以血緣家族為單位，住在泥磚砌的小屋裡，

使用陶製生活用具，村民間無財富的分別。但其中一個家族可能負責神廟及灌溉工程的統籌工作。一些遺址顯示，當時因已經有多餘的農、牧、漁及手工產品（主要是灰陶器及紡織品），可用於交換其他地區的產品，產生了其他方面的社會分工，如務工和務商，使歐貝德文化沿著河道向北及東部地區傳播。這些非農業人口亦會聚集於一些便利運輸的地點，其後逐步向城市轉變，社會等級也更加分明。

歐貝德文化後期（公元前 4850−前 4000 年）的埃里都已成為南部最大的聚落，面積達 10 公頃，人口估計為 2000−4000。考古發現在現址上有多座神廟疊建於同一地址上。神廟面積已由公元前 4500 年的 14 平方米擴大至公元前 3800 年時的 180 平方米，周圍有眾多的泥磚民居，說明它已經成為一個大型的中心聚落，具備了「初城」（Proto-city）的一些條件（圖 1.5）。後來的主要城市烏魯克（Uruk）和烏爾亦發現了歐貝德時期的聚落痕跡（見圖 1.4），可見歐貝德文化是「初城」的前身，亦是蘇美爾古城市文明的基石。

在歐貝德文化之後，兩河流域進入了考古上的烏魯克文化時期，它又經過烏魯克文化晚期的「初城」階段，才進入了自早王朝起的古城市文明。它的「初城」階段是兩河約 300 年的銅石並用時代，而它的古城市文明則是較長的，包括了青銅時代的城邦時代，以及帝國時代（表 1.1）。相對於中國而言，它的「初城」階段屬新石器晚期的晚段（公元前 3400−前 2900 年），而其古城市文明期約等於中國的龍山時代（銅石並用時代，公元前 2800−前 2000 年）。蘇美爾「初城」歷時較長，資料較多，對「初城」的形成和特點有典範意義，因此，我們在下節先詳細地探討烏魯克文化晚期的「初城」。

圖 1.4 ｜ 歐貝德時期（公元前 5300—前 4000 年）的兩河南部古聚落分佈

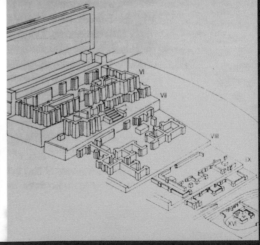

圖 1.5 ｜ 公元前 3800 年的埃里都神廟想像圖，右面圖顯示它下面疊壓的多層舊神廟。

3.「初城」：文明的門檻
（公元前 3400－前 3100 年）

3.1 早期考古及文獻資料缺乏

　　自公元前 4000 年起，城市與文明的一些基本元素，在蘇美爾南部的埃里都、烏魯克（當時只有被稱為安魯〔Anu〕神廟區的部分）及尼普爾三個最大聚落出現（見圖 1.3，1.4）。後二者約在烏魯克文化晚期（公元前 3400－前 3100 年）或有可能已發展為「初城」，即處於大型農村與城市間的過渡型非農業性質的聚落。

　　要了解蘇美爾古城市文明的進程，目前只能靠遺址分析和出土的文字及石刻的形象銘記。在這方面，它與中國史前社會的研究又有明顯的不同，因為兩河流域出土了大量特有的刻在泥版、石碑或石像上的楔形文字及畫像。目前已出土的楔形文書載體（泥版）超過了數十萬片，刻有楔形文字和畫像的石碑及石像過千。這些文字刻製的時期最早可追溯至公元前 2800 年。而楔形文字的前身，象形文字形式的圖案式會計記錄符號的證物，其年代更早至公元前 3200 年（圖 1.6）。由於楔形文字約在公元前 2400 年後才成熟，並在公元前 2100 年後才明顯地普及，因此有關兩河流域的行政、重大事件及王室世系、律法、文學創作等的記載，只在較後時期出現。雖然如此，兩河流域仍是現存的最早有文字記錄流傳下來的古城市文明。

　　目前在兩河流域之內已發掘的城市遺址有十多個，而且還發現了不少其他非城市聚落遺址。現在公認的歷史時序，主要是由歐貝德、埃里都、烏魯克及迪雅拉地區（Diyala）（早王朝）遺址文化層的出土文物及泥版文書、銘文等拼湊而來的。由於主要的發掘是在 1930 年代或更早，而發掘的主要目的是尋寶，發掘者對文物的出土地點鮮有詳細記錄，而檢測年代的主要手段 —— 碳 14 技術 —— 亦未出現，有關兩河流域遠古時代的詳細分期值得存疑。有些學者按日食及金星觀察的記

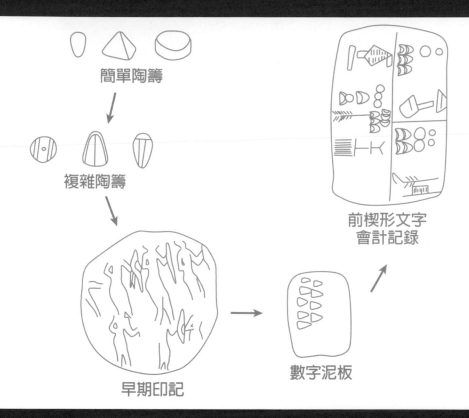

簡單陶籌

複雜陶籌

早期印記

數字泥板

前楔形文字
會計記錄

圖 1.6 ｜ 楔形文字演變（真正記錄文字出現前）

錄推斷：兩河流域的遠古年代的年期只有在公元前 1400 年，或公元前 1646－前 1626 年的古巴比倫時期的王阿米‧薩杜卡（Ammi-saduqa）之後才是較可靠的兩個判斷。同時，泥版上的記錄亦不精確，特別是一些較古老的楔形文字至今仍未能完全解讀。

正因上述，對兩河流域史前史的理解，不能完全相信泥版的記錄或一些考古學家的推論。比如著名的《王表》（*King List*）便共有七個版本，最早的公元前 2000 年版本只遺留一小片泥版。最詳細的版本是在約公元前 1800 年時編撰的，它內中的訊息不少與其他形式的記錄，如銘文，或其他考古發現有很多矛盾的地方。如《王表》裡沒有重要王朝拉蘇（Larsa）和拉格什（Lagash）。可幸另外發現了《拉格什王表》銘文，使我們曉得這個重要邦國的世系及其事跡。

被稱為世界最早的文學作品《吉爾伽美什史詩》（*The Epic of Gilgamesh*）也有三種不同時期的版本，最早的為公元前 1800 年，最晚的但被多數西方學者認為較可信的乃是在尼尼微（Nineveh）發現的公元前 1200 年版。該史詩稱烏魯克的城牆是吉爾伽美什建造的，而吉爾伽美什則被估計為生存於公元前 2600－前 2500 年間。1910 年代德國考古學家在烏魯克掘出了長 9 公里的城牆，他推論它約建於公元前 3000 年。從遺址的其他資料看，該城在公元前 3200 年時才佔地 250 公頃，至其發展高峰時（約於公元前 2800 年間）佔地才增至 600 公頃。城牆興建的這兩個估計日期，相差竟達 300 年！對於遺址保持得最好，出土文物最多，年代最近的烏爾第三王朝，兩派學者的年期判斷亦竟相差約 50 年。雖然如此，本章仍儘量依據西方已普遍接受的年份，及參考多種不同的說法，以討論兩河流域古城市文明的進程（見表 1.1）。

3.2 蘇美爾宗教觀：「初城」的拉力

在烏魯克文化早、中期（公元前 4000－前 3400 年），隨著河口洪水不斷的退卻及人工疏導，耕地面積增加。至烏魯克文化中期，蘇美爾和阿卡德耕地的總面積已達 2100 平方公里（比歐貝德文化晚期增加了十倍，圖 1.7）。當糧食供應支持了人口的增加及導致部分人口轉化為以貿

圖 1.7 ｜ 烏魯克早 / 中期（公元前 4000－前 3400 年）聚落分佈

易、手工業及其他特殊技藝謀生，不但大型聚落出現了，而且其性質亦與一般農業聚落不同。但這是個漫長的過程，長達約 1000 年。在這過程中，自然環境的變化是重要環境因素，而宗教乃是促使人類有意識和有組織地配合和利用大自然變化的關鍵。

自歐貝德文化晚期起，宗教一直是最強大的、超乎血緣氏族的社會力量。它以聖跡為核心，成為經濟和文化上的主要機構，維繫及組織周圍的農民，並與灌溉農業關係非常密切。當時最重要的埃里都聖跡，是一片露出地表的透水石層，它提供了優質飲用水，因此埃里都的神就是水神，並且成為歐貝德時代整個蘇美爾的主神。蘇美爾的其他神也與自然事物相關，如天空、大地、月亮、星辰，到自然界的各種生靈；人類的繁衍生息，甚至莊稼的生長、牛羊的馴服、疾病的治療，文字和法律的發明，也都被理解為是不同的神的力量。

神也具有人類的行為和情感，如神會結婚，生兒育女，也有喜怒哀樂；眾神亦有明顯的等級及功能。人類生存的主要目的就是要為神工作，而對神供奉便會得到祂的庇佑。因為神是與自然結合的，每個地方便有不同的主神，而聖跡（神廟的所在）是祂們的居所，因而每個主要聚落會供奉不同的神，民居也環繞聖跡而搭建。是以聖跡／廟宇成為聚落的核心，換言之，聚落是因聖跡而形成的，是宗教力量把早期農耕人口凝聚成聚落。

最高級的大神安（An）或安魯（Anu）掌管天空，祂的城市是烏魯克；大神恩利爾（Enlil）位居第二，祂是安的旨意的執行者，掌管風和空氣，尼普爾設有祂的神廟。這些大神的主神廟所在，後來都成為了城邦時期的主要城市（表 1.2）。

表 1.2 兩河流域古城市文明主要神祇及其代表意義

蘇美爾 / 阿卡德名稱	主要象徵 / 代表意義	代表城市
An/Anu 安 / 安魯	天空	烏魯克
Enlil 恩利爾	暴風	尼普爾
Ninhursag/ki 寧胡爾薩格 / 啟	地母	基什
Utu/Shamash 烏圖 / 沙瑪什	太陽、公義	舒魯帕克 / 拉爾薩
Inanna/Ishtar 埃安納 / 伊什塔爾	愛神及戰神	烏魯克
Enki/Ea 恩基	水神、智慧及知識	埃里都
Nana/Sin 南納 / 辛	公牛神及月亮神	烏爾
Ninlil 安利勒	穀神	尼普爾
Nisaba 尼沙巴	穀、蘆葦、及書法神	溫瑪
Ishkur 伊什庫爾	雷雨及藜神	拉格什
Neith 涅伊特	蜘蛛及紡織神	塞易斯

3.3 宗教引領人口集中，促使大型聚落「初城」出現

上述的神、自然和人之間的關聯，換一個說法乃是有自然地理優勢的地點顯示了神的力量，它吸引了人的聚居。這個邏輯可以通過埃里都的發展得以印證。在埃里都，它的首個神廟遺存出現於歐貝德文化晚期。它由細小的神位及祭台開始，到烏魯克文化晚期已形成了一個近20 公頃的中心神廟區，整整經歷了近千年的時間。（見圖 1.7）

約在烏魯克文化中期，在兩河南部的蘇美爾，聚落數目增加，聚落間的大小分別也在加大，出現了多個三級聚落體系，形成了以神廟為中心的多個聚落群。在每個聚落群中，小型聚落不規則地聯繫在一起，很少出現直排形式；每個聚落群外面都有大片半牧半耕的沙漠或沼澤。這時的灌溉只靠臨時修築的水壩來控制氾濫的洪水，不需要太多資金或勞動力，因而也就不需要統籌或官僚機構。

這時的村落或小型聚落都分佈在相互交叉、自然形成的支流旁邊。每個聚落群都有一個以地方神廟為中心的規模較大的中心聚落。最大的

兩個聚落是烏魯克及尼普爾，它們是整個蘇美爾的宗教中心，分別是大神安魯（天）和大神恩利爾（風神）主廟的所在。作為蘇美爾文明的「聖城麥加」，尼普爾是主神恩利爾的居所，它是安魯旨意的執行者，得到恩利爾的祝福，是日後城邦霸主、盟主及其後的帝國時代的王室都要爭取的目標：即在尼普爾向恩利爾供奉，為祂建廟或修廟，被祂封為「基什王」。在公元前 3800 年，烏魯克和尼普爾這兩個聚落的面積已超過 20 公頃；它們之下還有大量的中型聚落（面積 5–10 公頃）及無數分佈在中型聚落周圍的小村（見圖 1.7）。但在兩河中部的沖積平原，聚落較大，但數目亦較稀少。

至烏魯克文化晚期（公元前 3400–前 3100 年），隨著河口區深度的開發，大部分的耕地（約 1500 平方公里）已集中在蘇美爾。同時，聚落的分佈形式也發生了變化，形成了以大型聚落為中心的、直排的分佈形式，顯示人們開始在水壩外採用直而長的人工水渠來保證在更廣大地區的用水，在不同地力條件的土地上展開了主糧、果木種植，家禽飼養、放養及漁獵等多種經濟活動（圖 1.8）。由於保證了水源，農產增加了，加上河道的連通，多餘的糧食可以遠途交換，也促進了手工業。在這個過程中，小型村落數目在減少，進一步形成了一個四級聚落體系，而介於村落和城市之間的大型聚落烏魯克逐步成為「初城」。它的面積由公元前 3500 年的 60 公頃擴大至公元前 3200 年的 100 公頃，成為蘇美爾乃至整個兩河流域的最大聚落。在它的 30 公里半徑內也沒有發現一個大型聚落。而此時的埃里都似乎已被廢棄，烏爾則只是個 10–15 公頃的二級聚落。

在稍北的阿卡德區卻只有一個約 50 公頃的二級聚落（圖 1.9）。考古學者估計在此時的蘇美爾地區，全部聚落的總面積達 477 公頃，比烏魯克早中期時增加了一倍以上，而在阿卡德地區，聚落的總面積卻減少了一半，顯示阿卡德人口在減少。其背後原因是天氣變化，導致沖積平原上的幼發拉底河河道西移，影響了阿卡德灌溉農業的收成。若以每公頃聚落面積有 200 人估計，則這時的蘇美爾總聚落人口約在十萬人左右，阿卡德則只有約五萬人。在阿卡德以北的亞述或上美索不達米亞，聚落雖有增加，但都是以小型聚落，即農業聚落為主。稍大的聚落都位於河

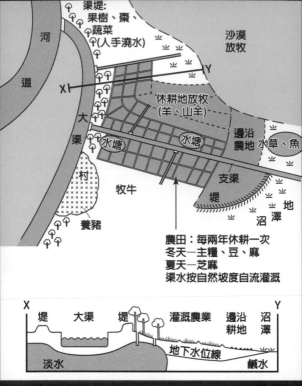

圖 1.8 ｜ 蘇美爾灌溉農業生態圖（資料來源：Postgate）

圖 1.9 ｜ 烏魯克晚期（公元前 3400—前 3100 年）聚落分佈

岸或貿易通道上，它們為蘇美爾的對外貿易服務，很可能是蘇美爾和阿卡德人的殖民點或貿易站。

當時的蘇美爾和阿卡德居民除經營農業和漁牧業，已有部分專門從事燒陶和採石行業。這一時期，銅器大量出現，如銅製武器，並打製金銀器皿等。陶器製作已普遍使用陶輪，並製造磨光彩陶；不過石斧、石刀、陶鐮仍繼續在使用。至烏魯克文化晚期（公元前 3400－前 3100年），已初步產生了奠定蘇美爾文明的三項特徵，即大型的神廟及公共建築，圓柱形的印章，和早期文字。

基於此，此時烏魯克和尼普爾這兩個較大聚落已成為「初城」。當時的「初城」可能還包括哈貝巴（Habuba Kabira）、基什（Kish）、舒魯帕克（Shuruppark），以及在蘇美爾東部毗鄰埃蘭地區（Elam）的主要城市蘇沙（Susa）（見圖 1.3）。然而和尼普爾一樣，考古資料及其他證據只能顯示後四者都是重要的宗教及貿易聚落，沒有更具體和詳細的資料。

3.4 烏魯克「初城」

神廟與神廟經濟

今天巴格達以南約 150 公里的烏魯克遺址，在公元前 3400 年時是蘇美爾最大和最重要的聚落所在，建成面積達 100 公頃，人口估計有40000 人。在它之下，是 27 個面積不超過 15 公頃的中型聚落，再之下是 80 個面積少於 6 公頃的村落。這些大小不同的聚落在一個約 10 公里半徑的地域內，形成一個三級聚落群（見圖 1.7）。群中的次級聚落都有自己的灌溉系統，並向中心聚落或首都（烏魯克）提供糧食。通過兩河水道，烏魯克「初城」的影響更遠達 150 公里之外，並以多餘的糧食和手工業製品交換蘇美爾本身所缺乏、來自東北及西北部山區的金屬、木材，寶石、優良石材等。

蘇美爾的第一種原始象形文字（或近似文字，是楔形文字的前身）是在基什出土的，時間約為公元前 3500 年（圖 1.10）。楔形文字泥版最早是在烏魯克出土的，分屬不同年代，總數約 5000 塊。最早的屬烏魯

圖 1.10 ｜ 基什出土公元前 3500 年的原始楔形文字泥版（資料來源：Ashmolean Museum）

圖 1.11 │ 滾印及印跡（公元前 4000—前 3000 年）

圖 1.12 │ 安放在神廟的祭司及供養者像（公元前 2900—前 2600 年），出土自 Tell Asmar。

克文化四期（公元前 3200－前 3100 年），用於商貿活動和神廟的儲存與分配，如記錄糧食、啤酒和牲畜的具體數量等。這些早期楔形文字仍不能記錄體制、言語和成為文學載體，其功能與自公元前 5500 年經已存在的陶籌及印章相差不大。這時的烏魯克亦出現了青銅冶煉、犁、戰車和帆船，採用快輪及用模具製造陶器，和使用滾筒印章（圖 1.11）。金屬加工出現了整體鑄模、兩瓣鑄模、熔鍛金屬片或銅絲以及失蠟法等技術。在藝術方面出現了大型雕刻藝術品，如大理石公牛、埃安納女神頭像、烏魯克石畫瓶等，形象地展示了當時的宗教和世俗結合的領導人物和神廟供養者活動（圖 1.12，1.13）。這些文字泥版和藝術品都是在埃安納廟宇區被發現的，顯示宗教不但主宰著經濟和政治，同時也控制了文化。沿河交通要點已建立的一些商業殖民地，顯示烏魯克「初城」已通過遠途貿易使其文化影響擴散到今天敘利亞、土耳其、伊朗、埃及和巴勒斯坦等所在的區域。

　　「初城」的神廟是祭祀場所及政治中心，也是經濟主體，成為農業生產的組織、儲存及分配中心，被稱為神廟經濟，是「初城」的核心。神廟經濟掌握在「初城」首領，即祭司王手裡。他兼有世俗和宗教雙重領導人身份，居住在神廟裡。祭司王由主要家族推舉，有任期限制。在重大決策前，他還要向貴族會議和公民大會（即具有公民權的人口）諮詢。著名的烏魯克瓶畫（圖 1.13）顯示了當時的社會結構及主要生產與祭祀活動：百姓的生產是為了對神的供奉，而祭司王（畫中穿著華麗而個子比一般百姓大很多的人物）是神的代理人，由他組織生產及向神供奉。畫中的祭司王謙卑地站在女神前，引導百姓向神供獻不同的祭品。從一些器皿、滾印和裝飾上的圖像，可以推測出當時存在四類人。結有馬尾髮型的婦女，從事紡織及在供奉行列中執持盛物的瓶罐；有性徵或鬍鬚的男人一般是公民；沒有性徵及光頭的男性是奴隸，他們從事耕作、看守，或飼養動物、參與打獵，儲存或手持瓶或物品等；最後一類亦是男人，有鬍鬚、戴帽、有特殊髮式、穿裙，他們是貴族、僧人或管理階層，監督他人勞動，主持宗教儀式或狩獵等（圖 1.13，14）。這些，形象地顯示了當時宗教的領導地位，和社會已存在一定的分工和階級分化。

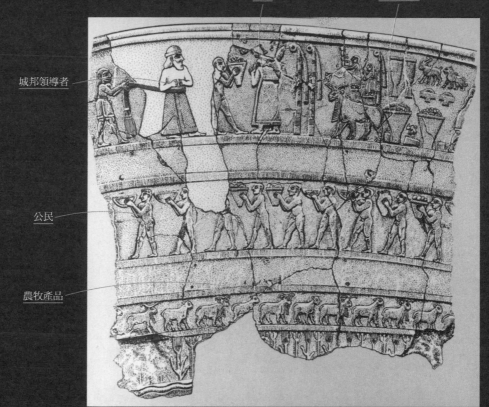

女神　　　已收貢品

城邦領導者

公民

農牧產品

圖 1.13 ｜ 埃安納神廟出土的公元前 3200－2900 年的大理石瓶
（資料來源：伊拉克博物館）

戰俘被綁　　　　　　戰俘被綁、下跪及被打

圖 1.14 ｜ 烏魯克晚期滾印印跡（公元前 3400 年）

對於這時期神廟的功能，萊克（Leick, 2001）有如下說法：（1）在國家出現前的社會，物品的交換需要儀式化，並在公眾目光下進行，以顯示公正及有公眾的認可；（2）投資於龐大的公共建築可以通過責任及勞動力的承擔以鞏固共同的文化身份，提供一個誇耀財富、專業和團結的地標，及為本地文化及意識形態提供向外傳播的平台。波洛克（Pollock, 1999）認為：公元前四千紀後段的神廟並沒有真正地壟斷了經濟，與其後的公元前三千紀的壟斷性神廟經濟不同。這時的家庭提供自給的所需以及向神廟繳納一些多餘的物資，供宗教人員生活及祭祀之用。他們亦為神廟提供力役。不過，有資料顯示，一些手工業，如紡織及製陶，已成為專業，並由神廟控制。

「初城」的建築與結構

烏魯克是在 1849－1938 年間被發掘得最多的兩河流域城市。在遺址上發現了橫跨 3000 年的不同年代的多個主神廟及城牆，揭示了它由歐貝德文化時代的一個細小聖跡，經過大型農業聚落、「初城」，至重要邦國的首都的不同階段。按《王表》記載，麥斯江伽舍爾在埃安納（Inanna/Eanna）為王，其子恩美卡在烏魯克為王，而隔了兩代的吉爾伽美什在庫拉巴（Kullaba，後名安魯）為王。這裡按時序提到了三個地方，即後來烏魯克「初城」內的埃安納、烏魯克、安魯。最早的居住中心是圍繞蘇美爾最早塔廟 —— 大神安魯的塔廟（公元前 3500 年始建）而形成的。其後以埃安納女神神廟（公元前 3400 年始建）為核心的埃安納也發展起來，並超越了安魯。其後埃安納繼續擴展，將安魯併入，成為烏魯克「初城」，總面積約 100 公頃（見圖 1.15）。

安魯的前身庫拉巴可能是一個獨立的政治體。按史詩的敘述：吉爾伽美什最初很可能是與烏魯克並列的庫拉巴城之王，他把烏魯克置於統治之下後，王銜未變，仍為「庫拉巴之王」。「庫拉巴」意為「烏魯克之後裔」。這大概就是蘇美爾史詩把恩美卡稱為「烏魯克之王，庫拉巴之王」的原因，而兩者的合併是約在公元前 3400 年。

這時期的神廟較歐貝德文化時期的規模更大，建築宏偉壯觀，形成了埃安納神廟中心區。在「初城」早期（約公元前 3400—前 3300 年）這

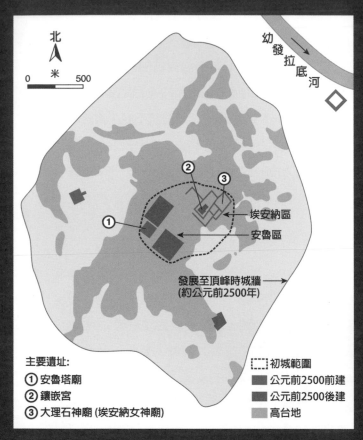

圖 1.15 ｜ 烏魯克「初城」範圍及核心區

地圖標註：

北

0 ── 500 米

幼發拉底河

埃安納區

安魯區

發展至頂峰時城牆
(約公元前2500年)

主要遺址：
① 安魯塔廟
② 鑲嵌宮
③ 大理石神廟 (埃安納女神廟)

[·-·] 初城範圍
■ 公元前2500前建
■ 公元前2500後建
■ 高台地

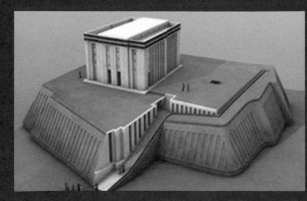

圖 1.16 ｜ 安魯塔廟想像圖（資料來源：Artefacts）

裡只有三座大型建築及安魯塔廟，構成了「初城」的核心。古老的塔廟是建築在公元前 4000 多年前的歐貝德神廟之上的。在公元前 3400 年，在塔廟的東南角加建了一座大理石廟（圖 1.16）。在埃安納區，最早的大型禮儀性建築乃是建於公元前 3400 年的鑲嵌宮。原址之前亦是個歐貝德小廟。這個龐大的建築有 28×19 米，有兩條廊道圍繞一中央大堂，旁邊亦有多個小堂。整個建築外邊有一巨大防護牆環繞。約 100 年後，區內東部在另一原本的歐貝德時的小神廟之上建造了一座大理石廟以供奉埃安納女神。為了便利貴族議會以及公民議會活動，兩座神廟之間建了有蓋的大庭院作為會議場所。埃安納的鑲嵌宮開創了蘇美爾文明的新建築形式。它建於大理石的台基上，大廳柱廊有兩排直徑達 2.62 米的柱子拱立。所有柱子及圍牆都以紅、白、黑色的圓錐形物鑲嵌，顯得神奇富麗（圖 1.17），反映了當時生產力及藝術創意與發展水平。

在「初城」的後期（約公元前 3200－前 3100 年），烏魯克總面積擴展至約 250 公頃。早期的三座建築經已拆毀，但新建了更多和更大型的建築（圖 1.18）。這時的建築已普遍採用鑲嵌裝飾。區內有多處大型的公共空間供大型集會之用。里姆辛是一種新出現的堅固磚塊，里姆辛建築就是以這種建材為主建成的。之後的大型建築乃至後來的城牆也主要是以這些磚來建造的。

波洛克（1999）認為，烏魯克晚期的大型建築，無論是神廟或是會議建築，都採用了開放的設計，有很多門廊，使人流可從多條路線穿越建築物及它們之間的庭院。大型公共建築，有些是倉庫、辦公室及抄寫檔案的場所。相關的文化層亦出土了大量模具製成的粗劣陶碗（圖 1.19）。同一款陶碗在埃蘭及兩河的北部地區的同期遺址亦被大量發現，而且佔了有關遺址內被發現的破陶的一半以上。對此，查瓦特（Charvat, 1993）認為，當時的烏魯克神廟，從各地收來了不同產品（主要是糧食），除了供神之外，亦分派予民眾，這些陶碗就是分派食物或糧食的工具。在這時期的文化層未發現王宮及貴族等較高級的住宅，而墓葬亦沒有明顯階級分異，這似乎仍是個較平等的社會，加上仍未出現文獻及典章制度有關的文字記錄，因此這個近似城市的聚落應是個「初城」。

烏魯克「初城」是沒有城牆的，因為在蘇美爾地區此時還未有強大

圖 1.17 ｜ 鑲嵌柱原理及出土的鑲嵌柱

由圓錐構成的圖案　　　　有顏色的圓錐

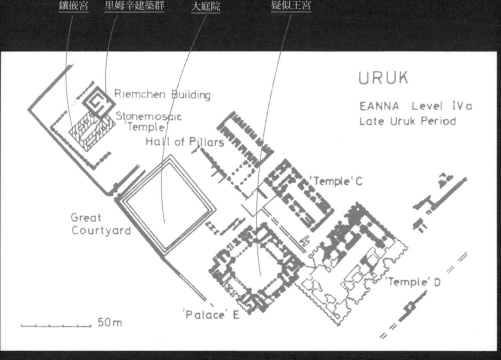

鑲嵌宮　里姆辛建築群　大庭院　疑似王宮

Riemchen Building

Stonemosaic
'Temple'

Hall of Pillars

Great
Courtyard

URUK

EANNA Level IVa
Late Uruk Period

'Temple' C

'Temple' D

'Palace' E

50m

圖 1.18 ｜ 埃安納區晚期新建築（公元前 3200—前 3100 年）「王宮」出現（資料來源：H.J. Lenzen, 1974）

圖 1.19 ｜ 烏魯克用以對大量人口／勞動力平均分配的粗陶碗（公元前 3300—前 3100 年）

的敵對力量出現。這推論也與前述的《吉爾伽美什史詩》中有關烏魯克王吉爾伽美什打敗基什王（時約公元前 2700－前 2650 年），取得蘇美爾盟主地位，及由他建造了城牆的記載吻合。然而，遠離烏魯克 1300 公里，在幼發拉底河上游，出現了一個屬於烏魯克的貿易重鎮哈貝巴，這個聚落就有城牆。它的所在地之前沒有聚落痕跡，似乎是因應烏魯克遠途貿易所需而新建的特殊殖民地聚落。它的防守性城牆開有二門，牆內面積 12 公頃，城中央有個堡壘式地區，內中有大型公共建築。城內更有碼頭區、住宅區及一些可能是手工業區的地區。城中主路有路面及人造排水設備。但這個聚落在使用了 100－150 年後便湮沒了。

　　上述的論述使我們認為：在公元前 3400－前 3100 年，烏魯克已是兩河流域的最大的非農村性質的大型聚落，是個正準備跨越文明的門檻的「初城」。它仍未有用以記事的成熟的音符文字和明顯的典章制度，同時，在它的社會中，氏族血緣關係的影響仍大，特別是王權與國家仍未出現。氏族和血緣關係的衰落和國家的興起是一種相生的關係，正如費根所言：「國家乃是一個由一個精英權力核心所掌管的政治單元，這個核心的權柄與血緣關係切割……一個新的管治體系環繞著對核心的忠誠而形成」。

4. 城邦初期（公元前 3100－前 2800 年）

4.1 文書文字與典章制度

　　易寧（1994）將兩河流域的古城市文明發展分為早期（公元前 3100－前 2800 年）及城邦期（公元前 2800－前 2340 年）。他的第一期正好就是本節所說的古城市文明形成期或城邦初期，而第二期就是下一節將涵蓋的城邦鼎盛時期。這一分段大概源於尼森（Nissen, 1988）將兩河流域古城市文明分為早期高度文明時期（公元前 3200－前 2800 年）及城邦爭霸時期（公元前 2800－前 2350 年）。

　　真正城市的出現是一個漫長的過程，難以確定哪一時間為起點。但其中有兩個重要指標：文字的出現，國家的出現（王的出現及社會階層的高度分化）。以蘇美爾語為基礎的較成熟的楔形文字是在公元前 3100年後才逐步形成的（表1.3），而最古老的記錄制度的楔形字泥版，則出現於公元前 2900－前 2600 年間。它們分佈在烏魯克、基什及埃蘭的蘇沙等地，內容都與經濟活動有關，是分門別類的物名，被稱為「辭書文

表 1.3 楔形文字字形的演變

字義	（一）公元前 3100	（二）公元前 3000	（三）公元前 2400	（四）公元前 2000
頭				
麵包				
吃				
牛				
犁				
地方				
數字：10				
數字：1				

獻」，屬「經濟文獻」。其中較後期的，也記載了包括以職位等高低為順序的王、官職及職業名稱，反映了成熟的勞動分工和社會階層。因此在兩河流域，國家和以行政管理功能為定義的文字最早在烏魯克及基什形成，其後傳播至蘇美爾其他地區，及與蘇美爾有密切商貿關係的兩河地區及之外的城市，如蘇沙。同時也可以推斷，真正城市文明的出現應與這些文獻同時。這個推論與一些後來的文獻吻合，如《王表》記載：基什是首個有王的城市。考古資料佐證了到目前為止最早的王宮是在基什出土的，時間是公元前 2800 年。

4.2 烏魯克是兩河流域首個真正城市

因此，到公元前 3100－前 2900 年，被稱為文明及複雜社會的三大要素：城市、國家及文字顯然已在烏魯克同時存在，而烏魯克亦由「初城」演變成一個真正的城市（這情況也可能同時出現於基什，但我們沒有相關資料）。但以「城市革命」來形容這個過程似乎忽視了它是一個連續不斷的長過程，如由「初城」開始，它自公元前 3400 年起，經過了長達 300 年才逐步完成。與此相配的還有手工業的專業化，以廟宇和宮殿為代表的宗教和世俗管治權的更大集中，貿易的擴張和軍事力量的出現等。

城市之所以是文明出現的關鍵元素，不單因為它是所有文明元素的主要載體，亦是因為它顯示社會進步至一個新階段，即給予人一個非氏族和血緣的身份識別。正如前述，在烏魯克中期，蘇美爾的大型聚落是以廟宇為基礎的，由神的世俗代表 —— 祭司王管理。這些領導既是宗教領袖 —— 蘇美爾文字稱他為恩（En），是主祭司，但也負責灌溉、運河和神廟的建築，而他是由貴族會議和公民議會推選出來的，並且不能世襲。

隨著農業經濟與遠途貿易的發展，「初城」出現了更多的專業分工和龐大的非農業人口或城市人口。他們需要有個中央威權來負責管理與組織，以使貨物與服務能暢達、社會平穩。於是在神廟的管理層中，逐步形成了配合這些需求的新經濟精英與行政官僚。在烏魯克埃安納區出土的「辭書文獻」（公元前 3100－前 2900 年）的 15 個表（即「人表」、

「職業表」、「牛表」、「魚表」、「飛禽表」、「豬表」、「樹木表」、「貢物表」、「植物表」、「容器表」、「金屬表」、「食物表」、「城市表」、「地域表」和「借詞表」），體現了這一新管理體制的存在，也體現了城市核心也是政治行政與宗教中心，是國家及城市文明經已出現的最好證明。

　　「人表」和「職業表」中的人或「職業」是按等級排列的，國王排在第一位，之後是各種官職，然後是再次一等的職業。而一個職業又被細分 3 至 4 級，顯示了在一個手藝中的技師、熟練工、學徒及一般工人的分別。在官職中，有主管城市、耕犂、訴訟、軍隊等的官員。此外，還有「議會長」、「朝臣」、「大使」等職務名稱。明顯地，除了中央行政出現之外，當時已有一個複雜的金字塔式政府系統和行業系統，而這些體制應該在這些文字記錄被埋沒之前相當一段時間經已存在。通過對這些泥版經濟文獻、遺址、石刻及金屬銘文、《史詩》和《王表》的考證與分析，我們認為烏魯克約在公元前 3100 年已是個真正城市，進入了古城市文明，處於城邦初期。

　　這時的辭書文獻，道出了以王為首的中央到地方的行政架構及高水平和細緻的社會分工。然而在烏魯克的核心埃安納，沒有發現獨立的王宮。主要的新的大型建築都有 T 型內部結構，應是神廟建築（圖 1.18）。從出土的文物看，和「初城」時期一樣，王的居所及其行政辦公地方仍然和神廟結合，反映了宗教在古城市文明初期的力量，政教分離是在城邦時期才逐步發展的。公元前 3000 年，在安魯塔廟的高台上，新加建了一個白廟（圖 1.16），成為城市的新高點，可能代表了一種新價值觀：真正的統治者仍然是神，但王正式成為他的僕人或代表，是另一種「王權神授」的表達方式。安魯區出土的約 1500 塊辭書文獻，顯示它已成為新的行政中心，而王亦居於此。

　　核心區的大型建築都是在之前建築被拆毀後，利用其物料及場地建成的。但其中的紅廟所用的石灰石乃採自烏魯克以西約 80 公里的地下石灰石層。埃安納的大庭院是個低陷的大空間，四周各有兩排坐椅，而中庭似乎是個有水道灌溉的大花園，其功能未能確定。不過，波洛克（1988）認為：埃安納大型建築的平面、方向及人流安排，表示了這些建築的多種功能，包括宴會、倉儲、祭祀、接待、巡遊及決策等。此時

的烏魯克仍沒有城牆，全城面積為 440 公頃。

公元前 2900－前 2800 年，烏魯克經歷了一次大變動。在核心區的大型建築都被毀掉，其後在同一場地出現風格完全不同的新建築，如在大庭院周圍的建築被浴池及夯土建築所替代。這時烏魯克城邦被基什征服，之後被基什統治了近 200 年，使它走向衰落。

5. 城邦鼎盛期（公元前 2800－前 2340 年）

5.1 城邦鼎盛期的分期

烏魯克文化晚期有個延伸期，稱為捷姆迭特·那色時期（Jemdet Nasr，簡稱 JN，約公元前 3100－前 2900 年）。但在烏魯克遺址並不存在這時期的文化層。在兩河南部的蘇美爾，考古顯示城市在這時期在倒退，但卻出現了很多新農村；亦有跡象顯示人口由北面的沖積平原（阿卡德）向南面的河口平原（蘇美爾）遷移（這正是基什征服烏魯克的時間）。由於資料不足，我們跳過了這長約 200 年的可能的早期城邦的末段，以公元前 2800 年起為起點討論兩河的城邦鼎盛時期及其古城市文明的演進。

易寧從國王與宗教領袖二者的關係的演變，把城邦鼎盛時期分為前期（公元前 2800－前 2550 年）及晚期（公元前 2550－前 2340 年）。晚期約始於早王朝的 IIIa 文化層（公元前 2500 年），這亦是最早的蘇美爾地區文字檔案出現的時期。我們以此作為城邦鼎盛期的分期以體現這一城邦爭霸期的社會、城市與政治變化。

5.2 城邦鼎盛期的邦國及城市化

前期（公元前 2800－前 2550 年）

在邦國發展最盛時，由今天的波斯灣至地中海的整個兩河地區出現了眾多邦國或成為它們的勢力範圍。當時有城市 100 個以上，邦國數目可能達 30 個，每個平均人口二至十數萬。最大的邦國烏魯克（約公元前 2800－前 2500 年），其主城面積達 400 公頃，主城人口 5－8 萬人。

亞當斯（1981）在原蘇美爾和阿卡德部分地區進行了地表古遺址普查，是目前唯一在較大範圍內顯示邦國早期和晚期的聚落分佈情況的實證材料。我們以此為依據，配合其他資料以討論邦國的發展（表 1.4）。

表 1.4 烏魯克文化時期尼普爾—阿達布及烏魯克地區的地表聚落遺址面積（公頃）

	尼普爾−阿達布	烏魯克
烏魯克文化初至中期	374	198
烏魯克文化晚期	198	477

　　在這時期的早段（約公元前 2800−前 2750 年）在普查範圍內發現城市 76 個（圖 1.20），最大的是烏魯克，是蘇美爾唯一大城市。在阿卡德，面積約 50 公頃的較大城市有阿達布（Adab）和尼普爾，還有面積約 25 公頃的舒魯帕克（Shuruppak）和阿布·沙拉巴（Abu Saraba）。但阿卡德的最大城市基什（面積約 50 公頃）由於位於北方，不在普查之內。這時期仍有不少面積小於 7 公頃的村落，估計兩河南部的城市化率約只有 20%。這時古老聚落埃里都已因河水問題而被廢棄。至於在兩河北部的上美索不達米亞，來自南部的影響在下降，城市衰落，有些更退化為農村。

　　這一時期兩河出現了河流改道，水流量減少現象。為爭水源和河岸商業點，城邦間常發生戰爭。不過他們之間也常結為同盟，以協力保證水源、貿易通道暢通以及減少戰爭的損耗。在烏爾出土了一個「城邦印」印跡，上有 13 組符號，代表了 13 個結盟的邦國，是城邦聯盟的印證（圖 1.21，1.22）。據《王表》記載：基什是第一個城邦盟主，它在公元前 2660 年被烏魯克王打敗，盟主地位被烏魯克奪去。在基什的本是閃米特人，他們於早王朝初期自沙漠進入基什，說阿卡德語。他們其後不少南遷至河口地區，與蘇美爾人混居，成為兩河文明不可分割的部分。

　　其後，兩河南部形成了南北兩大同盟，南方同盟以烏魯克為核心，北方同盟以基什為中心。城邦盟主的主要功能乃調解城邦間糾紛，他要在聖城尼普爾被加冕和在基什建廟，他實際上是盟邦太上王。如基什王麥西里姆（Mesilim，約公元前 2700 年）在權杖的銘文上自稱「基什之王」，他仲裁了拉格什和溫瑪（Umma）兩城邦的糾紛。由阿摩利人（Amorites）建立的伊辛（Isin）第一王朝所編的《王表》更強調：一個時期內僅有一個城市擁有王，暗示只有盟主才能稱王，但這個說法並沒有其他佐證。

圖 1.20 ｜ 城邦早期的城鎮分佈

圖 1.21 ｜ 早王朝初、中期城邦印印跡（公元前 2900－前 2650 年）。出土自烏爾王陵。
（資料來源：賓夕法尼亞大學考古及人類學博物館）

圖 1.22 ｜ 印跡共有 13 城邦，可辨的包括基什、烏爾、阿達布及拉沙。

圖 1.23 ｜ 城邦晚期的城鎮分佈

從地理條件看，自基什起，幼發拉底河南下的水流高度和兩岸平原的地面平均高度差不多，容易引水灌溉；而東面的底格里斯河的河道卻深深地切入平原，提水灌溉有一定難度。因此，在城邦鼎盛期前期，兩河南部的主要農業區及重要城邦都分佈在幼發拉底河的主流及支流上。是以控制基什，就控制了灌溉農業的主要地區，成為各城邦的盟主，可自稱「基什王」。第一個在基什建神廟的是基什國王恩美巴拉格西（Enmebaragesi，約公元前 2800 年，他的名字顯示了他的閃米特人根源），他的榜樣被後來一些非來自基什城邦的新興力量者所效法，以昭示其盟主或霸主地位。「基什王」這一稱號因而後來便成為城邦同盟盟主的代號。

後期（公元前 2550－前 2350 年）

城邦鼎盛期後期，隨著戰爭產生的兼併，農村人口不少遷入城市，使城市人口大量增加，而農村數目及農村總人口都在減少。亞當斯（1981）的普查顯示：表面上，城市總數減少，但個別城市在人口及面積上卻擴大了很多。在他的普查區內，城市總數下降至 24 個，但面積超過 50 公頃的卻增加至 8 個，平均面積達 38 公頃（圖 1.23）。上一期的最大城市烏魯克正逐漸衰落；同時亦出現了新城市，如拉爾薩（Larsa）。此時已沒有一個獨大的城邦。估計居住在城市（聚落面積 10 公頃以上）的人口佔總人口 78%，城市化率達 78%，是前工業社會極高的城市化率。換言之，兩河南部基本上是個城市文明。這時的烏爾面積擴大（達 50 公頃），它所在的邦國也強大起來；而埃里都亦重新興起。

此時在上美索不達米亞也出現了第二次城市化，同時也出現了和南部相若的有防禦設施的城市。馬里（Mari）及埃勃拉（Elba）的文書顯示，它們成為重要的城邦國，由世俗的統治者統治。和上一次的城市化一樣，北部的發展動力和文化因子都是來自南方的。

在南部地區，河道的進一步變化，特別是幼發拉底河的主河道東移，使舊河道上的主要城市烏魯克、尼普爾及舒魯帕克等走下坡。在幼發拉底新河道及底格里斯河上的城市，如阿達布、溫瑪、吉爾蘇（Girsu）及撒巴林（Zabalam）卻繁榮起來，特別是溫瑪。由於處於同一

主河道之上，溫瑪與吉爾蘇在邊界和運河上的糾紛時見於文獻上。這時的聚落如珠串般沿主河道分佈，依附由主河道引水的灌渠。每個城市都努力將灌溉區內的生產與土地整合，形成自己的勢力範圍。不過因為河水不斷減少，邊界問題進一步惡化，而有能力的城邦乘機擴大影響力，通過武力去建立新的泛區際政治實體，進入了城邦爭霸激烈的時代。這一時段早期較強大的邦國乃烏魯克、舒魯帕克、溫瑪和拉格什（首都為吉爾蘇）等，形成一個霸主輪替的局面。

從有關記錄可以整理出這時期在兩河流域的阿卡德和蘇美爾地區稱霸的盟主的大概時序：

1. 烏爾（約公元前 2500 年）米山涅帕達（Mesh-Ane-pada）打敗烏魯克，統治基什，自稱「基什王」；

2. 埃勃拉（Elba，約公元前 2600－2240 年）稱霸敘利亞、黎巴嫩以及部分土耳其地區，曾統治 17 個城邦；

3. 拉格什（約公元前 2500－前 2350 年）

4. 溫瑪（約公元前 2325 年）盧加爾扎克西（Lugal Zage-Si）統治烏魯克及烏爾，控制整個蘇美爾 25 年；

5. 阿克沙克（Akshak，約公元前 2400 年）打敗基什，稱霸蘇美爾及阿卡德；

6. 阿達布（約公元前 2400 年）盧伽爾安納蒙杜時統治烏魯克、烏爾、拉格什，由波斯灣至地中海；

7. 馬里（公元前公元 2400－前 2350 年）在阿卡德地區稱霸；

8. 阿卡德（公元前 2350－前 2050 年）擊敗溫瑪，建立兩河地區首個帝國。

拉格什邦國在高峰時（約公元前 2400 年），臣伏了不少鄰近邦國，領土擴大至 1600 平方公里，有 17 個較大城市、8 個區首府（被臣伏的前邦國首都）和約 40 條村。其首都吉爾蘇面積可能達到 100 公頃，人口 1.9 萬。

上述盟主及同盟國的勢力範圍很多時都超過了蘇美爾地區，包括了阿卡德、亞述及埃蘭等地區。其中，如阿達布王，一個蘇美爾外（阿卡德地區）的城邦主便幾乎統一了整個蘇美爾地區。有關他的銘文說：「他使

所有的外族國家向他定期納貢。他把和平帶給各國人民。他為所有的大神建立神廟。他恢復了蘇美爾昔日的光榮。他執行著整個世界的王權。」

由於頻繁的戰爭，普通公民的人權和自由受到限制。如吉爾蘇（拉格什首都）出土的文獻顯示：拉格什的統治者沒收土地所有權並挪用神廟資金來供養戰爭。在和平時期，統治者也同樣徵收苛捐雜稅，從養羊到生產香料無一例外。當時規定，如果丈夫與妻子離婚，他要付給統治者 5 個謝克爾；如果一個人死了，官員將參加他的葬禮以攫取一部分殉葬品。

這一時期，特別是其晚期，神授王權觀念流行，王族被神聖化，而王位亦由一個家族世襲。王室權力擴大，促使了王室廣建及供養神廟，並且王也在神廟內接受人民崇拜。同時王室也深挖運河，發動戰爭以擴大國土。在烏爾等城市發掘出的公元前 2550－前 2400 年的眾多的王陵、豐厚的陪葬品以及大量的人殉，說明了王權的擴大。

5.3 城邦管治：由政教合一到王權獨攬

城邦鼎盛期的另一發展主軸乃王權的擴大和它與神權關係的變化。在前期，城邦首領被稱為「恩」（祭司或統治者）、「恩西」（神廟基礎的君主）和「盧伽爾」（lugal，大人，族長或主人）。第三種稱謂只是當首領和城邦名字連在一起使用時才用作城邦領導的稱呼。前兩者可反映城邦首領兼有宗教和世俗功能，他是主神的最高祭司，往往被視為是神所挑選的代理人甚或是神之子或親屬（見圖 1.13 石瓶畫）。他掌管祭祀、管理神廟經濟和修建神廟。在世俗方面，他主要的事務乃水利工程的修建、城邦行政管理及作為最高軍事統帥。然而在城邦鼎盛期前期，城邦首領的權力仍然受到貴族議會和公民議會的限制。如《吉爾伽美什史詩》就記錄了貴族議會反對吉爾伽美什出兵抵抗基什的入侵；最後，他因為得到公民議會的支持才能發兵。

貴族議會的主要成員是祭司貴族。高層官員，很多由祭司貴族或神廟人員充任。如城邦首領為「恩西格爾」（ensi-gal），他是由長老任命的統治者，地位低於貴族議會的祭司貴族。神廟控制了大量的土地與經濟，而城邦領袖的經濟地位並不顯著。如拉格什城邦內的 20 餘座神廟，

佔有全國四分之一到三分之一的土地。神廟工作人員可從神廟獲得份地和優厚報酬，一部分更可升為神廟管理人員。神廟及其依附者都擁有大量奴隸。溫瑪出土的一個祭司像顯示了該祭司擁有大量土地、房屋和牲口（圖 1.24），一塊公元前 2500 年的泥版則記錄了神廟的大量牲口買賣（圖 1.25）。

公民議會在此時期經已沒落，其作用只是偶然因城邦領導與祭司貴族爭持不下時才被一方所利用。此時的世俗統治者與神廟聯為一體，他在軍事及管理職責外，還有很多宗教義務，因而神廟和國家權力，勢均力敵。考古資料提供了有關佐證：在主要城邦首府，這一時期未有發現與神廟沒有聯繫的多功能建築，即純世俗功能的行政機關。

到城邦鼎盛期後期，城邦首領逐漸脫離貴族議會制約，取得較全面的統治權，權力均衡開始偏向宮庭。國王權力的擴展亦促使兩河地區出現了把各國統一的多次嘗試。其背後的主因乃各城邦在爭奪水資源、土地和貿易通道。它們之間的戰爭產生了大量戰俘、奴隸、城邦公民的分化（戰敗國公民喪失公民身份），及國有和私人土地流入戰勝者手中及市場。如舒魯帕克共有人口 1.5 至 2 萬人，大部分是奴隸，公民只有 2015人。考古文獻也出現了不少土地買賣的記載，而國王也逐漸控制了城邦重要資源——農業。統治者亦通過土地的掠奪及土地賞賜，鞏固其政治地位，使王權比神廟更強大。考古亦顯示了王權與神廟的逐漸分離：在基什發現了約在公元前 2600 年的大型宮殿建築，有與主神廟門道相匹的龐大門道與精緻的公共用房，可容納世俗統治者及其行政機構。它們都有厚厚的內外圍牆，顯示恩或恩西已不再住在主神廟裡了。

拉格什城邦銘文提供了王權逐漸超越神廟的案例：自烏爾南塞（Ur-Nanshe，約公元前 2500 年）起，拉格什城邦一共有八王，都是父子相傳（只其中一個傳給弟弟）。而烏爾南塞崇奉寧那女神超過城邦的主神寧吉爾蘇，反映了他與主神廟的關係惡劣。不過，廟宇擁有 200－300 平方公里的土地，仍是最大的地主。然而烏爾南塞是個軍事強人，他征服了烏爾城邦及今天的波斯灣區域，令外國對他進貢，成為強大的城邦霸主。他的五世孫恩鐵美那已經不出任主神寧吉爾蘇的最高祭司，說明國王經已不著意作為全國的宗教領袖了。此時王的地位經已起了變化：

圖 1.24 ｜ 溫瑪祭司 Ushumga 浮雕像（公元前 2900—前 2700 年）。雕像周邊文字記錄了田地、房屋及牲口交易，並有小人像（可能是見證人）。

圖 1.25 ｜ 神廟間牲口交易記錄泥版（公元前 2500 年）（資料來源：大英博物館）

一、王已直接掌握了國家政權，不由貴族議會左右；二、王宮已成為國家的統治中心，在王之下出現了一個世俗官僚機構，包括了城邦統治者的助手（蘇卡爾）、地方首腦（薩格蘇格）、書吏、宮廷管事（阿布加勒）及稅務官（馬斯基姆）等；三、王室經濟已超過神廟經濟。

基於此，易寧推論：拉格什城邦已完全擺脫政教合一，是個君主體制。

5.4 社會及城市特點

由公元前 3400 年起，兩河流域經歷了近千年長的「城市革命」（實際上是城市演變）導致了在城邦鼎盛時期聚落形態與社會結構的變遷，使人口大量流入城市，亦使城市分佈更廣、重要城市相互交替，及城市成為兩河文明的基本單位。因而兩河流域自進入文明起便是個古城市文明。

城邦中的大多數城市平民在職業或經濟上為農夫、工匠、商人、漁民和養牛人。因此，有估計認為，城邦鼎盛期高峰時（約公元前 2600－前 2500 年）兩河地區的城市人口佔了總人口 80%，即城市化率達 80%，是極高的城市化水平。但在城市內仍有大量農、牧、漁人口，而非農經濟亦不是城市的經濟主柱。從這個高峰，兩河流域的城市化率慢慢下降至公元前 2000 年的約 50%。

城市的手藝人階層，包括了石匠、鐵匠、木匠、陶工和寶石匠，靠在市場上出賣自己的手工藝品為生。當時是用銀塊或銀環作為支付貨幣。城牆外是農田，城市居民雖然有部分脫離農業，但他們的生活的好壞最終仍取決於農田的收成。大部分土地屬於國王、神廟、祭司和一些富人。他們將土地劃為小塊，連同種子、農具和耕畜一起，分配給為他們服務的農民。農民提供勞動力，除了自己消費外，把多餘的產品繳納給土地所有者。

農作物主要是大麥和小麥。牲畜是山羊、牛和綿羊，它們提供肉類、奶、皮及羊毛。羊毛和亞麻是主要紡織纖維。蔬菜包括了洋蔥、蠶豆、豌豆、大蒜、韭、蔥、小蘿蔔、萵苣和黃瓜；水果則有甜瓜、椰

棗、石榴、無花果和蘋果等。在公元前第五千紀，蘇美爾人已開始使用犁，但要到公元前 1700 年他們才懂得輪作方法以增加收成和保持地力。在早期的農場裡養著鴨和鵝，直至公元前一千紀，雞才成為普遍的家禽。他們將大麥磨成粉，烘培成麵包，又把大麥、小麥、黑麥發酵成啤酒。有估計認為大約 40% 的穀物收成被製成啤酒。

在蘇美爾出土的泥版中有些是學生的作業及教科書，顯示學校已具雛形。這些學校多位於王宮、神廟和書吏居住區附近，它們為王室和神廟培養書吏，同時也存在培養商業貿易方面的私人書吏。此外，在尼普爾和烏爾還發現了一個神廟圖書館。

兩河南部為沖積平原，石料和木頭稀缺，因此蘇美爾人使用「日曬磚」建造房屋台基和牆壁，在表面貼上陶磚以防水。在兩河北方的亞述地區，由於氣候濕潤，往往採用燒乾的磚。石灰石和更貴重的石料只用於神廟和王宮的裝飾，私人住宅僅使用黏土。藝術有高度發展，特別是在烏爾王陵出土公元前 2500 年前後的玻璃器具、滾筒印章、象牙雕刻、石雕、鑲嵌畫、青銅器、金銀工藝品（圖 1.26）和琉璃磚等都具有很高的藝術水平。其中一些更反映當時貴族生活的奢華，如烏爾王王冠、王后普阿比墓出土的化妝品、頭飾和貝殼鑲嵌的兩人對弈用的棋盤及棋子，其中「牛頭豎琴」、笛子、「灌木叢中的山羊」（圖 1.27）和「烏爾軍旗」為代表作品（圖 1.28，1.29）。除了高超的藝術水平之外，它們形象地反映了當時社會各階層在戰爭與和平兩個狀況下的面貌及主要的活動。

簡言之，這時期的社會與城市文明可體現為：

1. 城市聚落的形成與擴展；
2. 防守性城堡成為城市的重要基建；
3. 出現眾多的士兵；
4. 出現王陵或王室墓葬群，墓中陪葬品有大量兵器及軍事裝備，如戰車；
5. 出現大量反映邦國間爭端及戰事的神話、史詩及銘文；
6. 新興的世襲君主代替了廟宇成為軍事上的決策及負責人。

在這個新社會裡，氏族社會的特徵消逝，出現了階級社會；財富和土地也向私人集中；奴隸數目日增，成為家僕、雜役，以及用於農業及

圖 1.26 ｜ 烏爾王陵出土的金匕首、武
器及金器（公元前 2550－前 2440 年
（資料來源：賓夕法尼亞大學考古及人類
學博物館）

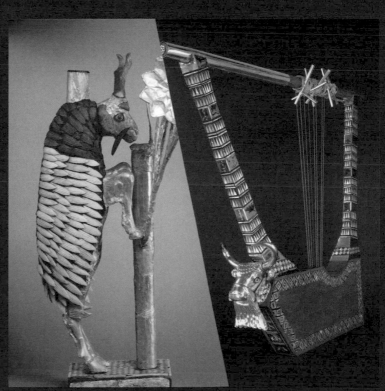

圖 1.27 ｜ 烏爾普亞比墓出土「牛頭豎
琴」及「灌木叢中的山羊」（資料來源：
賓夕法尼亞大學考古及人類學博物館）

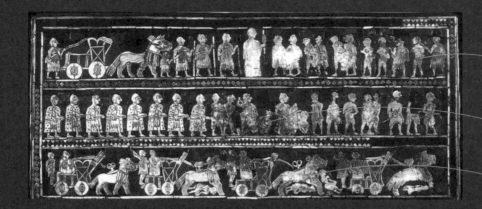

獻俘

獻俘

戰車殺死敵人

圖 1.28 │ 烏爾王陵出土的「烏爾軍旗」。可能是擴音箱，四面有鑲嵌畫，主面一面是戰爭主題，一面是和平主題。（資料來源：大英博物館）

身形較大的王與群臣暢飲

豎琴樂師與歌者

官員／貴族領著僕人

佃戶繳納作物和牲口

圖 1.29 │ 上圖是「烏爾軍旗」中的戰爭主題，下圖是和平主題。

手工業生產。不過，神廟仍有重大的功能，仍是每個城邦及其首都的核心，也是最重要的社會組織結構，同時佔有最多的土地。出土文獻中記錄了很多與神廟土地有關的交易（見圖 1.25）。國王是神在人間的代表，也是神廟的首領，負責修建神廟，並給神獻祭和供奉。國王的這個角色在當時和後來的文獻和藝術中均有反映（圖 1.13，1.30）。神廟的功能包括：

1. 城邦中主要城市的主神廟是整個邦國的宗教中心；
2. 神廟的供給來自城市及其周邊地區；
3. 神廟負責照顧眾神、出資及組織各宗教節日的慶典、為私人主持如葬禮等各種儀式、負責執行律法及為人宣誓等；
4. 和王室一起培育書吏以及保存檔案；
5. 在經濟上向農人及商人貸款，以及提供天災救濟。

拉格什城邦首府吉爾蘇的公元前 2400 年的 1500 多塊泥版文獻反映了上述廟宇功能。當時的拉格什城邦的神廟擁有遍佈全國的土地，顯示它依然擁有雄厚的經濟實力和社會影響。

英國學者吉堅（Gutkind, 1965）對蘇美爾城市的空間結構與佈局作出如下的撮要：

1. 城牆和神廟是兩個重要組成部分；
2. 居住建築以公共大型建築為核心而鋪開；
3. 公共建築位於市中心並有規律地分佈，但城市其他建築則雜亂無章，小路曲折；沒鋪路面；
4. 主路及城門都指向市中心；
5. 重要城市面積超過 100 公頃；
6. 貿易是城市一大功能，亦是城市化一大動力，貿易範圍遠至印度河及敘利亞；
7. 城市內有大片空地及農田、果園、花園以提供食品；
8. 城市碉堡掌控全城，接近城牆，有兵營、倉庫及苦力宿舍，形成軍事小區。

錢特和古德曼（Chant & Goodman, 1999）亦從文獻總結出蘇美爾城市有三個構成部分：

王頭頂工具，領導人民建廟

坐在椅上的王
為廟建成祝聖

圖 1.30 ｜ 拉格什王烏爾南塞建廟浮雕（公元前 2550－前 2500 年）
（資料來源：羅浮宮博物館）

1. 內城：在城牆內，主要有神廟、王宮、私人住屋、及城門；
2. 城郊：有住屋、花園及牧場以使城市自給；
3. 商業區（港口）：專責進出口貿易，是本地與外國商人集中區，似乎享有自治及特殊法律地位。

5.5 城邦鼎盛期的代表城市：烏魯克

在城邦鼎盛期，王位經已世襲，主要城市都與其周邊或腹地形成了一個新型的宗教、經濟、政治與軍事複合體 —— 城邦國家。這些主要城市不一定是個經濟中心或手工業中心，但如烏魯克一樣，他們一定是港口及貿易中心，靠水運而繁榮，並且建有軍事防禦設施。

上文圖 1.21 所描述的是公元前 2660－前 2600 年間的烏魯克，當時吉爾伽美什打敗基什，開創烏魯克第一王朝，稱霸蘇美爾，使烏魯克城進入了復興時期，它體現了邦國鼎盛期前期邦國的首都的特點。

德國考古學家尤利烏斯・喬丹（Julius Jordan）估計：這時的烏魯克已建成了一條 9 公里的城牆，牆內面積仍是約 400 公頃，估計城市總人口 5－8 萬人，他並認為它是當時世界上最大的城市。

據《吉爾伽美什史詩》記載，烏魯克除了有堅固的城牆外，也建造了安魯及埃安納的神廟（應是重建或擴建）。它們是城中最顯著的公共建築，與宮殿構成控制城市乃至整個城邦的兩個互相依存的機構，並由方正的圍牆分隔。他們共同擁有城市及城邦最多的土地，成為城市居民的最大僱主。除了雜役及工匠外，相當一部分城市居民參與農牧業，及為城市及城邦的運河與灌溉網的維修服力役。《史詩》亦道出了城牆內的土地利用：三分一是花園果圃，三分一是耕地。因此只有三分一（約 120 公頃）是城市用地。

這時期的考古說明了庫拉巴已取代埃安納，成為邦國的行政中心，出土了宮殿、神廟、泥版、印章、印跡、浮雕、石碑、人物雕像、器皿及工藝品。一般民房都是低矮而稠密的，但由於未有發掘，具體情況仍不大清楚。城內沒有發現有手工作坊區，但在城郊發現了一個金屬或瀝青的作坊區。

6. 帝國時代的城市演變
（公元前 2340－前 2160 年）

6.1 阿卡德到烏爾第三王朝

　　公元前 2340 年，阿卡德城邦的薩爾貢王（Sargon，圖 1.31），最後的一位城邦霸主，洗劫了烏魯克和烏爾城，俘虜了它們的王。之後他發動了 34 次的征戰，征服了其他邦國，結束了約 800 年的城邦分立，建立了一個龐大的帝國，這帝國統治了兩河流域近二百年（公元前 2334－前 2154 年，約是中國龍山晚期）。阿卡德帝國開創了兩河流域古城市文明的一個新時代：即專制王權。國王不單集政治、經濟、司法、軍事與宗教權力於一身，第二代君主納拉姆辛（Naram-Sin）更自稱為神，在自己名字前加上神的尊稱，頭帶象徵神的牛角冠（圖 1.32）。

　　帝國建立了一套中央及地方行政、以及軍事管理的制度，並由常備軍及各城市和地區分隊組成王室軍隊，將領由王室分給耕地作為俸祿。最高統帥稱「沙基納」（sagina），之下的將領乃帝國屬下各城邦／省的統治者恩希（ensi）。後者負責該城士兵的徵召，並為王室提供軍餉和裝備。不過首都阿卡德城卻不設恩希，士兵由王室直接徵召，組成常備軍，人數達 5400 人，是兩河地區首支常備軍。各恩希不但是地方軍事首領，也是地方行政首長。薩爾貢更把原來各個城邦的王都變成阿卡德人的恩希。恩希之下的副將乃職業軍人，分駐各地，也靠王室分給土地生活。但絕大部分士兵不是職業軍人，軍事行動結束後，便返回家園。

　　薩爾貢又將阿卡德語用於文獻以取代蘇美爾語，並統一度量衡。之後，他的度量衡在兩河流域延續用了近千年。阿卡德王室又在國境內大量購買土地，部分用於分給軍人及大臣。薩爾貢及納拉姆辛的女兒出任烏爾城的埃安納神廟的大祭司，使王室直接控制廟產和宗教。正因如

圖 1.31 │ 薩爾貢王頭像（公元
前 2300－前 2200 年）
（資料來源：伊拉克博物館）

圖 1.32 │ 阿卡德王納拉姆辛（薩爾貢孫）征服山間人記功碑浮
雕（公元前 2254－前 2218 年），存於羅浮宮博物館。這是全世界
最早的大型浮雕藝術擺設。

此，他對祭司階層壓制，使祭司階層反感，加上北部地區嚴重乾旱，引致了大規模叛亂，令帝國進入了 50 年的紛亂，導致阿卡德帝國衰亡。主要城市烏爾、拉格什、阿達布、溫瑪等都出現叛亂，後來更脫離帝國，再度成為獨立邦國。帝國最終被來自西北部山區的遊牧民族聯盟古提人（Gutian）所滅亡。

古提人的新政權（公元前 2218－前 2040 年）統治了兩河部分地區，採取「阿卡德」化政策，繼續使用阿卡德語和文字。它後來被烏魯克的恩希領導的蘇美爾聯軍擊敗，並被逐出兩河地區。聯軍將領烏爾納姆（Ur-Nammu）建立了烏爾第三王朝（公元前 2113－前 2000 年，約中國夏代初期）。在他和兒子的努力下，烏爾帝國領土擴大至亞述（Assyria）及埃蘭的蘇沙，他因而自稱「上海和下海之王」（即地中海和波斯灣）。蘇美爾語又再度成為兩河的官方語言，烏爾第三王朝因此被稱為蘇美爾的復興。

烏爾第三王朝沿用了阿卡德帝國的集權制，國王是最高法官和行政首長，由他直接委派各省的行政長官（恩希），在全國建立驛站及遞信員制，同時亦以強大的軍隊及官僚體系維繫全國。這些措施使王朝經濟繁榮，並有能力進行大量建設，如在首都烏爾和主要城市烏魯克、埃里都、尼普爾、舒魯帕克等地新建或重建主神廟。神廟建築也成為國王的特權；而地方行政首長只能建築神化了的國王的神廟。國王在各大城市如烏爾及溫瑪等雇用大量書吏，遺留下大量泥版文書，提供了當時生產、稅收、貿易等記錄和律法，如人類歷史上第一部成文法典《烏爾納姆法典》、劃分帝國行省界線的《土地登記簿》，和讚美詩等歷史資料和有價值的文獻。我們因而得知國王對部分生產如紡織業的壟斷、白銀是主要通貨、神廟的資產亦由王室控制等。從舒爾吉（Shulgi）起，國王開始把自己神格化，通過「聖婚」成為主神的至親，將王權與神權結合以鞏固王權。由王室主導的讚美詩，成為宣傳國王「神王」的新地位及其偉大事跡的工具。

王朝的首都烏爾號稱世界第一大城市。可惜兩河流域在公元前2100－前2000 年遇上了嚴重的乾旱，王朝雖然通過運河的建築與修復，短期內仍保持豐產，但卻使土地鹽鹼化，最終使收成下降。鄰近沙漠的

遊牧民族閃米特人、阿摩利人和東面的埃蘭人，亦因天氣關係和被烏爾高度的繁榮和城市文明吸引，逐漸滲入帝國，其後更攻佔主要城堡，切斷帝國首都與北面數省的交通，造成烏爾糧食供應問題。而重稅也導致一些省份叛變。公元前 2004 年，埃蘭人搶掠了烏爾城，滅亡了烏爾第三王朝。之後，蘇美爾便出現了阿摩利人的兩個弱小王朝，進入了伊辛－拉爾薩時期（Isin-Larsa period）。從此蘇美爾及阿卡德的政治力量便退出了歷史舞台，因此狹義上的兩河流域古城市文明在經歷了 1500 年的演變後便告終結。代之而起的乃不屬於本章討論的巴比倫－亞述文明，不過楔形文字仍不斷地隨著新民族和政權的需要而發展，沿用至約公元前 100 年。

6.2 烏爾：城邦鼎盛期後期及帝國時代的代表城市（公元前 2500－前 2100 年）

在兩河流域發掘出很多城邦至帝國時期的城市遺址，出土了不少文物，如基什（公元前 3100－前 2660 年）、吉爾蘇（公元前 2900－前 2335 年）、蘇沙（公元前 3100－前 2900 年）、尼普爾（公元前 2700－前 2000 年）、舒魯帕克（公元前 3000－前 2000 年）、溫瑪（公元前 2900－前 2300 年）、亞述（公元前 2600－前 2500 年）、埃勃拉（公元前 2600－前 2240 年）、馬里（公元前 2900－前 1759 年）、阿克沙克（公元前 2500 年）、尼尼微（公元前 3000－前 2260 年）等。因為烏爾比其他城市有較詳盡的資料，我們選擇它以代表兩河流域古城市文明晚期的城市發展和社會狀況。

烏爾的考古發掘始於 1850 年代，並於 1922－1933 年進行更大規模和深入的發掘，對城牆及核心區進行了詳細勘探，出土了很多珍貴文物，對了解城邦及帝國時期的蘇美爾城市乃至整個兩河流域古城市文明的貢獻很大。

在歐貝德文化晚期（公元前 4000－前 3800 年），這裡便出現了月神南納的小廟。由於它處於肥沃的河口區、便利的交通要衝，及接近波斯灣，不久便和埃里都一樣，以宗教聖跡為中心，吸引附近的農民聚居，

成為歐貝德文化晚期的重要聚落。到烏魯克文化時期，因為烏魯克的強大，歐貝德因而衰落。在公元前 3400－前 3000 年，它未能發展成「初城」，仍只是一個面積 10－15 公頃的聚落。

約在公元前 2600 年，烏爾開始重新發展，成為一個強盛的城邦的首都，建立了烏爾第一王朝。這王朝共傳了四個王。在其高峰時，即公元前 2500－前 2400 年，城市面積擴展到 40 公頃，城市人口約 24000 人。估計整個城邦總面積約 1000 公頃（10 平方公里），人口約 50 萬，大部分聚居為村，分佈在灌渠網上。

在烏爾城核心塔廟附近發現了一座公元前 2500－前 2400 年的王陵，它包括了 16 個大墓，是城邦國王和王后的墓地。在王陵發現，王族成員把身穿漂亮衣服，手捧黃金、珠寶和祭品的官員和僕人們都一起帶到冥府。王陵亦出土了大量泥版文獻、滾印、印痕及其他文物珍寶，包括多個「城邦印」和「烏爾軍旗」（見前文），不但反映出它繁榮的經濟、重要的遠途貿易，及一度城邦盟主的地位，也使我們理解兩河時期的邦國爭霸及古城市文明。

烏爾在公元前 2400 年後開始衰落。不久，在薩爾貢的征伐下，烏爾城牆被毀，整個邦國被貶為阿卡德帝國的一個省，其後又被古提人管治。在《王表》中有提到烏爾第二王朝，它傳了三王，但卻沒有提供其他資料，這時期亦沒有相關的考古資料。其中一個可能原因是：烏爾第三王朝時，大型建設很多，其建造工程破壞了前期的文化層，使我們現今找不到當時的文物及建築遺跡。

公元前 2112 年烏爾納姆率領蘇美爾聯軍取代阿卡德及古提人，建立烏爾第三王朝，烏爾亦成為新國都。該王朝共傳五個王，在它之下城市得到很大發展，留下了不少大型公共建築和宮殿遺跡、楔形文字等歷史文物，被稱為蘇美爾文明的復興時代。

公元前 21 世紀，烏爾納姆在位期間，城市擴展至 70 公頃，並修建了巨大城牆，開鑿了新運河，新建和修復了遍佈全城的神廟。其中最大的，迄今仍然保存得最好的就是月神南納的塔廟 —— 庫拉布（Kullab）塔廟。城市平面為卵形，有內外兩重城牆與城壕，有兩個港口通往幼發拉底河主河道。城市面積為 88 公頃，人口約 34000 人。至公元前 1980

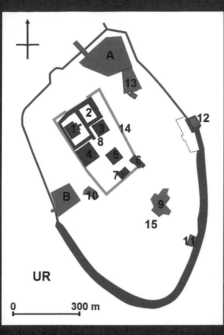

1.　塔廟
2.　月神廟
3.　埃努瑪廟
4.　祭司住宅
5.　Ehursag 廟（烏爾納姆王宮原址）
6.　蘇爾吉王陵
7.　古王陵
8.　王殿
9, 10. 前巴比倫住宅
11.　大神恩神廟
12.　公元前 1500 年前堡壘
13.　巴比倫最後一王的王宮（公元前 540 年）
14.　後巴比倫內城牆
15.　後巴比倫民居
A.　北港
B.　南港

圖 1.33 ｜ 烏爾城圖

南港

塔廟

核心城衛河

圖 1.34 ｜ 烏爾城復原圖，上小圖為城市全貌，下面大圖為城市核心部分。
（資料來源：W.R. Mattfield）

年，城市面積更擴大至 100 公頃，估計人口為 65000 人，號稱世界最大城市（圖 1.33，1.34）。

城市的中心區高踞西北高地，為厚重的內城牆圍抱的宮殿、廟宇、貴族僧侶府邸。核心區的圍牆外是普通平民和奴隸的居住地及工業作坊。核心區分隔明顯，防衛森嚴，其中心是 7 層高的夯土塔廟（月神台），夯土台基上貼上一層磚，層層向上收縮，總高約 21 米，頂上便是烏爾城主神月神南納的神廟（圖 1.33，1.34）。在台基上還有宮殿、各種稅收和司法等部門的衙署。內城牆內還有商業設施、作坊、倉庫等，形成城市的公共中心。宮殿是「四合院」式，由若干院落組成。廟宇多是四方形平面，由厚實的土坯牆包圍起來。除了中央土台外，城內還保留著一些耕地。民房一般密集排列，街寬僅 3 米左右，有利於阻擋烈日。房舍都由軟泥曬乾的磚塊建成，沒有窗戶，陽光要由房屋中央的天井照入。外城有不少小型作坊、小神廟、學校，而大型市場及集會空間主要是在通往城門的空間。大型作坊多設在城外，如距城東南 1.5 公里的小區便是個手工業區，出土了不少滾印及裁縫有關的文物。

整個烏爾城由一條 8 公尺高的城牆環繞著，城牆外更是一望無際的麥田，及流經烏爾城的幼發拉底河。城外農民的房子由蘆葦搭建而成，估計大約有 20 萬農民居住在烏爾城附近。圖 1.34 是烏爾城在公元前 2030 年的想像圖，提供一個烏爾及其近郊的大概形象。

因此，烏爾是個防衛嚴謹的城市，同時它的中心區仍是由神廟與王宮雙核組成的，反映了王權與神廟依然存在的緊密關係，以及水運對於城市經濟和居民供給的重要性。

第三王朝滅亡後，烏爾先後附屬於巴比倫諸王朝和波斯帝國，在公元前 4 世紀，烏爾因為幼發拉底河改道而逐漸被廢棄。

7. 結論：兩河流域古城市文明的
興起與特點

　　我們在本章介紹了兩河流域聚落的起源，指出該地域南部的蘇美爾地區，在新石器早、中期居民稀少，相對於兩河上游及北面山區，是個落後地區。但它卻後來居上，發展成為兩河的高產農業區，並在公元前3400－前3200年間，發展了文化水平很高的社會，出現了「初城」。考古學家對烏魯克及一些其他遺址的發掘與研究，證明了早期文字已經出現，快輪已在製陶上應用，銅器及金銀器的工藝已十分進步，在大型聚落中已出現了巨大堂皇的公共建築。然而，農業上使用的工具主要仍是石製的，它是一個神廟及灌溉農業相結合的經濟，即神廟經濟。但私有土地仍未出現，社會組織仍以氏族為基礎，貧富懸殊的情況仍然不明顯，國家還未出現。蘇美爾的烏魯克展現給我們清晰的「初城」時期具體的大型公共建築的形象和較詳細的社會狀況，這都是至今為止在其他遠古文明找不到的。

　　在廣闊的中東地區，為何蘇美爾會首先走向城市及文明的第一步？在本書的〈引言〉中我們認為這是自然條件及人類主觀的選擇的結合。人類在文明之前的選擇，往往是一個集體性的選擇，而它的最有效的媒介就是宗教。兩河流域的蘇美爾為我們提供了這個在遠古發生的，讓人類由新石器晚期走向城市文明的「人」、「地」相應，或「天人合一」的過程的具體案例。

7.1 自然條件的締造

　　幼發拉底河的河口區是個廣闊的淺灘，水資源豐富，沼澤與瀉湖密佈，又和南邊的沙漠、北邊山巒的坡地及東南部的波斯灣相接，形成一個合適遠古人類生存的生態多樣化地區。然而該地區因為在水平線之下，不宜農耕，仍只是個牧、獵和漁業區，難以支撐固定的村落和較多

的人口。自公元前 5000 年起，由於河口淺灘地區受地球地殼運動影響而隆起，導致海水向波斯灣倒退，海岸線南移，使淺灘露出大片可耕而又肥沃的土地，為蘇美爾迎來新的發展機遇。河口區在地理上是開放型的，西南面的遊牧民族、東北面的山區民族及上游的居民都可以容易地進入，更加上新形成的土地沒有主人，吸引了外區依賴低收旱作及牧、獵人口的移入。

烏爾西南方 12 公里的埃里都，當時正處於河口的最南部岸邊。它的歷史可以追溯到公元前 5400 年的歐貝德時期，也是後來（公元前 2900 年後）蘇美爾諸城中最南的一座。在蘇美爾《王表》中，它被列為蘇美爾最早的城市。《王表》的第一行有頗有深義的描述：

「當王權從天而降，埃里都首沐王恩。」

埃里都的主神為恩基，是水神，相傳它的居所乃埃里都地下一個透水石層，埃里都就是這個淡水石層露出地面的地方，而水被認為是萬物之源。埃里都的傳說，形象地點出了河口區自然環境的變化和歐貝德灌溉農業文化的興起。初期露出水面的淺灘，土地鹽分過高，難以耕作，要經數百年的雨水及河水沖淡才可能成為耕地。因此有淡水石層露頭的個別地方，便首先成為可耕之地。埃里都主神恩基的廟 ——「水神之家」，亦因而成為首個蘇美爾聖跡。埃里都就是環繞著「水神之家」而興起的。簡言之，水資源成為高產農業的出現與發展的契機，它是兩河古城市文明的始源。

兩河往北及向東伸延的支河更把流域內的河運和沿海的航運溝通，便利了剩餘產品的遠途運輸，及與更廣大地區上的產品交換，是促進農業生產與專業化的另一誘因。是這些高產土地與水上運輸條件孕育了蘇美爾成為整個兩河流域經濟最發達的地區，促成它的神廟經濟的擴大，及它對文字記錄的需求與專利，使文明最先在這裡出現，也使這個文明的關鍵要素 —— 楔形文字、宗教觀念和灌溉技術 —— 向兩河上游傳播，形成眾多邦國，而且都採用了蘇美爾的文字、宗教信仰和典章制度。因此蘇美爾文明在空間上擴展，成為整個兩河的文明。

7.2 人的選擇：人與自然的變遷

上文提到《王表》點出埃里都「首沐」從天而降的「王恩」，是對蘇美爾文明的一個標誌性的撮要：宗教或神廟主導了自公元前 4000 年至公元前 2000 年的兩河流域的文明進程。

在這長約 2000 年中，前 1500 年基本上是宗教主導的「神廟經濟」。就算是在國家已出現了的城邦時代的前期，王還相當依賴神廟，他只是神的代言人及經理人。灌溉農業乃至對征伐的組織與推動，都要假借神的選擇與決定。無論是出自貴族長老或大家族的推舉，兩河流域內諸城邦的王都肩負了宗教與世俗的功能，他們借用神的權威以執行人的集體選擇與意志。在這長長的十多個世紀中，宗教核心，即主神廟或神廟區，一直是城市的核心，而它同時亦是邦國的政治與行政中心。兩河流域的城市考古，從未發現在公元前 2600 年前王宮或世俗權力與神廟在空間分佈上的分離，也從未發現以人為主或世俗性的第二個中心。

在其後約 500 年，即城邦時代後期，出現了國王獨攬大權，在城市空間分佈上亦出現了王宮與神廟的分離，但王權仍然需要以「神的授予」為支撐，以取得合法性和權威性。當然，這亦可被認為：它要說明王代表了人民的集體意志。這一時期土地愈來愈多地被王室和私人擁有，而廟產亦走向國有化或由王所控制，宗教的影響似乎走向衰落。不過，到烏爾第三王朝，國王仍需要用「聖婚」以拉攏與神的關係和為自己及祖先建廟以神化自己。這些都顯示出王對宗教依然臣伏，正如當時王的讚美詩一樣，最主要的內容就是五個字：「神選擇了他」。

自然環境的變遷使兩河河口區的農業發展自公元前 4000 年起逐漸超越了阿卡德的沖積平原和上美索不達米亞（上游區）。然而，亦是自然環境的變遷，即幼發拉底主河道的東移，使烏魯克城邦走向衰亡。而得益於新河道的貫通，阿達布、溫瑪及拉格什等城市卻在同一時間興起。此外，阿卡德王朝和烏爾第三王朝的滅亡，多少亦和天氣變化、土力下降有關。為了爭奪水源及河運的控制，城邦由結盟而至互相攻伐，加上河谷開放型的自然地理環境，周邊民族容易乘虛及乘亂來襲，帝國由興起

而至衰亡。變遷的自然與人類的回應，成為兩河流域古城市文明演變的重要背因。

7.3 兩河流域古城市文明特點

我們總結此章時，覺得必須指出兩河古城市文明的特點和它們與埃及和中國的古城市文明明顯不同的地方：

1. 它是個高度城市化的文明；
2. 宗教成為文明發展的起因及核心力量；
3. 保留了遠至公元前 3400 年的大型神廟和公共建築遺跡；
4. 遺留了較早及較完整的文字記錄；
5. 留下了文字發展全過程的證明；
6. 保存了世界上最古老的典章與制度，包括了官職體系及法典；
7. 以印章和石刻的方式形象地將遠古城市文明的神祇、人物、器物與事件保留下來；
8. 烏爾出土的各類藝術品的細緻與精美，舉世無雙。

在中國，我們對公元前 2800－前 2000 年，即龍山時代和夏代的古城市文明的理解，明顯地遠少於同期的兩河流域。主要原因乃中國沒存有當時的文字記載和刻在金石或陶器上的重要人物及事件的形象。除了考古發掘之外，我們主要通過漢代（即約 1200 年後）的傳聞，猜想當時的粗略。直至今天，我們仍不知已發掘出來的 61 個龍山時代邦國的任何一國的名字，更不清楚龍山城市裡的夯土台基上的大型建築的功能或樣子。在中國，城市及城邦的出現或許早於蘇美爾，它們的數量也遠多於兩河流域，但對於它們，我們除了一些未能證明的傳說外，所知的確很有限，遠不如兩河流域的古城市與城邦。

通過本章的疏理，我們更清晰地認識兩河流域璀璨的古城市文明。它的確為世界提供了重要的知識，包括了宗教對古城市文明產生的重要性，國家如何出現，「初城」的特點，和世俗王權如何演進。這些都是偉大的世界遺產。

埃及的古城市文明

1. 埃及古城市文明特點

1.1 埃及的地理環境

　　埃及是非洲東北部尼羅河中下游一個歷時約 3000 年長的古城市文明，它約在公元前 3600 年起便已進入「初城」時期，約在公元前 3200 年，進入了文明期，比中國和兩河流域早了約 400 年。約 150 年後，納爾邁（Narmer，一說是美尼斯，Menes）便統一了上下埃及的大部分，建立了第一王朝，開創了遠古史上第一個廣域國家，也比中國的夏朝及兩河的阿卡德帝國早近一千年。這個文明延續至公元前 1069 年，因新王國亡於外族而終止。它的崛起及衍生出的個性延續了超過 2400 年，並與尼羅河有著非常密切的關係，是古文明的奇葩。

　　埃及的母親河尼羅河全長 6650 公里，是世界上最長的河流，流經非洲東部與北部，上游有兩條主要支流，即白尼羅河和青尼羅河。白尼羅河源於今天的非洲中部盧旺達，向北流經坦桑尼亞，其後流入烏干達和蘇丹南部。青尼羅河源於埃塞俄比亞的塔納湖，流入蘇丹後在喀士穆與白尼羅河相會，形成了尼羅河。從這裡它穿越撒哈拉沙漠，流貫非洲東北部，注入地中海，在入海口形成一個巨大的三角洲（圖 2.1）。

　　今天埃及境內一段的尼羅河長約 1350 公里，其南部的細長河谷段長 1150 公里，最寬處約 50 公里，但大部分河谷只有 10–30 公里。在 1960 年代因在阿斯旺（Aswan）建了上游水庫，沿河兩岸的河谷平地縮小至只有 3–16 公里寬。自開羅市郊（古孟菲斯）開始，北向約 200 公里的一段便是三角洲，在這裡，主河分成兩支（古代是八支）河道流入地中海。今天的三角洲面積為 2.4 萬平方公里，細長的河谷地區面積只有約 1 萬平方公里。在古埃及，河谷地區面積可能比現在多一倍，但三角洲的面積應比目前小很多。

　　由於埃及屬熱帶和亞熱帶地區，而尼羅河流經的地方均是沙漠，埃及的古文明只能依靠河水的週期性氾濫所衍生的灌溉農業才能形成和興

旺。除少數海港和海岸附近的城市外，埃及古文明的城市和大多數居民都集中在阿斯旺以北的尼羅河畔這狹長河谷中。

1.2 古埃及保持長期的統一與發展，與蘇美爾不同

雖然埃及和上一章的兩河流域的古城市文明都產生於、並依賴大河河谷及其三角洲而發展，但兩者有如下的不同：

（一）古埃及的非農業資源較多，並較易取得。尼羅河河谷有花崗岩、沙岩、泥岩等岩脈出頭，易於開採；東部沙漠有黃金及石材，西奈半島有銅及半寶石。尼羅河也為這些物產提供了便利的運輸。而兩河流域南部的蘇美爾和阿卡德，除了運輸便利外，缺少這些非農業資源。

（二）尼羅河有可預見的週期性氾濫，使古埃及的農業經濟、政治及社會相對穩定。尼羅河不同河段在每年 7−9 月河水上漲氾濫，為河谷平地帶來上游肥沃的火山灰及有機物。9 月農民便可以播種，而 10−11 月的強烈日照，是作物的生長期，到 2−3 月便是作物的收成期。之後的 4−6 月是尼羅河的旱期，河谷耕地龜裂，讓收割後的土壤透氣以利來年的耕種。同時，氾濫期的河水也洗去泥土中的鹽鹼，防止土壤沙化。這些情況在蘇美爾地區是沒有的。古埃及 4−9 月長的氾濫與乾旱期，為法老提供大量閒暇農民勞動力。而政府亦把以稅收形式提取的農業剩餘價值的一部分，通過大型工程，以食物供應形式返還給農民。

（三）尼羅河的農耕大部分屬於常年自然灌溉，只有離河道較遠的綠洲耕地需要提水灌溉。因此，整個埃及形成了和尼羅河連結在一起的意識。加上河道較直，水流平緩，由南而北可順水而下，而由北而南，亦由於盛行風都是南向的，易於掌帆順風逆流而上，因而交通便利。同時，因為河谷狹窄，難以作東西的橫向發展，使尼羅河發揮了縱貫南北的「通衢作用」，沿河各地在灌溉農業、商品貿易和意識形態上容易融為一體，形成一個泛埃及特色的神權與王權結合的法老體制與意識形態。

（四）與外族分隔並遠離其威脅。埃及北和東面是地中海和紅海，

圖 2.1　｜　埃及地理位置及尼羅河

圖 2.2　｜　尼羅河三角洲及狹長的尼羅河河谷，東西方是沙漠，南面是高原。

紅海和尼羅河河谷之間亦有東部沙漠。它的西面是沙漠，南面則是一系列大瀑布（第一至第六瀑布）。北部的河口區雖與地中海相接，但在氾濫時是個大湖，水退後仍是一片難穿越的沼澤。只有東北部邊緣有通道與西奈半島及西亞接連（圖2.2）。這樣的地理阻隔，使外族難以大規模進入，讓古埃及能在3000年長的時間（至公元前1000年），很少受到外族侵略。外族要到很後的歷史時間，因為科技的進步以及更為強大，才跨越了地理的阻隔，威脅古埃及。與此相反，同時代的兩河流域，周圍相對開放，經常被來自周邊的不同的民族所主宰，並在公元前2000年被外族滅亡。

正是上述原因，尼羅河河谷內的遠古城市，多是「開放」或不設防的城市，呈分散的多片狀，很少建有防禦城牆。同時，埃及的城邦國爭霸時期亦十分短暫。大統一局面從公元前2800年起便已出現，前後共約2000年（中間亦有三次稱為中間期的內部分裂與割據），基本上是個長期和平及穩定的古文明。反觀蘇美爾地區，在大統一後只約三百年便被外族瓜分，之後更被消滅而與歷史告別。

1.3 埃及是否是個沒有城市的遠古文明？

埃及、兩河及印度河古城市文明都是「已死的文明」，然而埃及遺下了最古老的文字與形象記錄、5000多年前開始的完整的王墓／王陵系列、獨有的金字塔墓葬、法老的享廟（祭葬廟）及神廟遺存！我們可以基本上重構它在公元前4000－前1000年的約3000年（約中國仰韶中期至西周初年）的主要歷史大事和文明演進過程（表2.1）。不過，和兩河流域一樣，埃及考古出土的文物及相關文字記載，曾一度因欠詳盡，留有不少事實空隙，引起了不少解讀上的爭議。其中最顯著的乃埃及是否是個沒有城市的古文明？

表 2.1 埃及古城市文明進程

時期	年代（公元前）*	年數	王朝序號	王數（個）	性質
涅伽達一期	4000-3600	400	-	-	史前文化
涅伽達二期	3600-3200	400	-	-	初城
涅伽達三期 A-B（零王朝）	3200-3050	150	0	12	城邦
涅伽達三期 C-D 早王朝一	3050-2890	160	1	8	城邦
早王朝二	2890-2685	205	2	14	城邦
古王國	2686-2181	505	3-8	27	統一帝國
第一中間期	2181-2055	126	9-11	9	分裂
中王國	2055-1650	405	12-14	23	統一帝國
第二中間期	1650-1550	100	15-17	13	分裂
新王國	1500-1070	480	18-20	34	統一帝國
第三中間期	1070-656	408	21-25	30	外族統治
後王國	664-332	332	25-31	23	外族統治

* 具體年期不同學者有不同看法，至少有七種不同版本，這裡採用了劉文鵬（2008）版本。

霍克斯和伍列（Hawkes and Woolley, 1963）認為：和兩河河谷的滿佈的城邦相比，統一的埃及王國的最大差別乃它並沒有城市存在。威爾遜（J. Wilson）甚至表示：「直至新王國時代，埃及是沒有城市的文明」。歷史學家柴爾德（Childe, 1966）也覺得古埃及的聚落及其中的木匠、珠寶匠、鐵匠、陶匠和泥水匠等只構成供養去世了的法老的陵園及為其提供勞務的群體，這些聚落不是城市，而這些人群也不是市民；其他一些似乎是城市的聚落也依賴法老給予的功能，當它們失去這些功能後便會降格為一般農村。正如哈蒙德（Hammond, 1972）所說：埃及古城市缺少了經濟上的自給自足，而經濟功能正是西方學者界定城市的核心。對於古埃及「沒有城市」這現象，柴爾德的解釋是：法老利用其獨裁將國家大部分的資源投放在王室的死後生活的安排，而不是用於創造一個供生人生活的城市。

上述見解，除了源於這些學者採用了特殊的角度看待遠古埃及外，也因為 1970 年前的埃及考古主要集中在金字塔、帝王谷及相關的遺址，鮮有對城址進行發掘，更因為未曾發現過城牆，以致強化了「沒有城市的文明」的誤解。隨著近年來上下埃及，特別是對涅伽達的深入而系統的考古，「沒有城市的古文明」誤解已被逐步澄清。如肯普（Kemp, 1977）便作出了結論：尼羅河谷不但有眾多的真正城市，亦存在前所不知的古代城市規劃。難怪 2008 年《紐約時報》指出：古埃及是沒有城市的古文明的說法，已因 1980 年代以來的考古新發現而破產。

然而，正如前述，埃及的古城市文明並不等同其他古城市文明。古埃及深受尼羅河氾濫所衍生的灌溉農業的影響，在宗教信仰及價值觀上，營造了法老王權和全國上下「重死不重生」的傳統，使神廟及王陵在古埃及 3000 年的歷史長河中，佔有主導地位。它們以堅固的岩石建造（或建於岩石內），很多得以留存至今；而城市及民居，乃至王宮，都是用泥磚建築的過渡性建築，成為短暫的歷史過客。在今天的埃及，我們看不到宏大城市的歷史遺存，但輝煌的阿蒙神廟、帝王谷的法老享廟和金字塔以及和它們連在一起的作為特殊工匠及祭祀人員居所的城鎮，卻訴說了古埃及不同於其他古城市文明的獨特城市化及文明特色。

我們將在本章詳述和解釋這些埃及遠古城市及其文明演變的主脈及特色。

2. 文明的曙光：「初城」的出現
（公元前3600－前3300年）

2.1 古埃及考古發現的特殊性

對於埃及古城市文明的出現及其早期的狀況，由於過去30年的考古成果，我們掌握了相對於兩河流域及中國同期更多、更詳細的資料，知道前王朝諸王的名稱、王宮的樣式、邦國的名稱、重大的歷史事件、當時社會的服飾、主要手工業和遠途貿易的商品和範圍等。這些資料能被保存了5000多年，原因之一是這個文明從開始起便是個「重死後」的文明，而當地天氣乾燥，墓地的選點又都位於氾濫平原上的稍高位置，一來避免佔用耕地，二來也反映他們原本是沙漠遊牧民族的傳統。這些墓區的地理位置，對古墓、古跡及其中文物起了保護作用。（圖2.3）

更重要的乃當時的統治者採用了不易腐爛的物料作為他們陪葬品的標識，如在象牙片上刻上擁有者的名字或徽號。遠古埃及還發展了兩種具有特色的記錄重大歷史事件的手段：堅硬石材製成的權杖頭（macehead）和調色板（palette）（圖2.4，2.5）。權杖頭原是武器的一種，後發展成象徵王權的禮器。調色板與埃及的天氣有關，男女都調製顏料以塗抹眼蓋以抵禦烈日。早期的調色板是一小塊青石，以便磨研顏料，其後也發展為比一般調色板大很多倍的禮儀物品，在其上浮刻隱喻王權的圖像。這兩種特色藝術品成為國家重器，被供奉在主神廟內多年，之後經過一番儀式，再被深埋在神廟裡，得以保存數千年，成為世界上最早及最詳盡的形象式的特殊歷史文獻（見下文）。

除此之外，考古學家還發現了七塊巴勒莫石碑（Palermo Stone）殘片，記錄了第一至第五王朝（圖2.6）的王的名字及他們統治期間的大事，佐證了在下文提到的阿拜多斯（Abydos）及希拉康坡里斯（Hierakonpolis）出土的前王朝及早王朝王墓的身份。

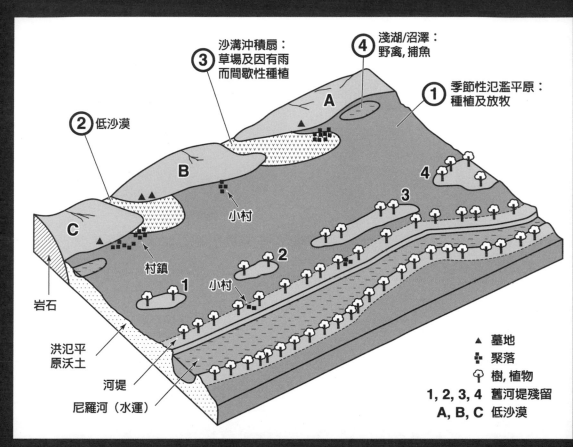

圖 2.3 ｜ 尼羅河河谷的生態多樣化、耕地、聚落、經濟活動、墓葬區與河道、沙漠關係圖。

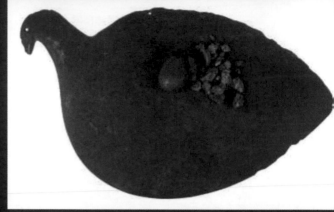

圖 2.4 ｜ 不同石材的權杖頭（及權杖）　　圖 2.5 ｜ 調色板（資源來源：Pitt River Museum）

根據這些考古發現，威爾金遜（Wilkinson, 2003）提出了古埃及一個六階段發展過程：

1. 前諾姆期（Nome）（公元前4000−前3900年，涅伽達一期A）：各自獨立的小村莊；

2. 酋長國（公元前3900−前3800年，涅伽達一期B）：鄰近小村組成酋長國，從後來出土的旌旗形象推斷，上埃及可能有49個酋長國；

3. 國家前的諾姆（初城）（公元前3700−前3300年，涅伽達一期C—二期B）：在上埃及出現了8個由貴族領導的「初城」（圖2.8），其中三個最強大的逐漸征服了其他；

4. 城邦形成期（公元前3300−前3200年，涅伽達二期C—D）：強大的兩大政治實體在上埃及出現，其勢力並向北方的下埃及和南方的努比亞（Nubia）伸延，將仍存在的酋長國併入其版圖（上下埃及範圍可見圖2.8）；

5. 城邦擴張期（公元前3300−前3050年，涅伽達二期—三期C）：一個強勢的王控制了上下埃及大部分地區，並在黎凡特地區（Levant）建立行省，開展了零王朝；

6. 統一帝國（公元前3050−）：由第一王朝首位王阿哈（亦有說零王朝最後一位王納爾邁），建立的覆蓋整個埃及地區的統一廣域國家。

下一節將討論為何埃及的文化發展自公元前4000年起由下埃及轉移至上埃及，和「初城」的出現。

2.2 文化發展重心轉移至上埃及的涅伽達

公元前6000年，尼羅河兩岸的廣袤區域還是適宜遊牧的草原。北非土著和來自西亞的的遊牧民族閃米特人在此融合成古埃及人，但他們並不居住在濕潤和定期氾濫的河谷的平原地帶。約在公元前5500年，隨著農業技術的進步，其中一些部落開始遷入河谷，形成以農業和畜牧為主的村落。最早的農耕文化可能始於下埃及的村落，如奧瑪里（El-Omari）、莫林達（Merimda）和法尤姆（Faiyum）。由於它們分別處

於幾個重要區域的不同地區，這些新石器文化各有特色。法尤姆在公元前 5450 年已經種植大麥和小麥。莫林達在公元前 4800 年從事農耕和畜牧，但捕魚和狩獵仍是它重要的經濟（圖 2.7）。

在南方的上埃及，最早的史前文化，巴達里文化（Badari，公元前 4500－前 4000 年）比下埃及或河口區晚了數世紀。這個上游地區在公元前 4000 年開始乾旱，北非草原退縮，迫使這些散居上埃及的史前人類放棄遊牧，尋求固定水源以開展耕作作為新的謀生辦法。尼羅河有規律的氾濫，為農業的發展創造了優越的條件，吸引了他們向尼羅河谷遷移、定居，建立房屋，從事農業和畜牧。

這一時段的古埃及文明進程，即由分散的相對獨立的新石器晚期農村，邁向以少數社會精英為首的複雜型社會，形成「初城」，及之後出現國家等的階段，較詳細和系統性的考古證據都出自上埃及的涅伽達中心帶（Naqada）（圖 2.7，2.8）。這地區位於尼羅河唯一的大河曲兩旁。由於有堅固的岩石露頭，平直的南北向河道在這裡被迫拐彎，營造了較寬闊的洪氾平原，也提供了穿越東部沙漠抵達紅河岸邊，和深入西部沙漠綠洲的天然通道，使涅伽達人可以便利開採這兩處的黃金與其他礦產。因而這裡興起的古聚落阿拜多斯、涅伽達和希拉康坡里斯都被稱為「黃金之城」。埃及古城市文明的孕育區，就位於阿拜多斯和希拉康坡里斯之間，南北向沿河距離約 250 公里，直線距離只 150 公里，整個地區約 12500 平方公里。

在這核心區的巴達里人及其後的涅伽達人（涅伽達一期，公元前 4000－前 3600 年）都屬農、牧、漁結合的混合型社會。在公元前 4000 年，該地區相距一公里便有一個小村，那裡肥沃的土地平均每平方公里可支持 76－114 人。到了涅伽達二期，因為清除了區域內一些水草，和建造了排灌渠，耕地增加了 4－8 倍，每平方公里土地可支持的人口大幅增加至 760－1520 人。農業生產力的提高，產生了巨大的剩餘，不但提供了貿易商品，也使大量人口脫離農業，專注於工商及管理，令燧石工業、製陶和其他手工業有相當發展。他們採掘優質的燧石以生產雙面刃口大刀和魚尾狀大刀或矛，製造彩陶、精美的石花瓶、富有本土特色的化妝用的調色板，以及用黃金、青金石和象牙製成珠寶。

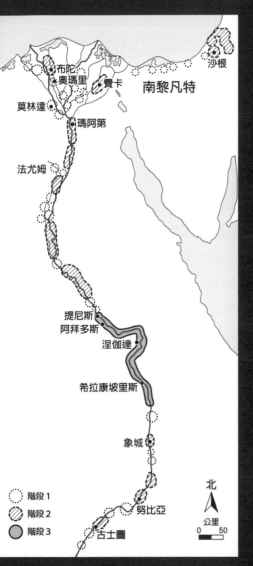

圖 2.7 ｜ 史前文化及古國演化

圖 2.8 ｜ 上、下埃及的大約範圍及古都和統一後的國都
的位置

在涅伽達二期晚期，希拉康坡里斯發現了規模巨大且使用時間很長的燒窯。由此，他們產生了礦工和技工階級，在尼羅河和紅海之間開採黃金，具有一定的財富，並因此建立了多個政治中心，如涅伽達、希拉康坡里斯和阿拜多斯等。這時，上埃及的專業化生產的物品已向下埃及、南黎凡特和努比亞擴散。而從希拉康波里斯墓葬的大量奢華的陪葬品及墓飾可見，擁有這些作坊和控制其貿易的人的權力逐漸增強。此時上埃及的發展反而超過了河口區的下埃及。

這個發展歷程和肯普（2006）的假說吻合。他認為上埃及的尼羅河谷進入農耕的早期（涅伽達一期），由於人口稀少和土地資源眾多，分散在不同聚居點的農民並沒有很大的土地上的利益衝突。然而，到涅伽達二期，尼羅河水運的發展（風帆的出現）、農耕技術的進步和農業剩餘的出現，對貿易控制與壟斷成為經濟發展的最大動力及社會分化的推手。一些聚落因為較有效的利用水運，發展較快，超越其他農業聚落，成為城鎮。涅伽達二期出現的大墓及後來的王墓內的物品，指出了上埃及一些沿河地點在經濟與藝術上有高度發展，少數精英不但擁有大量財富，壟斷了藝術，他們亦發展了埃及特有的宇宙觀與宗教觀，顯示了他們崇高的社會地位，印證了一個複雜社會的形成。他們墓穴的陪葬品亦印證了他們已經與西亞等地區發展了遠途貿易，並因此積聚了財富與權力。因此在涅伽達二期（公元前 3600－前 3200 年），上埃及的涅伽達文化區的涅伽達、希拉康坡里斯、阿拜多斯已發展為以「初城」為中心的數個古國（圖 2.8）。

2.3「初城」和古國（Proto-state）的出現

按安傑爾科維奇（Andelkovic, 2011）的說法，至涅伽達二期初，上埃及眾多的酋長國通過兼併成為 8 個古國（圖 2.8）。其中最強大的是希拉康坡里斯、阿拜多斯和涅伽達。考古學家在這三個古國位於低沙漠的邊沿區的墓地上，掘出了約數千個墓，為這時期的古國和它們的「初城」提供了重要的資訊。其中的希拉康坡里斯是這個時代最早及最重要的「初城」（圖 2.9）。

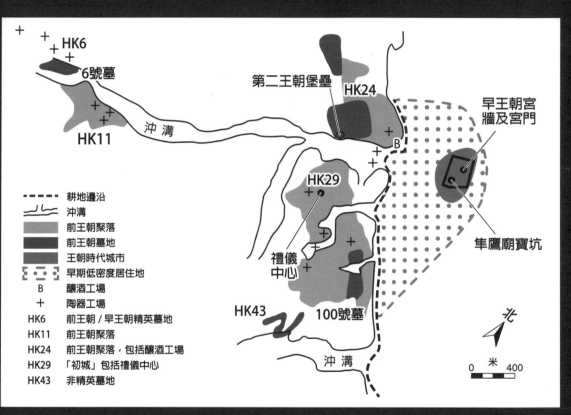

圖 2.9 ｜ 希拉康坡里斯城市範圍及主要考古發現分佈圖

希拉康坡里斯遺址自巴達里文化（公元前 4500 年）開始，跨越舊石器、新石器、早王朝、古王國至新王國結束的數個時代。其發展高峰期（公元前 3800－前 3500 年）為「初城」時期。當時聚落在沙漠邊沿的洪氾平原南北延伸 2.5 公里，又向西深入沙漠 3 公里，但現今遺留的城址只有 1.5 平方公里。它有運河與距離 5 公里的尼羅河連接。出土文物多屬涅伽達二期的「初城」時期。

「初城」佔地面積 2.5×3 平方公里（詳見圖 2.9），遠大於王朝時代及之後的希拉康坡里斯城。「初城」內有不同的住宅區、墓地、手工業區、宗教中心及垃圾堆填區。它的土地功能分區明顯而複雜，反映了一個複雜社會的出現。估計公元前 3500 年的希拉康坡里斯有人口約 10500 人，居住在泥磚建造的小屋。由於尼羅河東移，「初城」及零王朝的城區都在西邊，王朝時代的後來城市因而處於東面的洪氾平原上。之前的城區多被沖積土破壞或覆蓋，只餘一些較堅固建築和位於稍高位置的墓葬。雖然一些王的標誌性文物經已出現，但由於文字仍未出現，它還未踏進文明門檻，我們因而歸納它為「初城」。

「初城」北面的 HK24 主要是個手工業區，內有超過 10 個大型啤酒廠及粥品廠，包括了大型穀物儲藏庫，製造陶盛器的窰址等。這些設施的使用時期約為公元前 3600 年，顯示了大量農業剩餘以及一個制度化的集中與操控系統，亦間接說明了它是個重要的經濟及分配中心，或許是古埃及王朝時代的分配性經濟的始源。

「初城」中部發現了行政和宮殿，及宗教禮儀中心（圖 2.9 中的 HK29），由一排大木柱造成的牆圍著，牆內面積達 2.5 英畝，內中還有製造燧石工具、半寶石珠子，石瓶等奢侈品的手工作坊。宗教禮儀中心約 45×13 米，大門向南，由四條大柱形成門道。它共約使用了 500 年，其旁有多處垃圾坑，出土了 37500 塊動物骨骼，包括了本地及外地的動物，是常年定期舉行祭祀的證據，祭祀目的似乎和尼羅河氾濫週期及農業有關。對自然的定期祭祀和王者的行政功能的結合開創了古埃及特有的帝王術（royal ideology）的先河。

「初城」西部深入沙漠約 2 公里，位置較僻，主要是個精英階層及王者的墓地。其中的 T16 大墓，展示了公元前 3650－前 3550 年遠古埃

及的高水平發展，以及開拓了古埃及其後的人殉的陪葬體制、「重死不重生」的價值觀、陵墓與享廟的結合、法老的王者之術等埃及古城市文明的特點。T16是「初城」時期已發現的最大王墓（4.4×2.6米），雖然受盜墓影響，也出土了115個陶盛器，其中一個刻有最早的牛頭女神神像，兩個陶製面具，後者是最早的法老葬儀傳統的證據（圖2.10）。王墓四周有以親疏及官位高低遠近排列的13個陪葬墓（內中共36個人殉），在其外圍還有46個不同動物的陪葬墓，包括了來自境外遠方的10歲大象和犀牛。眾多珍稀動物的陪葬乃王者權力的體現，即他對外敵、混亂與野蠻的降伏（圖2.11）。T16墓群南邊出土了一群享廟，最大的一間由24條產自黎巴嫩的杉木大木柱支撐。享廟內發現了駝鳥蛋殼、象牙棒、象牙箭鏃、石動物像、最早的隼鷹石像以及真人高矮的石人像殘餘等。

希拉康坡里斯在公元前3500年後開始走下坡，精英墓地已沒有再被發現，東面的精英墓地的一部分更被一般民眾墓侵入。但這個古國「初城」似乎仍保有一定的勢力與影響。在城南的非精英墓地的T100墓出土了一幅大型彩色墓畫，形象地表達了當時社會的各方面情況，包括了尼羅河上的水運和貿易，王者的征伐、打擊敵人、狩獵、降服野獸、巡遊、祭祠和享受歌舞等，證明了社會高度的複雜化，和王權的出現（圖2.12）。

公元前3400－前3200年，希拉康坡里斯面積再明顯地收縮，其權力及影響力似乎已轉移至阿拜多斯。這時出土的考古資料不多，重要的有在HK6的零王朝王墓，在第二王朝的一個王廟（被誤稱為堡壘），以及在零王朝時，位於洪氾區新城的王宮和鄰近的荷魯斯神廟。在這神廟旁邊的一個禮器埋坑中出土了蠍王II權杖頭、納爾邁權杖頭和納爾邁調色板等著名的零王朝末至第一王朝文物，顯示希拉康坡里斯在涅伽達三期仍是個有影響力的城市。然而，上埃及跨越文明門檻的最多證據乃在希拉康坡里斯北面的阿拜多斯。

圖 2.10 ｜「初城」希拉康坡里斯 T16 王墓出土的世界上
最早的死人配戴的陶面具（資料來源：R. Friedman）

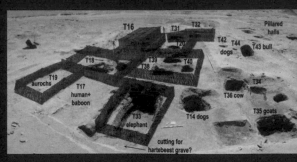

圖 2.11 ｜ T16 墓及周邊墓葬的考古發現（資料來源：R. Friedman）

打擊敵人

狩獵

征伐

巡遊

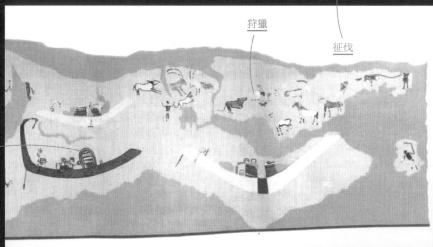

圖 2.12 ｜ 希拉康坡里斯 T100 墓出土的彩色墓畫。它是世界上最早的描述內容豐富的彩畫，其內
容包括了王者打擊敵人、狩獵、宴樂、巡遊等細節。（資料來源：R. Friedman）

3. 城邦時代及古城市文明的傳播
（公元前 3300－前 2890 年）

3.1 阿拜多斯進入文明的城邦時代

阿拜多斯在尼羅河西約 7 公里，在河谷耕地的邊沿。自 19 世紀末起，考古學家在這裡發掘了超過 100 年，證明自涅伽達一期起至第二十六王朝時，這裡不斷有重要王墓及神廟興建，是古埃及的主要聖地。然而阿拜多斯在埃及古城市文明史上最顯著的地位在於在這裡出土了可能是前王朝及第一王朝全部的王墓，提供了世界上最早的古城市文明的最詳盡的資料（表 2.2）。

阿拜多斯在公元前 3800 年起由一個酋長國過渡至以「初城」為標記的古國，並約在公元前 3300 年進入了有文字記錄的文明時代（見圖 2.7，2.8）。它的公元前 3300－前 2890 年的王墓亦印證了古埃及長達約 400 年的城邦時代。這個古國及其後的城邦國被名為阿拜多斯，它的首都是提尼斯（Thinis），是第一王朝的發源地，離阿拜多斯只有數公里。但提尼斯遺址至今仍未被發現，有可能它就是阿拜多斯的別名。

前王朝（U 及 B 墓地）及第一王朝（B 墓地及 Umm al-Qa'ab，意即碎瓦地）的王家墓地集中在城市以南的低沙漠（圖 2.13）。雖然飽遭盜掠，但看似不值錢的陶盛器、泥印跡、象牙標識、墓碑等都被遺留下來，加上大墓的型體未受破壞，使我們可確知墓主人的身份、年代及一些社會和經濟政治方面的個別概況。U 墓地跨越公元前 3700－前 3050 間，約 700 年，共有約 700 個墓。其中王墓 8 個，都是在公元前 3300 年後的（表 2.2）。著名的「蠍王 I 墓」（U-j 墓）時間約為公元前 3200－前 3215 間，出土了最早的埃及文字，遺留下成熟的官僚行政管理、專業手工業分工、遠途貿易、王者莊園、王宮樣式及財富大量集中的資訊，體現了古埃及已步入城市文明時代，而且其藝術水平已相當高（圖 2.14）。

圖 2.13 ｜ 阿拜多斯：位於耕地邊緣的零王朝及早王朝墓地

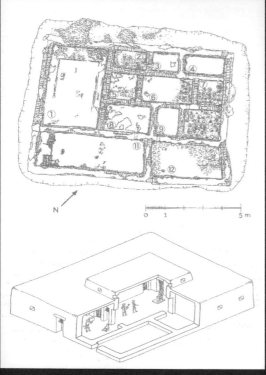

1　　主墓室
2-10　地宮
　　　地宮是地上王宮的地下版，
　　　其中 6 為朝覲殿
11-12 儲存庫

圖 2.14 ｜ 蠍王 I 墓（U-j 墓）的結構（資料來源：G. Dreyer）

表 2.2 阿拜多斯城邦王系表（零王朝及第一王朝，公元前 3300－前 2890 年）

王名	大概年代（公元前）	墓地位置	陪葬墓（個數）
不知名	3300	U	
不知名	？	U	
畢一霍爾 Pe-Hor	3270	U	
蠍王 I Scorpion I	3250	U-j	
雙隼 Double Falcon	3215	U	
奈一霍爾 Ny-Hor	3180	U	
伊斯一霍爾 Ivj-Hor	3145	B	
卡 Ka	3115	B	
鱷魚 Crocodile	3085	U	
蠍王 II Scorpion II	3055	U	
納爾邁 Narmer	3050	B	
阿哈 Aha	3025	Umm el-Qa'ab（碎瓦地）	338
哲爾 Djer	3000	Umm el-Qa'ab	269
傑特 Djet	2985	Umm el-Qa'ab	154
（馬利芙 Merneith）	？	Umm el-Qa'ab	（79）
鄧爾 Den	2965	Umm el-Qa'ab	135
安理哲 Anedjib	2940	Umm el-Qa'ab	63
司馬吉 Semerkhet	2915	Umm el-Qa'ab	69
夸 Qa'a	2890	Umm el-Qa'ab	26

「蠍王 I 墓」共出土陶瓶約 2000 個，其中約 700 個來自中東迦南地區。這些進口的陶瓶都是盛載來自遠方的葡萄酒及橄欖油。儲存室及主墓還有放置其他陪葬品的木製盛器，盛器已不存在，貴重物品亦早已被盜取，但盛器的標籤，是最早的文字載體及行政管理印證。它們共 160 個木或象牙標籤，刻有物品數量或來源地文字。又在 125 件陶瓶或破碎陶片上發現刻上或用墨寫的文字符號（見圖 2.15）。這些最早的文字體現

了古埃及文字的特色：僧侶正楷與草書共存，文字音義結合，如植物的音為 ba，椅子的音為 st ，但兩個符號放在一起就變成 Bast（一個位於三角洲的地名）（圖 2.15 B4）。

進入第一王朝後，文字及王權、王室體制有進一步發展。王名或王室的標記已發展成為定制（被稱為 sekhet），它包括了代表王權神授或王的保護神隼鷹站在代表王宮正門的長方型圖案上，而圖案中王宮內上部空間寫的就是王的名字（圖 2.16）。在碎瓦地墓地（Umm el-Qa'ab）出土的第一王朝八王（另有鄧爾王母親馬利芙墓，她能在王陵安放大墓，顯示她可能是個女王，但她的墓碑卻沒有王的定制標記）。王墓都有石灰岩墓碑標示王名（似乎和中國人的墓碑石近似）。王墓旁亦有高級官員和家屬的陪葬墓，墓的大小和的陪葬品的質與量體現其地位的高低。人殉陪葬制度在「初城」時期的 T16 王墓經已出現，但自第一王朝才成為固定體制。但由於它對高級人才的浪費及引起王室近親的恐慌，陪葬墓和人殉的數目自傑特（眼鏡蛇）王達到高峰後便開始減少。第二王朝時這個體制便消失了（見上面表 2.2）。

自第二王朝起阿拜多斯城邦國的勢力向北擴展至河口部分地區，它的首都亦遷至孟菲斯（Memphis），王陵也轉移至薩卡拉（Saqqara）。不過第二王朝的最後二王，可能因為首都動亂而逃回阿拜多斯，他們的享廟亦建在那裡。

在哲爾王墓發現的王遺骸的手臂上的手鏈以及拖鞋上綁著的象牙標籤，體現了手工藝的進一步發展，和王權形象的進一步具體化，即王代表了對人類社會及自然力量的動亂和不確定性的穩定作用（圖 2.17）。這些在藝術上體現王權含義的特點，亦體現於第二王朝最後一個王的王墓出土的王像和其王廟中的盛器（圖 2.18）。頭戴白冠的卡塞凱姆威石像（Khasekhemwy，第二王朝，約公元前 2685 年）是現存全球最早的確知的王像，它底座刻有降伏敵人的畫像。

前王朝及第一王朝的享廟都建在陵墓區北面近城市的位置，都有泥磚圍牆，廣闊的中庭和細小的祭壇，其東西兩牆都有王衛上所描繪的宮牆上波浪紋裝飾。已知阿哈王的享廟有三個，哲爾王有一個，它們都有

酒缸上的王名刻紋

圖 2.15 | 蠍王 I 墓出土部分文物：A. 刻有早期文字的陶盛器；B. 刻有早期文字的象牙或木製的陪葬品標籤，小孔方便繩綁在盛器口或蓋上。（資料來源：G. Dreyer）

王座　　　　　王名：阿哈（鴨）　　　法老保護神：隼鷹　　王名：傑特（眼鏡蛇）　　王宮簡圖，代表王的身份

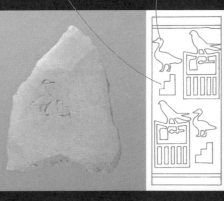

圖 2.16 | 第一王朝時的王名印跡及墓碑：阿哈王王衛及陶器上的印跡；傑特王墓碑及印跡。（資料來源：Oriental Institute Museum）

圖 2.17 ｜ 哲爾王墓中發現的王遺骸手臂上的手鏈

圖 2.18 ｜ 卡塞凱姆威王石像。這是最早的王像，座下側面及正面刻有王降伏敵人的形象。
（資料來源：Ashmolean Museum）

北

0 米 200

建於河谷及沙漠
邊沿的長條形城市

南城

城牆

T墓地

〜〜 前王朝墓地
▨ 前王朝聚落
▪ 歷史時期聚落

圖 2.19 ｜ 前王朝時期的涅伽達城位置及南城簡圖

陪葬墓，顯示在王生時經常有祭祀和儀式，並且在王去世後被廢棄。其後的享廟只發現一個，似乎是由其後的諸王共用的。這些資料說明了古埃及的「重死不重生」，以及王墓及享廟的結合以神化及膜拜法老的特色，自前王朝經已制度化，至第一王朝時已成為定制。

3.2 涅伽達城邦國

正如前述，在底比斯北面 30 公里的涅伽達核心區，約在公元前 3600 年，也出現了一個有城牆的「初城」(圖 2.19)，它是在古埃及已發現的最早的有圍牆城市。城內有泥磚建造的長方型民居，精英居住的宮殿式建築，出土了來自兩河流域的滾印，及有兩河流域的特色圖案的陶器，顯示出涅伽達在「初城」時期已是個強大和貿易影響廣闊的古國。

圖 2.21 顯示出涅伽達二期的南城和北城，以及前王朝時期的多處墓地。城市及墓地作南北向狹長的帶狀發展，以減少浪費耕地和避免河水在氾濫期的淹蓋，反映了圖 2.3 所顯示的尼羅河、耕地、聚落與沙漠的空間關係。在三個主要前王朝墓地已發現了 2000 多個墓葬。該城東面有路接通古國以東的沙漠中的黃金產地，因而在王朝時期涅伽達被稱為黃金之城。前王朝遺址現存約 3 公頃面積，可居住 250 人，有用支條編織的建築，大量碎石和泥磚，顯示出是住宅和貯藏坑。南城有城牆及防禦工事殘跡，北城沒有城牆，但南北城都出土了涅伽達二期的陶器。

涅伽達 T 墓地是涅伽達二期末的典型墓地。這些墓規模大，結構複雜，其中的 T20 墓與希拉康坡里斯的畫墓規模非常接近。每墓的陪葬品至少有三、四十件。似乎在涅伽達二期中以前，它仍是個獨立的邦國，但在公元前 3200 年後可能已成為阿拜多斯邦國的一部分。可以推論，自前王朝最後一王，即納爾邁起，兩個獨立的城邦國——阿拜多斯和希拉康坡里斯，已經統一或結成一個聯合王國，而其主要行政及經濟中心乃涅伽達。不過希拉康坡里斯依然保持著它特有的聖地地位，這解釋了為何納爾邁和蠍王 II 的權杖頭及調色板會被供奉及埋在希拉康坡里斯的神廟內。

3.3 上埃及城邦文明的外向發展及可能的城邦國

　　當涅伽達二期上埃及發展到「初城」時期時，同期的下埃及已發現的遺址只有瑪阿第（Maadi）和一些村落，如奧瑪里。它們都是些簡易房和大量的倉儲空間及商品殘餘，似乎多是溝通河谷與地中海的貿易點。上埃及這時的文化領先，可能因為上埃及的河谷土地，相對於三角洲的沼澤地，更易於發展高產農業。下埃及這一時期遺址的密度呈現出陡然的下降。此外，孟菲斯和上埃及之間的中埃及地區（中埃及，位置見圖2.8）亦呈現出較低的定居密度，這是自然洪水盆地的地理環境所造成的，因為這裡的洪水，需要大量人力排灌後才可耕作。此外，中埃及的定居點及早期文物，也可能因洪水的頻繁，在歷史長河中被掩蓋了。

　　簡言之，在涅伽達二期前，在下埃及看不到重要的民居痕跡；不過自涅伽達二期，上埃及的人開始向下埃及殖民。一個證據乃起源於上埃及的隼鷹：荷魯斯（Horus）王銜符號，已由涅伽達向北傳播到法尤姆的瑪拉克和開羅附近，甚至遠至三角洲東端，而下埃及的法尤姆文化A和瑪阿第文化都是由上埃及移民帶來的文化。不過也有學者提出了三角洲的布陀（Butto）可能與上埃及的希拉康坡里斯文化同期，但至今的資料仍不能使人得出確切的判斷。

　　然而在西奈半島至約旦和以色列南部的黎凡特地區，也自公元前3300年起，出現了涅伽達地區來的移民，形成聚落和與上埃及建立了逐漸頻密的貿易往來。在今天的開羅市東北約120公里的費卡（Tell el-Farkha）地區，上埃及的移民在公元前3200－前2900年間（前王朝及第一王朝）達到高峰。當時交易的商品有陶器、工具等及來自上埃及和黎凡特的原材料。在那裡發現了一個當時最大的禮儀建築（300平方米）和精英墓地，出土了印章及珍貴文物，包括一個披大衣的王者雕像、兩個木雕像殘留下來的金外殼、代表王權的大型石刀、鴕鳥蛋，以及項鍊等。在精英墓中亦發現珠寶、調色板、工具、陶器等，有些刻有前王朝及第一王朝的數個王名，顯示這個城市與涅伽達城邦國的緊密關係。費卡因此是個上埃及移民建立的獨立邦國，或是阿拜多斯一個殖民地。但自第一王朝中起，費卡便走向衰落。

上埃及和黎凡特的貿易網絡在更早的公元前 4000－前 3500 年經已逐步建立起來。希拉康坡里斯的早期王墓，如 T16 已出現來自黎凡特的進口，包括陶器、葡萄酒、橄欖油、銅器、工具和寶石。自前王朝起通過西奈半島的陸路及尼羅河而進入阿拜多斯的進口更多，如「蠍王 I 墓」的陶盛器。在「蠍王 I」時代，加沙已出現了多個上埃及殖民點、殖民鎮及殖民城市。最大的乃沙根（Tell es-Sakan，圖 2.7），是個有防禦城牆的城堡。但自第一王朝起，這個地區的殖民活動似走下坡，自傑特王起，上埃及的王墓已沒有來自黎凡特進口物品的出現，到古王國時，這個殖民區似乎經已不存在了。

　　同處在尼羅河谷地，但位於上游或更南的的努比亞，早期缺少形成文明的客觀條件。但在涅伽達初期，努比亞在器物與墓葬上開始受到蘇丹、埃塞俄比亞，和來自上埃及希拉康坡里斯文化的影響，形成了有地方色彩的 A 類文化（A-Group），顯示出不同於涅伽達的風格，如來自蘇丹及埃塞俄比亞的進口物品和岩畫中上埃及的貨船形象等。在涅伽達二期至三期間，沙阿拿大墓更出土了調色板，銅器、銅塊、武器、兩塊權杖柄的金封套及黑口紅陶瓶，顯示了王者的存在，說明沙阿拿可能是一個邦國。

　　在努比亞的古士圖（Qustul）的 12 個大墓（時間約在公元前 3200－前 3100 年，位置見圖 2.7）的規模及陪葬品顯示了和阿拜多斯 U-j 大墓相比的財富和發展水平。內中的一些滾印雖在設計上和埃及和巴勒基坦不同，不過有個別文物展現了早王朝王者名稱的特殊徽號（即 sekhet），但都顯示明顯的行政管理功能。如古士圖香爐所顯示的王者的功能和形象，和蠍王權杖頭及納爾邁調色板的內容近似（圖 2.20）。在其中更出現了一個可能代表古士圖城邦國的初期文字：Ta-Seti，它與同期的 Ta-Mehu（指上埃及）、Ta-Shemau（指下埃及）和 Ta-Tjehenu（指今天的利比亞一帶）代表了當時已知的四大地區。

　　除了這些獨立的或可能的邦國外，在努比亞還有上埃及開採金礦的早期聚落，如在涅伽達二期的多德（Kör Daud）。總言之，在城邦時期，可能存在的邦國遠超上文的涅伽達三個城邦，它們不但存在於上埃及，更向北延至河口區和黎凡特，向南伸展至尼羅河上游的努比亞，而這些地區的邦國都受到上埃及古文明的影響。

有隼鷹的旗　代表王權的獅子　有隼鷹的王名　手拿權杖的士兵　王宮或神廟

圖 2.20 ｜ 古士圖香爐及香爐上的雕紋印記（資料來源：Oriental Institute Museum）

頭戴白冠（上埃及）的王　三艘進行儀典 / 巡遊的船　被綁的俘虜

俘虜（只餘腳部）

攻擊者的邦國名

城市代表（有防禦城牆及城邦名字）

戰利品及數目

紙莎草代表下埃及

圖 2.21 ｜ 利比亞（城市）調色板（公元前 3200- 前 3000 年）（資料來源：開羅博物館）

3.4 城邦時期的文明特色

在古埃及 400 多年的城邦時期，眾多的城邦國，由最南面的尼羅河第二瀑布，沿著狹長的河谷分佈，往北伸延至河口、西奈半島乃至進入了南黎凡特。河谷兩旁的沙漠，使沿河分散的文化難以橫向發展。但南北縱向的便利水運和有規律的氾濫，產生「通渠作用」，使早期分散的地方文化容易融合。在這過程中，涅伽達地區以其較優的地理資源條件得以較早地進入文明。

有關埃及城市起源的最早文獻記載是夏巴卡石碑（Shabaka Stone，公元前 2700 年的原碑已不存，公元前 800 年重刻）和記錄第一至第五王朝王系的、可能刻於公元前七紀的巴勒莫石碑（見圖 2.6）。夏巴卡石碑提到：「在祂（普塔神，Ptah）完成了每一件事以及神聖的法規以後，普塔因此而滿意。祂塑造了眾神，祂建設了城市，祂創立了諾姆（即城邦及後來的州），他把眾神安置在他們的神殿中」。它顯然是一部埃及創世紀，把埃及的所有城市，城邦國甚至其他萬物都全歸普塔所造，反映了古埃及人的城市和城邦概念和其宗教思路是一致的。有關城邦國的特點及它們最後如何走向統一的古埃及帝國，我們可以歸納如下：

（一）以城市為核心的政治實體

約在公元前 3300 年形成的城邦國家，被一些學者稱為「諾姆」。古埃及統一後，諾姆成為州的代名。在第三王朝時，上埃及有 22 個，下埃及 18 個這類的初期城市國家，它是以一個城市為中心，聚集周邊一些村莊而形成的小國。從古埃及文字「諾姆」的象形看，它是由河渠所劃分的地段，是沿尼羅河由灌溉渠緊密聯繫和劃分的農耕地域。諾姆內的主要聚落以主神廟為核心，周圍為行政機構、食品和物資的倉庫、武器庫和手工業區等。聚落周邊築起了牆垣以保安全，成為這種小型原始國家的宗教、經濟及行政中心，它的徽號和主神則成為整個城邦國的代表。

諾姆的徽號來自原酋長國的鷹、母牛等動物圖騰。國徽一般以四方形的有防禦設施的城市為標記，國名就寫在城市圖案中（圖 2.21）。著名

文物「利比亞調色板」，顯示了城市是埃及遠古文明的載體，而城市一般都有城牆，並且存在著城市或城邦聯盟。有學者認為該文物描繪了上下埃及間的戰爭：以希拉康坡里斯為首的上埃及聯盟擊敗下埃及聯盟，勝利地帶回俘虜。利比亞調色板亦刻劃了以貓頭鷹、鷺、金龜子和荊棘等為標誌的 7 個具有雉堞牆的城堡（下埃及邦國），它們分別被隼鷹、獅子、蠍子、雙隼鷹等 7 種動物（上埃及聯盟）所破壞，表現了上下埃及的兩大聯盟間的戰爭。

部分遺址的發掘顯示城邦時期的小村莊可能住有 50−200 人，但是較大的居住地可能有 400−500 人。希拉康坡里斯則是由一個較大的中心和多個附屬村組成的城市，人口有 2500−5000 人。至於有學者估計這時期的埃及的全部居民為 10−20 萬人。但我們認為是太低了，較合理的數字可能為約 35 萬人。這個總人口，在面積在三萬平方公里以上的河谷和河口三角洲地區，仍然屬於低密度，不存在人口壓力。因此，城邦國之間未必如兩河地區一樣，因對有限農田的競爭而出現持久的征伐。雖然古埃及禮器上常出現俘虜和打擊敵人形象，但考古至今仍未發現戰爭的遺存。對於阿拜多斯和希拉康坡里斯的關係，學者傾向二者是和平地達致合併。禮器上的武力征伐和俘虜的形象所代表的含義，下節再予討論。

（二）政教合一：王者的功能

涅伽達二期時，隨著經濟和貿易發展，社會深度分化，在上埃及控制了大規模手工業及貿易的領導人物已演變成王。在這時他們利用尼羅河向外輸出陶器等先進產品，與外界交換原材料和奢侈品。以文字、公共建築、社會階層分化、城市、青銅器等為主要元素的文明社會，更於公元前 3300 年左右已在阿拜多斯出現，將遠古埃及推進了文明時代。在這個過程中，宗教也是重要力量。統治階層用世俗和宗教性的大型建築，以及王陵及享廟的方式來表現自己的地位，神化手中的權力。在涅伽達文化三期（公元前 3200−前 3000 年），阿拜多斯的前王朝及第一王朝諸王都把荷魯斯奉為保護神和用作王名的標記，顯示了君權與神權的緊密關係。

此外，埃及古文的「城市」一字 —— niwt 意為「神的居所」，其相關詞 —— hwt-ntr 也被解為「神的宅第」，它亦是「王的宅第」的同一詞，其象形為一長方型四角有門樓的堡壘。niwt 的象形乃道路的交叉點，或包圍街區的圓形環壁，代表了具有城防工事和一定規劃與核心點的城區。它們具體地反映了古埃及城市起源及其特點的三大元素：神廟（宗教）、王宮（王權）與防禦設施（軍事）。

從「初城」至第一王朝，在陶器、象牙或木雕、禮儀祭器（權杖頭和調色板）、墓畫等遺留下來的形象，都看到王者打擊敵人、巡狩、進行祭禮儀式等主要功能或職責。在公元前 3600－前 3050 年間這形象是一致的。不過，被打擊的往往不是敵人，而是比喻自然界的災害。王通過他與神的關係，用祭祀和儀典、獻俘、納貢等方式祈求避免自然界的突變。這個帝王術的具體內容在城邦國末期已發展得很成熟，並通過多件希拉康坡里斯出土的調色板和權杖頭等禮器形象地表達出來（圖 2.22－2.24）。

（三）「重死不重生」：王墓與享廟制度

阿拜多斯王墓中的大量物資和陪葬品、它們周邊等級明顯的陪葬墓和生前已在使用的享廟，顯示王死後的存在及對其再生的預期，說明王墓與享廟結合的古埃及體制經已發展成熟。在古王國後，它們進一步發展為古埃及特有的王陵制度，體現王的神人地位和對死後安排的重視。古埃及特有的用兇猛及稀有的動物陪葬，體現了王權與 宗教結合的特色。第一王朝王陵的人殉制度，也比中國商朝時期更早及更具體。

（四）由城邦國邁向統一帝國

個別城邦國為了壟斷河運貿易，擠壓了上下游的其他邦國，城邦間的爭霸與聯盟因而是自然的事，促進了最終邦國的統一。尼羅河氾濫的週期性及其「通衢作用」，也使上下埃及很早便有了共通的文化元素，有較為充分的統一基礎。傳統上有個說法：城邦時代終結前，上埃及和下埃及分別有個強大的聯盟。它們的盟主戴不同王冠：下埃及盟主戴的是紅冠而白冠則是上埃及的。

白冠

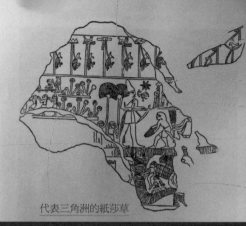

蠍王標誌

蠍王手拿耕具

尼羅河

代表三角洲的紙莎草

圖 2.22 ｜ 蠍王 II 權杖頭（約公元前 3150 年）原物照片及杖頭圖樣放大局部

頭戴紅冠的王在王座上
主持獻俘及朝貢典禮

圖 2.23 ｜ 納爾邁權杖頭（第一王朝）圖案。圖案表現頭戴紅冠的王在王座上主持獻俘
及朝貢典禮。（希拉康坡里斯出土）

反面

王用權杖打擊敵人

白冠：上埃及

荷魯斯神手持縛著外族人
的繩，外族人的頭自紙莎
草伸出，代表下埃及

網狀腰帶

非埃及人面相的敵人 / 外
族

兩個非埃及男人，一個生
殖器被割夫，一個牛殖器
受過割禮

正面

紅冠：下埃及

船

赤腳：踏在聖地

10 具被斬首屍體，頭在
雙腿間

人控制了怪獸

公牛代表王的力量

被公牛踐踏的外國人及
被攻破的城市

圖 2.24 │ 納爾邁權杖上的圖案（資料來源：J.E. Quibell）

考古資料顯示上述說法錯誤，因為王冠形象最早出現於上埃及涅伽達王墓的陶片上，該王冠是紅冠。紅冠是上埃及的也得到巴勒莫石碑佐證，因為它保留了頭戴紅冠的上埃及前王朝 9 個王的名字和形象。白冠最早見於上文的蠍王 II 權杖頭及納爾邁調色板，屬上埃及前王朝末的兩個王。因而紅冠有可能是涅伽達的王冠。後來的白冠，則代表了希拉康坡里斯的王權。至於紅冠代表下埃及，那該是較晚的傳統。

納爾邁的權杖頭被認為記錄了征服下埃及這歷史時刻及當時取得的戰利品：120000 個俘虜、400000 頭牛、1422000 頭羊。同時，納爾邁調色板的前後兩面亦分別出現戴紅冠和白冠的納爾邁、被解讀為上下埃及的兩怪獸亦被兩個官員用繩控制了，加上浮雕上其他內容，因此，傳統上納爾邁被認為是統一上下埃及，開創古埃及統一帝國的王（圖 2.23，2.24）。

然而，奧康納（O'Connor，2011）卻認為納爾邁調色板並不是對一個特定歷史事件的記錄，而是對王者的主要功能和責任，即王權性質及帝王術的一般描述，包括祭祀、儀典、降伏自然界和人類社會的不平衡和不和諧，對太陽神的供奉等。這個傳統，即王者通過禮器上精心而藝術的形象來體現自己的身份，在公元前 3600 年起已出現，並延續至王朝時代。因此，古埃及的統一要到第三王朝才達致（約公元前 2633 年），不過在公元前 3050 年，納爾邁可能初步統一了上埃及的諸邦國，或把涅伽達、阿拜多斯和希拉康坡里斯合併，成為零王朝的最後一個王。

（五）古城邦史上最完整的王世系及王的形象及主要城邦儀典

因為古城邦的城市特色是王陵，而它們一般位於尼羅河河谷中對文物保護提供最佳條件的地理環境，加上王陵及陪葬品多採用石塊和象牙作為文字和圖像記錄的載體，使諸邦國關鍵的歷史資料，包括王的名字，物品產地、船、王、大臣、奴隸、房屋及儀典的形象都被保存下來。它們是世界古城市文明史上最早，最清楚、具體及詳細的案例。

邦國時代的發展為其後續的古埃及帝國的城市文明奠定了基礎。從古王國起，古埃及進入了一個基本上大統一的長達 1500 年的法老或王朝時代。它在政治與社會的穩定以及文化藝術上的發展，無與倫比。下一節先簡述王朝時代的政治和社會狀況，作為這時代埃及城市化及城市建設特色的背景。

4. 王朝 / 法老時代的演變與社會發展

　　傳說古埃及統一後，第一位法老為了鞏固他在下埃及的統治，定都孟菲斯。在那裡，他更易控制三角洲的農業和勞動力，以及來往黎凡特的貿易。法老亦繼早王朝傳統，將自己神化，把「重死不重生」的價值觀進一步加強，更重視死後的安排與祭祀。這個文化主線也反映在對城市建設、日常居所和生活的輕視。精心製作的石室墳墓、金字塔、考究的埋葬儀式，包括了木乃伊和享廟等，成為埃及古城市文明的特色，也給予王朝時代一個別稱：法老時代。

4.1 統一帝國的興起與滅亡

　　法老時代的第一階段為古王國，即第三到第六王朝（公元前 2633－前 2195 年）。此時，古埃及已發展為一個中央集權帝國，確立了以官僚為基礎的法老獨裁統治，並且出現了以舉國之力去營造埋葬法老的金字塔、享廟，以及國家主神廟的特殊城市建設歷史。這些堅固的建築亦成為世界古城市文明最多和最重要的遺存。

　　法老以神王的權威壟斷了土地，使王室能集中全國的經濟剩餘，以組織一個龐大的官吏、書吏及司法系統以維護和平與秩序及進行特有的建設。在「維西爾」（Vizier，宰相）的指導下，官員徵稅、協調水利工程以提高農作物產量，並徵用農民在農暇時參與大型公共工程，包括水利工程。但更重要的是，法老從登位的第一天開始便動員全國去建造神化他的廟宇和死後的陵墓。這些建築工程，也造成在王陵或金字塔區出現了的特殊城市化及特別功能的城鎮 —— 造墓工匠及享廟護養者的特殊城市。國家財政的盈餘，亦支撐了王家工場，製作出傑出的最終放進法老陵墓中的藝術品。古王國時法老喬塞爾（Djoser）、胡夫（Khufu）和他的子孫修建的金字塔便成為至今仍然具體和可親眼目睹的古埃及城市文明的象徵，及今天埃及最重要的旅遊景點和資源。

但五個世紀的金字塔及其相關建築的巨大花費，削弱了古埃及的經濟實力，地方官員因而開始挑戰法老的權威。再加上嚴重乾旱，古埃及自公元前 2181 年起便陷入了「第一中間期」長達 140 多年的飢餓和內戰（圖 2.25）。地方官員割據一方，「重死」觀念也地方化，各州出現了社會各階層的更大更好的墓葬。藝術家亦調整了只服務於王權的主旨，出現了多元化的風格和內容，豐富了文學與藝術的風格。

公元前 2160 年，希拉康坡里斯的統治者統一了下埃及，而底比斯的因提夫家族（Intef）則統一了上埃及。公元前 2055 年，底比斯軍擊敗了希拉康坡里斯，古埃及再次統一，進入了中王國時期（公元前 2066－前 1650 年）。此時，它與敘利亞和新興起的地中海的克里特島的交往擴大。公元前 1985 年，法老將首都遷往法尤姆綠洲的伊塔威（Itjtawy），實行墾荒和灌溉以增加這一地區的農業產量。此外，他又征服了南部的努比亞，獲取了豐富石料和黃金，加強了國家的實力。古埃及的人口、城鎮、藝術和宗教因而推向更大的空間（表 2.3）。

表 2.3 古埃及耕地及人口估計

年代（公元前）	耕地（平方公里）	人口（萬人）
4000	8000	35
3000	8000	87
2500	9000	160
1800	9000	260
1400	*	420
1250	10000	440
1150	*	360
930	*	350
550	*	360
150	16000	490

* 數據不明

中王國的最後一位法老，允許亞洲移民進入三角洲為他的採礦業和水利工程提供勞動力。但尼羅河氾濫的不足，傷害了農業，加速了國家的衰落（圖 2.25）。約在公元前 1650 年，居住於三角洲的亞洲移民，喜克索斯人（Hyksos），起來叛變，奪取了三角洲，迫使法老遷往底比斯並稱臣納貢。喜克索斯人的領袖同時也將自己描繪為法老。

公元前 1555 年，底比斯軍隊開始挑戰喜克索斯王朝，並在 30 多年後，打敗了努比亞人和喜克索斯王朝，開創了新王國時期（公元前 1549－前 1069 年）。法老值此擴展古埃及的疆界，令帝國在第十八王朝時（公元前 15 世紀）達到鼎盛，國土還包括了今天蘇丹、埃塞俄比亞、利比亞的一部分、西奈半島和迦南平原，打通了古埃及重要原料銅和木材的進口通道（圖 2.26）。

新王國的法老推崇太陽神阿蒙－拉（Amon-Ra），因而大興土木建築卡納克神廟（Karnak），及廣樹為自己的成就增色的紀念碑（方尖碑），成為這時期城市建設最大特色及城市文明的最重要遺存。公元前 1350 年，阿蒙霍特普四世（Amonhotep IV）開始了激進的改革：將太陽神阿頓（Aten）捧為最高的神，禁止對其他神崇拜。打擊僧侶集團，還將首都遷往新城埃赫塔頓（Akhetaten，即今天的阿瑪那 Amarna）。這個新建城市體現了他的新型宗教和藝術特色，是埃及古城市文明階段性的發展。

第十八王朝的拉美西斯二世（Rameses II）於公元前 1279 年登位，他是埃及歷史上修建神廟、樹立方尖石碑最多的法老。他率軍抵抗赫梯（Hittites）的入侵，締結了有史以來第一份被記載的和約。然而埃及的財富最終成為利比亞人和「海上民族」（Sea People）的目標。在這些外族的攻伐下，古埃及失去了敘利亞和巴勒斯坦。加上尼羅河水位下降影響農業收成、國內腐敗、盜墓賊湧現、動亂等，古埃及國力急劇惡化。底比斯的阿蒙神廟（Precinct of Amun）的大祭司分裂了國家，使埃及進入了動亂和政局不穩的第三中間期。其間，古埃及經歷了利比亞人、努比亞人和亞述人的統治（公元前 1070－前 664 年，見表 2.1）。古埃及時代因而可以說是在公元前 1000 年左右便結束了。

其後古埃及更於公元前 525 年被波斯帝國徹底消滅。第二十六王朝後裔為了反抗波斯人，曾建立了短暫的第二十八、二十九和三十王朝。

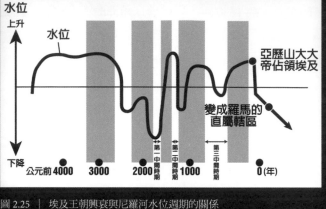

圖 2.25 ｜ 埃及王朝興衰與尼羅河水位週期的關係

圖 2.26 ｜ 新王國時期高峰期王國範圍及對外關係

公元前 332 年埃及最終被亞歷山大大帝所統治。他死後，其部將建立了托勒密王朝，自稱為法老。古羅馬崛起後，埃及也被其佔領。在公元 7 世紀，阿拉伯人再次入侵，古埃及原有的文明在這最後的過程中，因被阿拉伯文明所取代而消失。

4.2 影響城市發展與建設的文明特色：「法老崇拜」、金字塔與帝王谷

古埃及的君主稱為法老。這一詞原本解作宮殿，它源於自第一王朝起便已出現的王名專用符號（sekhet）。法老之下有貴族、祭司和官員，構成特權階級，擁有田地和奴隸。農民、工匠和商人則屬於平民階級，生活平穩，與同期的兩河流域的平民相比，並不艱苦。奴隸（即戰俘或罪犯）屬於古埃及的最底層，沒有任何權利，生活困苦（圖 2.27）。

法老延續了早王朝體現在納爾邁調色板的帝王術 —— 為國家克服自然界的不規律以及地區的不均衡的力量，包括了對尼羅河的控制、打擊來自沙漠及努比亞的外敵，帶來穩定與秩序。形象上法老也被定了形：頭戴代表上下埃及的紅白冠（合冠），手持沙漠牧人的彎杖（慈悲與引導）及皮鞭（權力和懲罰），腰圍代表三角洲及尼羅河的漁網。這套「神王」的價值觀更通過大型建築，如金字塔、王陵、神廟、藝術風格和大型節日等而對老百姓潛移默化。因此費根（2001）認為「法老崇拜」成為「國家的神話及代表主義的地理空間機制」，是古埃及穩定發展與長久統一的基石。這亦是古埃及城市文明最大的特色。

法老和內閣形成了一個流動政府，在全國各地不斷轉移，在各地神廟主持宗教儀式，並受臣民崇拜。很多時他們只在一地停留數星期。是以王宮及中樞辦公地方都是臨時及簡陋的，甚至設在神廟的一角（圖 2.32）。因此，古埃及實際的首都有別於其他古城市文明的首都，不是一個固定的行政中心而更像一個宗教中心。此亦是埃及古城市文明與兩河或中國古城市文明的最大差別。新王國時法老在全國擁有 19 個在不同地點的王宮：三角洲 5 個、孟菲斯地區 3 個、中埃及 3 個、底比斯地區 6 個、西奈半島 2 個（圖 2.28）。

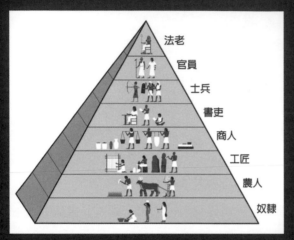

圖 2.27 │ 埃及法老時代的社會階層

法老
官員
士兵
書吏
商人
工匠
農人
奴隸

賽易斯
門德斯
培爾－拉美西斯
布巴斯提斯
絲路
吉薩
赫里奧波里斯
孟菲斯
古羅布
哈代
阿瑪納
丹德拉
阿拜多斯
卡普托斯
底比斯
(西)
底比斯
象城
米岩

北

公里
0　　　100

圖 2.28 │ 新王朝的流動王廷
（資料來源：S. Snape）

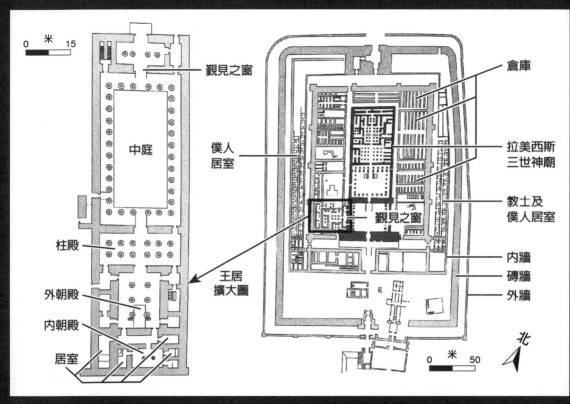

圖 2.29 ｜ 拉美西斯三世享廟平面圖及附設王宮放大圖（資料來源：S. Snape）

通過流動的內閣和特設的戲劇化的巡迴及儀典，法老保持全國各地百姓對他的臣伏與崇拜。圖 2.30 顯示出法老主要的在首都底比斯定期的巡遊將主神廟、墓葬和享廟連結在一起。「法老崇拜」這一特別的王權與宗教的結合，加上尼羅河水運的便利和「通衢作用」，使古埃及好像沒有大城市，或其首都建設鬆散（沒有王權及行政核心），它似乎只有龐大的神廟和在城區西岸的王陵區，然而通過由法老主持的公開大型、而又由全城臣民都參與的宗教儀典，這個似乎模糊的城市又成為一個活的、全社會參與的精神生活共同體。這些構成了古埃及特殊城市化及城市文明的其中一些特點。

　　公元前 2649 年「法老崇拜」進入了一個新模式：他成為太陽神「拉」（Re）的兒子，死後藉太陽的光線升天而成為死神奧西里斯（Osiris）。為此，金字塔——爬上天上的階梯和標誌著太陽的光芒，成為新的王陵。現已發現的金字塔超過 100 座，主要在尼羅河西岸可耕谷地以西的沙漠邊沿，延續了前王朝王陵及墓地選址的傳統。大型金字塔都建於第三至第六王朝（公元前 2664－前 2180 年）。首都孟菲斯以北不遠的吉薩（Giza），還有利斯特（Lisht）等地都有大量的金字塔遺址。在這些金字塔旁形成了金字塔城、工人村和王宮（因為法老及內閣亦花費不少時間去監督和檢查工程進度和舉行不同的巡遊、祭祀典禮），成為一種特殊的城鎮群（圖 2.32）。

　　建於公元前 2589－前 2566 年間的胡夫大金字塔是最大的一座。它佔地 5.3 公頃，高 146 米，由 200 萬塊各重 15 噸的石灰岩石塊壘成，是世界七大古代奇跡之一。在它旁建有一座獅身人面像，是埃及最大及最古老的室外雕刻巨像，代表法老的智慧與勇猛，或用作金字塔的守護神（圖 2.31）。金字塔除了體現「法老崇拜」及「重死不重生」外，還顯示了古埃及的帝王術的另一面，對百姓的控制與農業稅的部分返還（見下文）。有關金字塔的政治與社會意義，費根（2001）有如下說法：「金字塔的建造將百姓和他們的保護者法老及太陽神連在一起，後者是人類生命與農業豐收的泉源……金字塔所導致的巨大公共工程為法老的權柄作出了清晰的定義，也使臣民更依賴他。」

　　中王國的法老較為開明與人性化，因應科技和國外新發展，更注重

馬勒卡塔 (阿蒙霍特普三世宮)

伯基特哈布
(人工港口)

哈布城

人工村

代爾・拜赫里
神廟

門農
巨像

拉美西斯神廟

帝王谷

王后谷

「阿蒙莊園」

魯克索
神廟

卡納克神廟

N

■ 其他法老神廟
■ 人工湖

圖 2.30 │ 底比斯 Opet 節巡遊路線

圖 2.31 │ 胡夫金字塔及獅身人面像

哈夫拉金字塔　　西墓地　　胡夫大金字塔

孟考拉金字塔

王宮

工人村

圖 2.32 │ 吉薩金字塔及附屬城鎮

金字塔城

內部安全和穩定，在西奈與沙漠邊沿建立了防禦性城市，並大力開發法尤姆綠洲以調節尼羅河氾濫和開墾新耕地。法老們更利用進口的新武器與戰術，通過軍事征討，擴大了埃及的疆土，及掠奪外國的人民與財富，成為新型帝國的軍事強人與民族英雄。這些導致了一個新階段的城市化，和更廣泛的城市空間分佈。但法老們卻將戰爭及經濟建設的成就歸功阿蒙神，對神廟供獻更多財富，間接埋下大祭司弄權，法老地位下降的惡果。

第十八王朝以後，阿蒙被認為是「眾神之主」，法老的父親，以及法老在世及去世後的保護者。法老們在底比斯為阿蒙建築了大型神廟區：卡納克（Karnak）和魯克索（Luxor）神廟區。兩區都被圍以高大的滿佈壁畫的牆和門樓，這些畫像顯示法老在神的帶領下打擊外敵的勝利。在每年一次慶典中，法老在神廟向民眾顯示他得到新的神諭，作為新「法老崇拜」的宣傳。這些建築和在其中舉行的活動也成為埃及古城市文明又一特色（見上述和圖 2.30）。同時，法老又在底比斯西岸的山坡建築王墓，及在鄰近地區建做大型王陵及享廟。其周邊地區亦成為王親與重臣們的墓地。這便是「帝王谷」的來源，是古埃及又一種另類的城市化元素。

4.3 政府、軍隊與社會階層

在法老之下，中央政府最高官員是維西爾，他對各個政府部門進行監督和管理，如立法、建築、國防、國家資源調查和分配、徵兵、祭祀等。維西爾在古王國時都由王子出任。王朝集中農業剩餘及勞動力，除了供應王室、軍隊及精英階層外，亦通過大型水利、王陵及神廟等公共工程向人民進行重新分配，使他們亦間接得益。這個社會物料的循環系統，從估計尼羅河的氾濫水位，當年農業的收成、政府可收藏入起，至支付政府行政開支、河渠建造與維修、廟宇和金字塔建造所需的人力、物料及糧食供應等，要求一支龐大的官員和書吏隊伍。因此，官辦書吏學校的畢業生支撐起這個官僚系統，促進了長期規劃、統籌與保守的傾向；同時也促進文字、數字與工程發展，包括了金字塔、神廟、享廟及

特殊城鎮的建設。

　　維西爾之下設有司法、財務和軍事部。司法部分為高等法院和地方法院（諾姆法院）。神廟亦有「神判所」，受理一般案件。財務部負責稅收、國庫、土地丈量、外國貢品等，但在新王國時期，其權力逐漸轉移給內宮總管，強化了法老的權力。地方諾姆的財權，由州長（諾姆長）擔任。他為國家在本州收集、運送穀物和稅收，為法老提供大型工程的勞動力，也兼任地方神廟祭司的監察長。在中王國後期，在約 400 萬的總人口中，由貴族與高層官僚構成的精英階層約有二千人，佔人口的很少數。

　　古王國後，維西爾一職位被非王族所控制，從而威脅法老的王位。如中王國時，維西爾發動政變，取代了第十一王朝的末代法老。自後維西爾成為法老的情況時有發生。在軍事方面，古王國至新王國都是中央集權的。在軍事發達的新王國，軍隊被分為步兵、海軍、戰車部隊。全國步兵被分屬幾個軍區，各擁幾千人，之下設連、排、班等組織。新兵一般從埃及和殖民地徵集。古埃及還設有常備軍，人數不超過 20000，多是奴隸或雇傭兵，負責法老和王宮的安全。

　　大部分古埃及人是農民。埃及由於位處沙漠地帶，古埃及人一早便懂得修築水庫以儲起每年七月氾濫的河水，挖掘水渠以引水灌溉農作物，用牛拉動犁耙以翻鬆泥土，發明了抽提河水以灌溉農田的汲水器。農民的田賦不重，約 10－20%，但間中亦有達 50% 的。此外，他們還要向國家提供力役，但都是有實物報酬的（如提供食宿）。因此，古埃及的農民和其他百姓都是自由民，生活得比同時代的西亞居民好。

　　通過王朝時代的王墓、王陵及貴族和官員們的墳墓中的壁畫，我們對王朝時代的古埃及不同時期的農業及匠人活動、作坊面貌、市場交易等都有較清楚的了解。它們提供的各類活動的資訊遠早於及多於其他古文明（圖 2.33，2.34）。

　　不過在新王國以前，工貿活動由王室及神廟壟斷，不存在私人工場或專業商人。三角洲盛產的蘆葦為古埃及人提供了造船的好材料，蘆葦船成為尼羅河、地中海及紅海的主要交通工具，使古埃及人在貿易便利外，有統一的文化和價值觀，亦能把他們的文明及生活方式傳播至其他

圖 2.33 ｜ 墓畫中顯示的漁農經濟活動和產品

圖 2.34 ｜ 石刻的水上運輸狀況

圖 2.35 ｜ 壁畫中的匠人在工作

地方，特別是希臘和愛琴海。此外，它的農業為主的經濟模式對其他手工業產品亦有很大需求，因此古埃及是古代重要的貿易進口和加工國家。

中王國時，造船技術有很大發展。他們還在尼羅河和紅海之間開鑿運河。在新王國時，還開始出現了新形式的官方貿易，即國與國之間的互贈禮物。周圍國家，通過這種「進貢」的方式成為埃及的屬國，情況和秦漢後的中國相似。此外，政府開始發行類似貨幣的金屬圓環，其價值與金銀掛鈎。當時埃及的主要貿易乃從其他地方進口原料（比如木材），然後製造武器和戰車出口。第十八王朝起因帝國分裂，貿易不再受國家控制，才出現真正的商人和更多的利用金屬圓環作為貿易媒介，步入了貨幣時代。

4.4 宗教與神廟的權力

自前王朝起，宗教一直是古埃及文明最重要的部分，直接影響了大型公共工程和建設、社會分工、城市化、城市功能和主要的建築和景觀，是營造埃及古城市文明的主要動力。簡言之，古埃及的宗教，除了與其他文明共通的神創世和獎善罰惡觀念外，包括了下列的幾個特殊原素：

來世的重要：「重死不重生」

古埃及人相信生命有兩大要素：人體及靈魂。靈魂是「巴」（Ba）。人死後，「巴」飛離屍體，但屍體仍是「巴」依存的基礎。為此，公元前3500年已出現了特有的屍體處理，其後在第六王朝演化出木乃伊，以保持屍體的外形。此外，又要舉行儀式，使亡魂通過死神的審判後能夠復活，在來世生活或得到永生（圖2.41）。亡者因在死後「生活」，要有堅固安全的場所以及大量食品及生活器皿作為供養。這便是前王朝時的馬斯塔巴（Mastaba）墓葬，它在古王國起演化成金字塔，中王國和新王國時進一步成為在山坡挖掘的墓室。不過第二王朝前的人殉已被陶俑所取代了。簡言之，法老乃至官員的葬儀及墓陵花費極大，體現了古埃及人重來世，輕今生，並成為埃及古城市文明遺留下來最重要的遺存及文明印記。

圖 2.36 ｜ 祭司戴著死神面具在處理木乃伊

圖 2.37 ｜ 宮牆上的浮雕，表現埃赫那頓與王后及女兒，以及法老出巡的儀仗，畫面中可見太陽神阿頓。（資料來源：B. J. Kemp）

多神

古埃及信奉超過 2000 個神，不少具有動物、自然物或人的形象，且有不同的屬性，如農業的神、陰間的神、工匠技師的神（比如孟菲斯的普塔）等。動物形的神，一般都是來自原始氏族部落社會圖騰崇拜和祖先崇拜。但眾神沒有系統化和有機的聯繫，往往還與另一個神混為一體。隨著古埃及的統一，法老開始推崇自己出生地的神，稱為主神，被全埃及共同崇拜。古王國時期的主神是鷹神荷魯斯（祂是法老的守護神，代表王權、天空和太陽、月亮，是個合併體），後來改為太陽神拉，中王國時期則崇拜阿蒙，在新王國時期，拉和阿蒙相結合，形成主神阿蒙－拉。在中王國的短暫時間內，太陽神阿頓（Aten）成為主神。簡約而言，太陽神有不同的變樣，一直是全國的主神。由於太陽是每天在西方落下的，王陵都建在尼羅河西岸，代表了法老必經西方冥界，然後重生。

法老是神

法老生時就被認為是神，各神廟都設有敬拜法老的聖所。法老也用神的名字作為自己名字的一部分，並通常是國家主神的大祭司。他建造巨大的神廟，賜予神廟大量土地、園圃、奴隸，親自主持重要宗教儀式，更將征戰的勝利歸功於神祇。如在中王國時，底比斯阿蒙－拉的廟產龐大至可以和王室相比。當時神廟佔有全國 14% 的耕地，而其中 62% 是阿蒙－拉神廟的廟產。新王國時期，古埃及通過武力擴張，積累了空前的財富，但很大部分卻被用來修建和賜予神廟。

重視宗教使祭祀主神的大祭司擁有第二大權力，包括設立「神判所」以擁有除重大國家安全之外的所有案件的審判權。他更可以以神諭為口實反對法老推舉的維西爾人選。一些大祭司更篡權而成為新法老。鑒於此，第十八王朝時，埃赫那頓進行了宗教改革，廢除阿蒙－拉，以阿頓（太陽神一個變種）為全國主神，關閉所有舊神的神廟，還遷都以遠離大祭司控制的底比斯及阿蒙－拉神廟，說明了宗教對古埃及城市建築和功能的重要互動關係。由於底比斯的阿蒙－拉神廟祭司們權力過大，這次宗教改革只經過短暫歷程便失敗了。（圖 2.37）

5. 古埃及的城市（公元前3050－前1069年）

5.1 城市性質、特點及區域城市化特色

上一節對王朝時代的經濟發展、宗教觀念、「法老崇拜」、帝國發展和對外諸方面的檢視，體現了古埃及城市在性質、功能、結構、佈局與發展上，是與古埃古文明的發展一致的，同時突顯了古埃及與蘇美爾和西方在城市概念上明顯不同。具體地說，王朝時期的古埃及城市和城市化有如下特點：

1. 神廟在城市佔有核心位置，規模巨大，規劃規整，用岩石建造而且雕刻精美，神廟成為城市的行政、社會及文化核心；

2. 王宮規模細小，建築簡陋，不在首都核心地段；王室及內閣是流動式的，分佈全國，類似行宮，有時更附設於神廟之內；

3. 王宮與民房多以泥磚建造，與神廟及王墓形成強烈反差，反映了「重死不重生」的觀念；

4. 邦國時期，城市多設有防禦城牆，但王朝時代的城市多沒有城牆，但邊緣城市及殖民地城市，出於防禦需要都有城牆；

5. 都城是開放型的沒有城牆的城市；但神廟區自中王朝起都加建了防禦圍牆；

6. 王都的範圍包括了王陵、享廟及附屬的城鎮及王宮，往往綿延數十公里，使城市邊界及城市形象模糊；

7. 宗教觀念的轉變（指主神的變化、法老死後升天）及法老的個人主觀（如王朝向外擴展及抵禦外敵的需要）主導了城市化的發展方向及產生了不同功能與規劃的城市；

8. 全國城市受尼羅河及其三角洲的影響而分佈，都處於河岸不遠並在河谷耕地之內，呈明顯的線狀分佈。而城市具體位置及其興起與衰落，亦受河道遷移的影響。

古王國時，埃及是一個強盛而政治穩定的大國，王朝的首府和後來

演變為宗教中心的幾個城市發展為重要城市，並出現了與它們連繫在一起的王陵和王族墓地。這些元素主導了城市化。比如：孟菲斯就一直是古王國最大城市，也是全國經濟和行政中心；涅伽達（或提尼斯 Thinis）是南部的古都；早王朝的第一個城市阿拜多斯，是王朝的發源地，是其先祖及第一至第二王朝的國王的墓地和全國的宗教聖地；布巴斯梯斯（Bubastis），是下埃及的區域行政中心，控制下埃及及由孟菲斯通往西奈的貿易路線；赫里奧波里斯（Heliopolis，太陽城），其太陽神廟是全國性聖地。這一時期亦產生了金字塔建造者及其監督者的金字塔城鎮，開創和樹立了王權與宗教對城市化、城市性質和發展形態有直接影響的埃及古城市文明特色。

第一中間期和中王國時，政治及經濟中心轉移，外族入侵，促進了新建的軍事堡壘／要塞，催化了新的城市化和城市建設。對河谷以西的法尤姆綠洲的開發，也增加了不少城鎮；在西奈的採礦也導致一些專業性的殖民城市的出現。在孟菲斯西岸的王陵建造也促成了建墓者的城鎮。這時期的新城鎮包括了赫拉克利奧坡里斯（Heracleopolis）、拉罕（Kahun）等，及南方努比亞地區的多個要塞，如布亨（Buhen）、塞姆納（Semna）等。

新王國時，經濟發展與人口增加使不少古老城市不斷擴展。除了首都外，產生了基於法老王決定的不同性質的「王家城市」，如邊境城市及造墓者的工人村鎮。這時期的都城包括了擴大很多的阿蒙城 —— 底比斯，及因為宗教改革而新建造的阿瑪納（Amarna）。後者印證了宗教與王權對古埃及城市發展與規劃的直接影響。邊境城市是「王家城市」的一種，多建於新併入帝國版圖的尼羅河上游的努比亞。殖民城市多是「神廟城市」性質的「王家城市」，王室將附近的農田、礦床等賜與神廟，而神廟按產量向國家納稅。在這些城市中，廟宇和它們附屬的糧倉、行政建築以及為國王短暫到訪而建築的小王宮形成了城市的核心。整個核心區由厚重的防禦牆包圍著，而民居及相關設施就在牆外排列。這些以神廟經濟為依託的神廟城市式的城市化成為開發與管治努比亞的基本方略。「王家城市」也包括了王陵的建造、王陵的保養及死後法老的享廟、及國王對外征伐及在殖民地的駐地：如戴爾巴拉斯（Deir el-Ballas）、馬勒卡塔（Malkata）及培爾－拉美西斯（Pr-Ramesses）等。

5.2 城市的種類

基於上述王朝時期社會與城市發展的特殊性，我們可將古埃及的城市概括地劃分為幾大類。

都城：早王朝及古王國時期孟菲斯位於上、下埃及之間，在古埃及統一時被選為國都。新王國後，政治及經濟重心南移至底比斯，使它成為千年國都及宗教中心（阿蒙之城）。第三個乃「短命」國都阿瑪納。它代表了新法老與阿蒙神廟祭司團伙在政治上的決裂。由於它有較詳細紀錄，使後人更理解古埃及國都的規劃與城市面貌，我們將在下面詳述。此外還有中王國的王朝行政中心伊套伊（Itj-Tawy），及第九至十王朝的首都赫拉克利奧坡里斯。伊套伊位於離阿蒙涅姆赫特一世（Amemenhat I）金字塔不遠，處於上下埃及交界，規模細小，除內閣外，只有少數行政官員。赫拉克利奧坡里斯位於進入法尤姆地區的水道上，是上埃及第 20 州的首府，第一中間期的國都，亦是中埃及的重要城市，為供奉奧西里斯神的宗教中心。

王家城市或王室指定功能城市：包括了 1. 金字塔村（如中王國時的拉罕），2. 專業工匠村（如新王國的戴爾美迪納 [Deir el-Medina]），3. 採礦城鎮如赫努布（Hatnub），4. 軍事要塞（如中王國的布亨與古王國的沙維逸 [Zawyet el-Maiyitin]），5. 王宮鎮（如新王國的馬勒卡塔）。

貿易及綠洲城市，如艾斯尤特（Asyut）及卡普托斯（Coptos）。

邊境要塞及殖民城市，如中王國的司瑪（Sema）、庫瑪（Kumma）、阿斯古（Askut），新王國的沙爾伐克，及在西奈及利比亞建造的城市。

州首府：作為各州的行政中心、負責地方農業基建、為中央收稅，提供兩年一次的人口及畜牲統計及為王室工程項目供應力役。上埃及有些州首府因為州的特有資源而負責開採和供應王室礦石的特殊任務。

我們在下一節對有代表性的城市案例的城市功能、規劃與發展作進一步介紹與討論。

5.3 城市案例

孟菲斯（Memphis，來自希臘語，美尼斯選擇的首都之意，埃及原名 Inbu –
Hedj，意為白色堡壘）

遺址在開羅南面約 24 公里，相傳為第一王朝開國前為納爾邁所
建，是早王朝後期及古王國時國都（公元前 2950－前 2180 年），它是古
王國時經濟與行政軸心及最大城市。有學者稱它是當時埃及的唯一「真
正城市」，世界上最大的城市。

孟菲斯位於上下埃及交接點，對古埃及由眾多城邦國邁向統一的過
程中有重大戰略意義。它的所在地亦是個重要農業區，糧食供給便利。
此外，它是進出三角洲和連接西奈半島的主要商路的起點。正因為尼羅
河的「通衢效應」，它成為埃及古城市文明高峰期的首都長達近 1000
年，是世界歷時最長的國都，亦是自第二王朝至新王國末近 2000 年的
古埃及的最大城市及最重要的宗教中心和經濟中心。

古王國後期因為大祭司的弄權及尼羅河乾旱，國家權力散落，開創
了紛亂的第一中間期，但孟菲斯仍是名義上的國都。公元前 2040 年底
比斯貴族重新統一埃及，展開了中王國時期，國都移至底比斯，孟菲斯
變為重要宗教中心、主要商業城市，及人口最多城市（估計公元前 2000
年為 6 萬，國都底比斯只有 4 萬）。其主神普塔是造神之神及工匠之
神，有全國性影響。中王國及新王國時，孟菲斯仍有重大影響，主要的
法老每年都短暫在那裡居住，並且在市內建廟及樹立雕像和紀念碑。

中王國及新王國時，城市所在位置與古王國時期不同，因為尼羅河
不斷東移，舊城區被廢棄，法老要跟隨河道變化而建新城區，因此它被
稱為「移動中的城市」。今天的遺址與古王國遺址已相距 3.2 公里。現
今的遺址分佈在南北 4 公里、東西 1.5 公里的地域上，包括了中王國及
新王國時期的宮殿及神廟。遺址只有小部分露出，主要的是普塔神廟遺
址（圖 2.38）。

第六王朝起，孟菲斯對岸、尼羅河西岸的吉薩和薩卡拉逐漸發展成
為最大的王家墓地及貴族和官員的墓地。這裡有最大的金字塔群，包括

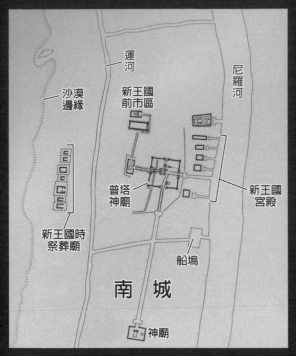

運河
尼羅河
沙漠邊緣
新王國前市區
新王國宮殿
普塔神廟
新王國時祭葬廟
船塢
南城
神廟

圖 2.38 ｜ 孟菲斯主要考古遺跡及城市位置

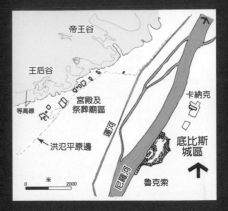

帝王谷
王后谷
宮殿及祭葬廟區
等高線
洪氾平原邊
尼羅河
卡納克
底比斯城區
米
魯克索

圖 2.39 ｜ 底比斯所在的區域平面圖及其東岸神廟和城區想像圖。從魯克索神廟望向卡納克，中間是 Opet 節的巡遊大道。

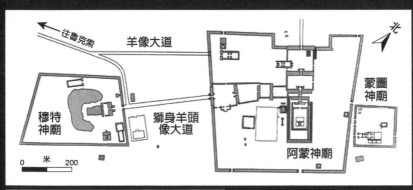

往魯克索
羊像大道
北
穆特神廟
獅身羊頭像大道
蒙圖神廟
阿蒙神廟
米

了上文提到的胡夫金字塔。因為長期建墓和王家享廟的需要，這裡出現了由祭司管理的建墓者村鎮和管理享廟的村鎮。

底比斯（Thebes，埃及原名 Waset，在今天之魯克索）

古王國時，底比斯由一個小村逐漸成為上埃及第 4 州的首府。在第一中間期時，它的領導者挑戰上埃及主要地方力量，成為南至象城（又稱象關，Elephantine）的上埃及霸主。中王國曼圖霍特普二世（Mentuhotep II，前 2055－前 2004 年）統一埃及後，它便成為國都，但因為阿蒙大祭司弄權，帝國在公元前 1129 年走下坡。除了其中數十年首都遷往他處外，它作為國都前後延續約 650 年。在第十八及十九王朝（公元前 1550－前 1186 年），城市加建了很多建築，在東岸形成卡納克及魯克索兩個神廟區，構成方圓一平方公里的國家級宗教聖地及祭司培訓中心（圖 2.39，2.40）。

卡納克神廟區以阿蒙神廟為主，是最早的神廟，主體在十八王朝時擴建，被圍以厚重的泥牆。新王國時加建了魯克索神廟作為法老登基儀典之所，及每年大型的阿蒙神像巡遊的中心點。東岸城區的主軸就由這兩個神廟區及連接它們的御道所構成。卡納克神廟有塗了顏色的泥磚圍牆以及繪有法老征戰勝利圖像的多個高大門樓，成為法老權力的宣傳板（圖 2.41）。此外東岸有約 380 公頃的居住地，都是泥木結構，考古沒有發現確定遺存。城市的發展約在十九王朝時達到高峰，人口估計有75000 人。

在西岸有第二十王朝（公元前 1186－前 1169 年）在帝王谷建築的王陵與享廟。

然而法老卻居住於尼羅河西岸周圍是農村的王宮鎮 —— 馬勒卡塔和戴爾巴拉斯。馬勒卡塔由法老阿蒙霍特普一世（Amenhotep I，公元前 1525－前 1504 年）建造，佔地 35 公頃，主要由王宮構成。它有大型的朝殿，但王寢及王室成員居住地都很細小。其他建築包括了用於不同儀式的小型宮殿、儲物倉庫、作坊、麵包工場、廚房，及大臣們的住宅。它唯一的功能就是法老的施政之所，是已發現的古埃及最大的王宮區。整個鎮由防禦牆圍起，成為大都城中的小城。它旁邊的拉美西斯三世享

圖 2.41 ｜ 底比斯中心區復原圖及遺址上的斷壁殘垣

圖 2.42 ｜ 帝王谷外貌

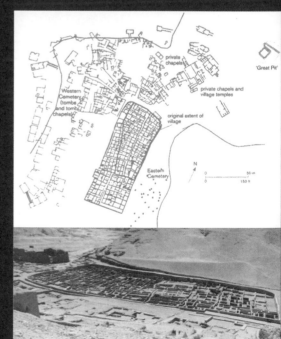

圖 2.43 ｜ 戴爾美迪納航拍照（資料來源：S. Snape）

廟（Medinet Habu）代表了法老是神和宗教與王權的結合。法老短暫居住的王宮只是享廟的一小部分。通過觀見台，他和參予巡遊的群眾見面（見圖 2.29）。

此外，在西岸也有多片墓地和於第二十王朝在帝王谷興建的王陵與享廟，特別是代爾拜赫里（Deir el-Bahai）區的供奉阿蒙神的法老哈特謝普蘇特（Hatshepsut) 的享廟，更是個傑出的藝術品（圖 2.42）。因此這裡有一些組團式的造墓者村鎮及享廟供養村，如戴爾美迪納。戴爾美迪納是底比斯城區內被完整地發掘的一區，揭示了一個王家墓地的工人及管理人員、包括祭司等居住的小鎮。它佔地 1.6 公頃，有房屋 68 間。區內除住宅外，有為本鎮居民服務的神廟和社區中心等建築。整個鎮有牆圍繞，北門為主門。城牆外有鎮的墓地及社區會堂。（圖 2.43）居住者包括石匠、測繪員、雕刻匠、設計師、僧侶及官員等。小鎮由公元前 1500 年始建，至公元前 1070 年廢棄，前後延續約 400 年。小鎮鄰近王陵，處於沙漠中，沒有水源，靠驢車由兩公里外水井每天運送。因此西岸共有 412 公頃的居住區和不少的農地。

整個底比斯市約有 25 平方公里。現今遺存的主要是神廟、享廟及陵墓。但若包括帝王谷等整個西部山區，面積約達 93 平方公里。

阿瑪納（今地名 Amarna，源自希臘統治時期，原名埃赫塔頓〔Akhetaten〕）

阿瑪納由第十八王朝法老埃赫那頓建於公元前 1348 年（圖 2.44）。作為國都，建成後十多年便因宗教與政治原因而被廢棄，但它與孟菲斯和底比斯相比，有三方面的不同：一、它把王室官邸（政治行政中心）和宗教中心結合，都放在城區之內；二、它是這位法老宗教改革和新政的物質體現；三、它是古埃及遺留下來有詳細城市規劃和當時具體面貌記錄的唯一城市。因此它是埃及古城市文明的重要案例，需要對它作出較詳細的描述。

城市選址

它的選址首先是宗教性的，新都的目的是為法老新立的主神阿頓、王室、政府中樞及國家精英提供一個新駐地。為此他在標注城市界限的

圖 2.44 ｜ 阿瑪納城市平面圖

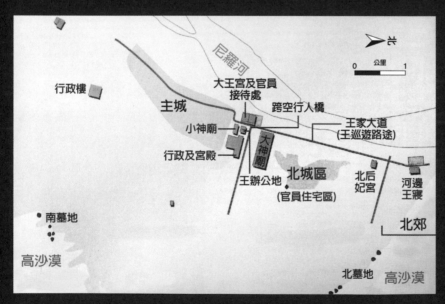

圖 2.45 ｜ 阿瑪納河東城區圖

　　　　　　　　　　　　　　　　　Chapter II　埃及的古城市文明

界石上刻下了選址是神授之意。此外，還有避開傳統宗教和政治勢力，即遠離上埃及的原都城底比斯（相距 368 公里），以及下埃及舊都城孟菲斯的考慮。城址西岸有 20 平方公里的沃土，亦可為城市提供農產品及食糧。

城市範圍

這個新城創舉之一是利用界標來界定城區的範圍。法老共豎立了 14 座界標，圈定了一個長約 16 公里、寬約 13 公里的 290 平方公里的城區範圍。界標刻有文字，記錄了新城建造的原因、目的和歷史（圖 2.44）。因建造時間短，實際建成範圍遠小於界標區域，且都位於尼羅河東岸。現時測得的城址是個新月形平原，南北 10 公里、東西 5 公里。已發掘的建成區有 440 公頃，估計全部建成區達 1200 公頃（12 平方公里），是個龐大的城市。估計當時的人口在 25000－50000 之間。

城市分區

城區在功能上可分為三片，顯示宗教與王權緊密結合與統一，即神廟區、行政區和居住區。神廟區包括法老的宮殿，是最先建成部分；行政區有國王與官員辦公用房、檔案館、通訊所、軍營等（圖 2.45）；居住區是鬆散自由的一片城區。倉儲和手工業地區在城區外；濱河地段有一些簡易的貿易區及商品貯藏地，另有大片的河灘製磚區。城市東面界標所劃定的城市區域內的沙漠地帶，有一個築城工人的居住區。在環繞城市東面的懸崖，是阿肯那頓王族和朝廷重臣的墓葬區。

從地理上，新都城又可分為中城、南區和北區三大片。

中城是城市的核心，放置了神廟、禮儀性王宮、軍營及主要行政建築，是最先建成的部分。中城北部是大阿頓神廟和露天祭壇的神廟區，是節日慶典時的禮拜場所；其南側是神廟的倉儲區、僧侶的住所及供應神廟日常食品的麵包坊；最南面是較小的神廟，供王室日常禮拜所用。中間的大片區域，西面臨水的是大王宮，擁有雄偉的柱廳及露天庭院，還有接待外國使者的觀見廳。王家大道另一側是一個較小的宮殿，可能歸法老專用。兩片王宮被一座架設於王家大道上的天橋聯起來（圖 2.46）。小王宮之東是大片的行政建築，包括辦公大廳、檔案館與通訊所

等。此外，中區的東部有軍營，除了士兵住所外，還有餵養戰車用馬的馬廄。

南區約 150 公頃，有中等及小型民宅，加上大臣的官邸，共有 2000 所房屋。豪華的官員宅邸（包括了大祭司、首相及一位將軍）以圍牆與其他建築隔開。區內還有手工作坊間雜其中。北區是一般平民住宅，與核心區分離。內有約 600 所房屋，但包括一個負責工程的官員的住宅。一般平民住宅和官員住宅差距很大。此區亦出土不少青銅工具及釣鈎等。南北兩區估計居住了全城九成人口。

在城區的最北端，有兩片獨立建築區域，一是北宮，一是王家大道末端的北城。北宮可能是王后或王室女繼承人大公主的居所。北城設有堅固圍牆、戒備森嚴的王宮及附屬建築，是法老的另一片住所，還有一些建築規模頗大的官員住宅。此區亦建有倉庫，似乎可以自給自足。

中區南部沿河岸有官方修建的倉儲區，可以貯藏酒水、糧食、器皿、牲口、木材及其他行政及民生用品，部分的原料粗加工及二次加工也在這裡進行。此外，毗鄰倉儲區還有一個具規模的市場，有利於貨物的運輸及交易。

交通規劃

阿瑪納的特殊地形決定了當時既有的規劃模式是不適用的。它的主幹道不是傳統的十字形，而是「井」字形的，有三條南北走向的幹道與尼羅河平行。臨近尼羅河最寬敞的乃「王家大道」，它寬約 160 米；還有兩條東西走向主道，把城市分為中城、北區和南區。因為城市濱河，修建了官方專用和公共的碼頭，為不同性質的運輸服務。如大神廟和毗鄰的禮儀性大王宮都有專用碼頭，用於接送法老、鄰國的國王或使者等。官方碼頭則接送官員，運送國家其他地區收繳來的稅品，其他國家的納貢，傳送公文和信件等。公用碼頭則用於運輸貨品及城市給養，包括西岸耕地的產物、國家其他地方運來的穀物、木材等，簡易的交易也可在碼頭邊上進行。

阿瑪納的價值與意義

與古王國及中王國相比，阿瑪納開放的風格反映了社會性質的變

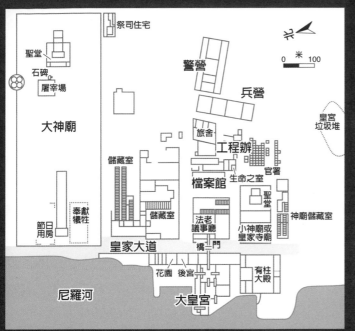

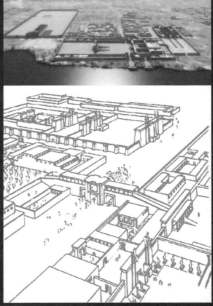

圖 2.46 ｜ 阿瑪納河東城區圖 中心區功能圖，及王家大道想像圖。

化。最關鍵的乃神廟的公開性，使市民可以參與公開的宗教節日活動。它開創了新王國時期神廟的大規模興建及大型的巡遊活動，說明宗教文化已向全城及世俗生活滲透。

在城市空間組織上，阿瑪納和底比斯一樣，都有一條主軸線（王家大道／御道）。它是城市空間重點，是法老往來大神廟與王宮之間、及與王宮相距 3 公里的北宮和更遠的北城時經常使用的道路。在節慶日的遊行，原先的主角——神像亦被法老所替代，由他行進在這條道路上。王家大道和被聯繫起來的北城與中城，以神廟為中心——它也是城市日常活動的中心——構成了城區中宗教氛圍最濃厚的區域。

阿瑪納的建築也與以前略有不同，顯得人性化。王宮和貴族府邸佈局都比較自由，且都有水塘、花園，顯示人們在生活上別有情趣。民宅的設計同樣的有庭院、迴廊、水池、房舍等，空間開闊通透，強調與室外及自然的連通。

阿瑪納是少數保存得比較完整的古代城市遺址之一，為研究埃及古城市文明提供了宗教思想、城市規劃及城市居民生活方式等方面的實物資料。雖然地面遺存不多，但從空中可以清晰的看出城市的輪廓、道路走向及地面建築詳細的平面分佈，對於分析當時的非宗教建築有很大的幫助，使我們能夠不限於二維的壁畫及浮雕資料，從三維實物角度來考察古埃及都城各階層的日常生活。

拉罕（Kahun，又寫作 Lahun，原名 Hetepsenusret，意為「辛努賽爾特休息之所」）

拉罕位於開羅以南約 80 公里，法尤姆地區東部邊緣，它是第十二及十三王朝時的王家項目，是為法老建築金字塔的建築隊及有關享廟祭司的居住城鎮（圖 2.47，2.48）。

公元前 1895 年，法老辛努賽爾特二世（Senusret II）為了建築他的金字塔，在建造場址西建設了一個特殊城鎮，作為管理官員、祭司、設計師、工匠，一般勞工及其他服務人員，如書吏、醫生等的居所。城鎮前後使用了百多年，但保存得很好，其內的墓葬及遺留的莎草紙文件對當時人物及情況有詳細記錄，是理解古埃及城市及城市社

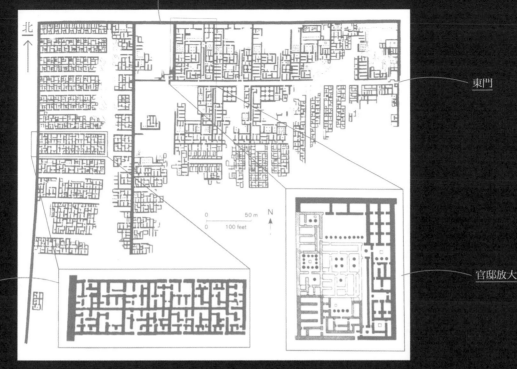

北 ↑

東門

西城工人
住宅區放大

官邸放大

0   50 m
0   100 feet
N ↑

圖 2.47　│　拉罕出土城牆、街道及房舍圖

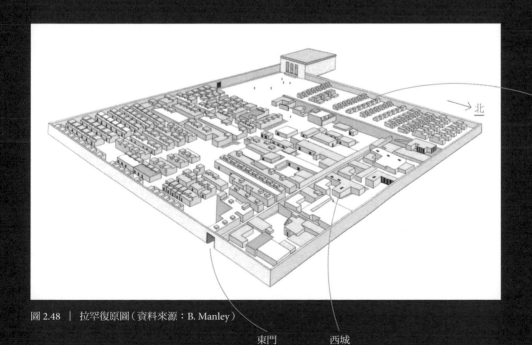

東城

北

圖 2.48　│　拉罕復原圖（資料來源：B. Manley）

東門

西城

會的重要案例。

城市有統一的中央規劃以決定人口與功能區的分佈。它由方形的城牆（384×355 米）圍繞。東牆開門，北牆內偏西有一宮殿式「衛城」，或許是供法老視察工程的臨時駐地。道路都是方格式的，有東西及南北主幹道各一。城內有一厚牆將東西部分隔。全城人口估計為 5000－8000 人。

西城區約有 200 間整齊而擠迫的排屋，每屋約有 4－5 房，是一般工匠或工人居住地；但這裡亦居住了享廟的神職人員。東城區分為南北兩部分：北部是規整的五間大房子，每間有前庭、馬廄、中庭及約 70 間房子。南部亦有三間大房子和較小房子。大房子是高級官員辦公及居住之所；而南部的小房子似是設計師、工匠及一些專業服務人員的居所。與大房子一起的亦有一些連通在一起的小間，應是糧倉；其旁一些大空地似乎是糧食加工、釀酒及麵包工場。這些大房子因而負有城鎮的行政及糧食分配功能。城東區還有地方神廟及一座監獄。

在城鎮的房屋內發現了大量工具、玩具、珠寶、工藝品和化妝品等。

吉薩金字塔城（Giza Pyramid Town）

該城距胡夫金字塔南僅數百米，在大獅身人面像東南。它被一條 200 米長的牆與胡夫金字塔區分隔。牆的中央有座橋，築墓者經這裡往返住地與工地（圖 2.49）。目前遺址只發掘了約兩成，但相信整個城可住 5－10 萬人，是個中小型的城鎮。由胡夫起至第六王朝的古王國前段，這個城鎮可能被使用了 300 多年。

城鎮分為三部分。北城最大和最接近金字塔區，已發掘的部分顯示由主幹道劃分的四個小區。每個小區由一系列臨時排帳組成，每個排帳是個 40－80 人的宿舍。這些宿舍的東面是啤酒和麵包工場及工業作坊（圖 2.50）。宿舍住的可能是臨時工。由於發現大量肉食遺存物（有羊、山羊、牛），似乎這些勞工的待遇不錯。估計這個區可住 1500－3200 人。東城區的住房單位細小，是工匠的居住區。西城區以大房子為主，是高官及其家屬的住宅。

在北城區和東城區間有一公共區，內中有糧倉及行政建築，這裡亦

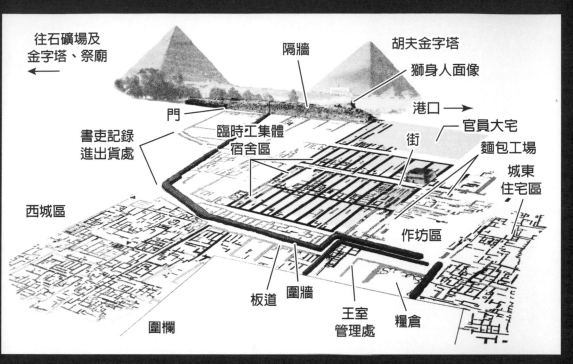

往石礦場及
金字塔、祭廟
←

隔牆

胡夫金字塔

獅身人面像

門

書吏記錄
進出貨處

臨時工集體
宿舍區

港口 →

官員大宅

街

麵包工場

城東
住宅區

西城區

作坊區

板道 圍牆

王室
管理處

糧倉

圍欄

圖 2.49 吉薩金字塔城塔位置相對大金字塔

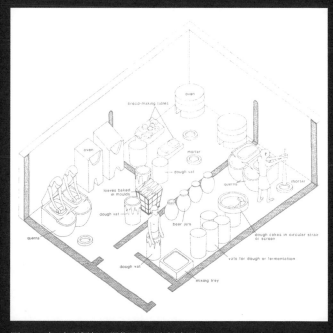

圖 2.50 大型麵包工場復原圖（資料來源：H. E. Wilcar）

可能是軍隊駐地。

在北城區西面發現了 30 座大墓和 600 座小墓。在其中一些大墓發現了主人的頭銜，包括「金字塔隊監督」、「王家工人指導者」、「泥瓦匠監督」等，屬長期工作與生活在城鎮的管理和技術人員。

培爾－拉美西斯（Pr-Ramesses，意為「拉美西斯之家」）

此城位於尼羅河三角洲東部的戰略位置，是古埃及進入敘利亞的通道。它由第十九王朝法老塞提一世（Seti I，公元前 1294－前 1279 年）始建，其繼承人將之擴大，作為帝國擴張和經營中亞的王室官邸和政府所在。因此，它是拉美西斯時代法老在三角洲的駐地，是歷時約 200 年的三角洲地區最大城市。

城址位於三角洲一條支流的多個沙洲上，易守難攻。它周邊的農漁業資源豐富，亦是個便於向東推進的軍事基地。城西是王城，有大型宮殿及神廟；南部有大軍營，主要是戰車營和馬廊。城東是住宅區，有大小不同類型住宅及園圃。除了地表考古外，自 1996 年以來又用鉋地磁法調查，發現遺址建築面積達 100 公頃，有庭院、圍牆、大道、河渠及不少街道和房屋。整個城市可能是個面積 10 平方公里的大城，但仍未得出較清淅的城市平面形象（圖 2.51）。

城市依靠兩個大型碼頭補給，但由於河道遷移，在第二十王朝時兩個碼頭已不能用，因而城市被廢棄，其功能被移至另一個三角洲城市：達尼斯（Tanis）。

布亨（Buhen）

它是個邊境要塞，位於下努比亞，在阿斯旺以南約 200 公里，接近尼羅河第二瀑布。古王國時，它是埃及在努比亞的採礦和運輸中心。中王國時，它成為一個軍事要塞，並管理第二瀑布以北地區（至象城）。估計當時城市有居民 1500－2000 人。

城市被規劃成整齊的方型街廓，房屋亦多是長方形的泥磚屋。它是個兩重城，總佔地 6.3 公頃（圖 2.52）。內城是中王國時加建的，外城建於古王國，有堅固的城堡式城牆（厚 4 米）和防禦設施。外城東牆設兩

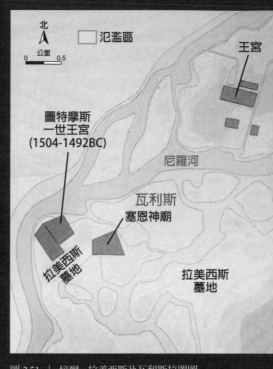

北
公里 0 0.5
氾濫區

王宮

圖特摩斯
一世王宮
(1504-1492BC)

尼羅河

瓦利斯
塞恩神廟

拉美西斯
墓地

拉美西斯
墓地

圖 2.51 │ 培爾－拉美西斯及瓦利斯拉置圖

外城牆　　內城　　主門

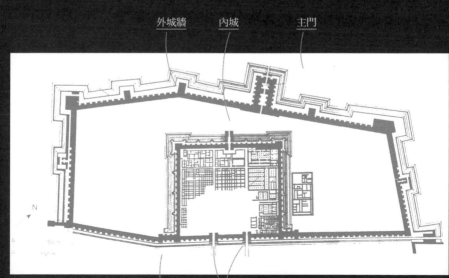

N

門，西牆設一大型主門。內城西北角似乎有駐軍司令部，毗鄰的東部建築有軍營、糧倉和神廟。到了新王國時期，埃及邊界已擴至尼羅河第四瀑布，布亨因而已失去了軍事上的重要性。

6. 結論：埃及古城市文明的指向與特色

　　縱觀由涅伽達二期到新王朝末的 2200 多年古埃及歷史，它經歷了約四百年的邦國時代後，便在第三王朝時（公元前 2663 年）進入大一統時代，比中國廣域國家的出現 —— 即夏朝的開創 —— 早了 500 多年，也比兩河流域大統一早了 300 多年。它的大一統體現在宗教、政治與經濟諸方面，維持了約 1500 年，是世界史上獨有的。埃及這段古城市文明發展史因而向我們提出了很多「為甚麼」，如：為甚麼古埃及的城邦時期比較短？為甚麼它這樣早就已建立了大一統帝國？為甚麼大一統能延續千多年？為甚麼文明的核心地區及核心城市都沒有防禦城牆？為甚麼神廟及王陵成為它文明標誌性的、最普遍及最偉大的建築，而不是王宮？

　　我們或許可以從古埃及地理環境，特別是尼羅河氾濫規律所主導的特有的灌溉農業找到一些解答線索。古埃及的自然地理，在東南西北四面形成一個相對封閉的廣大但狹長的地區。尼羅河的定期氾濫及它提供的交通便利也使上下埃及很早就成為一個統一的經濟與價值共同體，促成了古埃及以太陽神及河神為主的主神的出現。精英階層因而能夠朔造出法老作為這些神祇的代表，使他享有高度集中的權力與威望，能進行河渠的建設與維修、農業剩餘的集中及在農暇時通過大型工程的力役回報向農民作資源的重新分配，使在悠長的早期與氾濫期時，農民的體力及時間被國家徵用，不至影響社會穩定，也使他的宗教與威權地位及他所構建的官僚體系得到擁護。

　　我們在本章揭示的不同種類的古埃及城市都指向一個主方向：王權與宗教的緊密結合。在此大原則下，「重死不重生」以及顯示「神王」的偉大的神廟與王陵兩種動力，構建了與世界其他古城市文明不同的埃及特色。這些在它的三大國都的功能與城市規劃和城市景觀中都得到體現。當然，我們也可以從古埃及的邊境要塞及殖民城市中發現了近似西

方城市的痕跡，然而，這是埃及古城市文明的次要部分，而不是其主流。正如奧康納（1972）說：

「若我們利用狹義的城市定義的話，我們或可接受『埃及是個沒有城市的文明』之說。但從廣義上看，城市文明顯然是埃及歷史的具有特色的一部分。」

我們再引貝恩斯（1999）的一個說法：

「古埃及早期城市顯示了一個明顯特點：在位置上被尼羅河氾濫區及王陵區所限制。早期的法老及統治精英的注意力並不集中在城市，他們的宇宙觀往往表現在個別公共禮儀建築及陵墓上，而不是如何營造城市。由此宇宙觀引生的權力，並不單被應用在狹義上的城市，而是在更大的地理範圍的眾多元素，以及在這些元素間的人流與物流和它們之間的多元互動所體現。」

這兩位學者委婉地道出埃及古城市及其古城市文明與西方傳統的理解的不一致性。它源於古埃及特有的自然環境和人文發展。它是一個時代（或許很長的一個時代）及既定科技創新與應用的產物，它是世界古城市文明一個高峰。它的標誌性特徵，如金字塔和帝王谷的王陵、享廟、卡納克與魯卡索的神廟等都是難以複製的。但自新王國後期起，周邊文明——特別是中東和愛琴海——的發展與科技的進步打破了古埃及保持了 2000 多年的平衡與保守傳統，出現了外族的征服與外來文化的傾覆性影響，對歷史悠久的埃及古城市文明造成衝擊。在經歷了希臘、羅馬和阿拉伯近 2000 年的統治後，埃及古城市文明便終於徹底地退出歷史舞台，遺留下來的，包括前王朝的王墓、荷魯斯神廟的大埋坑、各大神廟、金字塔和帝王谷王陵和其出土文物，只成為一個死去了的古城市文明的證物。

不少學者在提到古埃及文明對世界文明特別是西方文明的貢獻時，認為西方文明由古希臘始，便是源於埃及的。對一些文化要素如天文、幾何學、解剖學、建築，和個別的城市規劃元素，如格狀路網，我們都可以找到這類說法的證據。但是否這就可以說西方文明源於埃及？我們謹引公元前 500 年的古希臘學者希羅多德對他當時看到並理解的古埃及

的說法，作為讀者的參考：

「他們（埃及人）上市場做買賣的都是婦女，男子則坐在家裡紡織……婦女用肩擔挑東西，而男人則用頭頂著東西。婦女小便時站著，男人則蹲著。他們在屋外吃飯，但大小便卻在自己家裡……用腳來踩麵粉，卻用手拿泥土和糞便……在寫算時，埃及人都是從右向左的。」

我們從上文感受到的是希羅多德對古埃及的一些日常所見的社會現象與人文特色的非常巨大的「文化震盪」！這位比我們在時空上更接近古埃及的希臘學者看來不會認同古埃及文明就是他們古希臘文明的根。可能也正是這樣，希臘在埃及的統治者們便強將古埃及的重要地名都改為希臘名字，比如本章在提到埃及三大古都時（Hierakonpolis，Memphis，Thebes）不能不加上它們原本的古埃及名稱，因為直至今天，世人（包括埃及人）仍不自覺地接受並沿用希臘人後來強加於它們的希臘名字。

第三章

印度河古城市文明

1. 引言：令人費解的哈拉帕城

　　古印度在地域上指今天的印度、巴基斯坦、孟加拉、不丹、尼泊爾等在內的整個南亞次大陸。我國西漢時稱它為「身毒」，東漢時稱「天竺」，唐代高僧玄奘將其譯為「印度」。相對於兩河流域和埃及古城市文明，它是我國知道較早並較早有交往的「西域」地區。

　　南亞次大陸是人類文明的發源地之一，對世界文明作出了獨創性的貢獻。在文學方面，古印度創作了不朽的史詩《摩訶婆羅多》和《羅摩衍那》；在哲學方面，創立了「因明學」，即今天的邏輯學；在自然科學方面，發明了 16 世紀到 21 世紀世界通用的計算方法，創造了包括「0」在內的 10 個數字符號（即阿拉伯數字）。公元前 6 世紀，古印度還產生了佛教，並且先後傳入多個亞洲國家，包括中國、斯里蘭卡和日本。然而，一般理解的古印度文明，實際上是公元前 1500 年後的「恆河文明」。這一區域更古老的文明，即本章要探討的印度河古城市文明，我們至今仍然知道不多。而且，因為近年的考古發現顯示它在多方面與其後的「恆河文明」、同時代的兩河流域文明和埃及文明的非常不同而使人訝異。

　　這個存在於公元前 1700 年以前的印度河古城市文明，直至 1922 年，才因為在今天巴基斯坦境內的哈拉帕村（Harappa）的考古發掘而被發現，它亦因而被稱為「哈拉帕文明」或「印度河文明」（Indus Valley Civilization）。這個古城市文明以它南部的摩亨佐－達羅（Mohenjo-Daro）和北部的哈拉帕兩個大城為中心，方圓約 50 萬平方公里（一些說法是 65－150 萬平方公里），覆蓋了今天的巴基斯坦、印度的西北和西部的一小部分，以及阿富汗東和伊朗東南的很小部分。它是古印度次大陸的青銅文化，亦是一種高度發達的古城市文明，其覆蓋面積遠超埃及及兩河流域兩大古城市文明（圖 3.1）。

　　從印度河內已經發掘的數個大型城市遺址看，印度河古城市文明的社會，和其後的「恆河文明」，以至今天的印度和巴基斯坦社會，幾乎

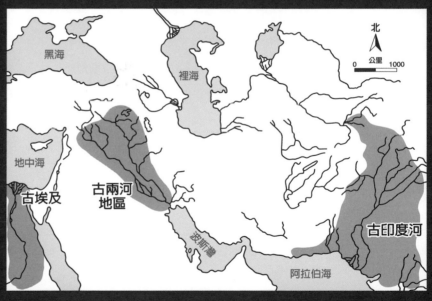

圖 3.1 ｜ 印度河古城市文明與兩河及埃及古城市文明範圍比較

找不到任何重大的共通點。最令人矚目的是：

（1）哈拉帕城市沒有顯著的神廟與王宮，顯示其宗教的分散；而當時的僧侶也並不成為一個特殊或精英階級。

（2）在行政管治上，王室、集權、等級觀念都非常淡薄；城市的所有居所都以同樣物料建造（燒結磚），而且住房只有按面積大小而體現出的兩至三個劃一標準，小的為二房單元，大的為 5－6 房單元，似乎是為了配合家庭發展的週期變化而為全體市民提供劃一標準的「按需」供應，體現出社會分化不甚明顯。

（3）城市都是經過集中的中央規劃，有完善的衛生基建，如用水、排污、排水和垃圾收集系統等。這些設施在全市的大街小巷都是一致的，在全城形成了一個統一規整網絡。

（4）這些特點與今天人們所理解的印度和巴基斯坦社會，以及印度和巴基斯坦當下的城市及社會的階級分明、特別是種姓問題等現象完全不同。基於此，有些學者認為這是一種特殊的失落了的古城市文明，而又近似中國傳說中的「大同社會」式的理想國。我們在結論時將會詳細地檢視和討論這個有意義的議題。更奇怪的是這個文明在公元前 1700－前 1500 年間消失後，一直到 20 世紀初被偶然發現之前，印度的史料完全沒有記載。

雖然這文明自公元前 2600 年起已有文字遺留，都是在印章上的刻劃符號，但每一印章只有數個符號（有些沒有，至多只有十多個）。除了印章外，並未見有任何形式的文書記錄或句子的遺存，只有一個唯一例外：在其中一個城市出土的有近似十個字的牌匾。然而這些已被發現的古文字至今仍未能解讀。加上後來的古印度文獻，包括了恆河文明的文獻，對這個古城市文明一點兒也沒有提及，也沒有任何的相關神話和傳說，因此，對於這古城市文明的理解，我們不能如古埃及及蘇美爾一樣，可以通過文字及刻劃在不易腐爛物體上的圖像而能更為具體和形象。我們對它的理解只能純由考古發掘得出的非文字及少有的圖像資料而予以推論。

因此，雖然它遺留了不少令人驚歎的城市遺跡和其他物質文明，但有關它的人文社會狀況，比如：它是否有王權及存在不同階級，是否是

個統一大國或包括了多個獨立的城邦國實體？宗教在它的社會的重要性和影響力如何？王權系統、社會階層（假如這些存在的話）及他們的生活情況是如何等，我們都不得而知。甚至也不知道已被發掘出來的城或城邦的名稱。由於目前對已發現遺址的發掘仍不全面和不夠深入，而新的遺址在近 10 年內亦發現不少，隨著更多的考古資料和對它們研究成果的出現，我們今天對印度河古城市文明的理解在將來很有可能要被修改。

這個印度河古城市文明在時間上，相對於中國，大概是龍山時代中期至夏代中期。雖然中國這時的文字記錄已不復存在，但中國在周代及秦漢的古籍中對這時期的重要人物及事件都有記載。我們甚至清楚夏代的每一個王及他們主要事跡。相比之下，哈拉帕古城市文明，相對於歷史上傳統的印度，似乎是一個陌生的外國文明！有些印度學者甚至否認它是遠古的印度文明！因為古代印度文明最初的創造者，一般認為是達羅毗荼人（Dravidians）。此外，自公元前二千年代中葉起，屬於印歐語系的印度‧雅利安人（印歐人種）侵入印度，並且成為古印度的主要居民，開創了恆河文明。在印度河流域古城市文明被發現前，恆河文明甚至被世界公認為最古老的印度文明，而它亦是現今印度主流文明有跡可尋的先驅，是今天印度文明的根源。

2. 南亞次大陸的史前文化與文明的出現

2.1 起源與經濟概況

在舊石器時代早期，南亞次大陸便出現了兩個發展中心：北部的梭安文化（Soanian）和南部的馬德拉斯文化（Madrasian）。至新石器時期，新石器文化已幾乎遍及次大陸全境。在新石器向銅器過渡時，如很多遠古文化一樣，約在公元前 7000 年開始，較先進的文化都在臨近河谷的山坡地帶上發展。在南亞次大陸，這個發展地區位於它的西北部坡地，即今天巴基斯坦的俾路支斯坦（Baluchistan）和喜馬拉雅山的西南麓。這時在這裡出現的邁爾戈文化（Mehrgarh）和古里文化（Kulli），都屬半畜牧、半農耕經濟。後來，由於人口增加，而印度河河谷內的天氣也變化至適宜農耕，使這些早期文化的人口向印度河流域遷移，向包括了現今已消失了的薩拉斯瓦蒂河（Savaswati）滲透，並在這些地區發展起來。這些移民便形成了印度河的早期文化（公元前 3000－前 2600 年），包括了在印度河中下游的阿姆利（Amri）、哈拉帕、卡里班甘（Kalibangan）和果德迪吉（Kot Diji）文化等。這些文化或地區發展的背後的原因，除合宜的自然條件外，當然也包括了科技的發展與進步（表 3.1，圖 3.2）。

表 3.1 印度河古城市文明進程

時期	時段（公元前）	大事紀
前哈拉帕	7000-5000	邁爾戈文化
哈拉帕早期	3300-2600	公元前 2700 - 前 2600 年早期聚落毀滅 / 重建
哈拉帕中期（成熟期）	2600-1900	公元前 2600- 前 2200 年城市鼎盛期
哈拉帕晚期	1900-1300	公元前 1700 年主要城市煙滅
梨俱吠陀	1800-1000	雅利安人主導的史詩時代
吠陀後期	1000-600	雅利安人主導的史詩時代
佛陀時期	600-200	第二次城市化、確立種姓制度

土庫曼斯坦

塔吉克斯坦

中國

興都庫什山

阿富汗

喜馬拉雅山

印度河

哈拉帕

班納華里

卡里班甘

拉基加里

米達杜

伊朗

巴基斯坦

甘衛里華拉

摩亨佐－達羅

印度

恆河

索特卡科赫

蘇特卡根多爾

巴拉角

杜拉衛華

德沙帕

索谷達它

洛塔爾

北

公里
0   200

阿拉伯海

德干高原

┈┄┈ 今天國家界線

圖 3.2 ｜ 印度河古文明主要遺址及現今山脈河流及國家名稱

在宏觀地理上，南亞次大陸位於亞洲南部，但高聳的喜馬拉雅山、孟加拉灣和阿拉伯海卻把它與亞洲大陸的主要地區分隔，形成一個相對孤獨的三角形大半島。半島北部是平原，在這裡有發源於喜馬拉雅山的印度河、現已消失的薩拉斯瓦蒂河、恆河，它們為發展農業生產提供了有利條件，使它們流經的地區成為古印度重要的經濟區域，及古印度歷史的主要舞台。南部的德干高原（Deccan Plateau）有富饒的森林和礦產，但山地起伏，多沼澤草原，不適宜耕作。高原兩側的沿海部分是平原區，氣候良好，雨量充沛，適宜農耕。不過因為德干高原形成地理上的分隔，它們的發展與印度河及恆河流域不同，各有各的軌跡和特點。同時，由於密佈雨林和沼澤，在古代技術與工具落後的情況下，恆河流域及南部地區的發展，遠落後及慢於土地肥沃、疏鬆而又得利於自然河水氾濫的古印度河河谷。古印度河流域的發展，亦由於自公元前 5000 年起印度季風漸漸向東移，使印度河的氾濫沒有之前那麼嚴重，而逐漸地適合農耕。相比印度河流域，恆河流域及印度南部的發展都出現在公元前 1500 年起的鐵器時代以後，因為鐵造的工具幫助這些地區的人口解決了土壤及森林和沼澤開墾的問題。

　　雖然學界一般認為古代印度文明的初創造者是達羅毗荼人，原因之一是他們的文化與語言和俾路支斯坦的布拉灰人（Brahui）相似，而俾路支斯坦似乎是印度河流域人種的源頭。不過，確切的達羅毗荼語系的出現，按照最早的資料，只能追溯至公元前 600 年。而且，通過對印度河流域古城市文明的兩大城址出土的數百具屍骨的分析，發現了它們包含了四個不同人種，即原始澳洲人種、蒙古人種、地中海人種和歐洲高山人種。因此，達羅毗荼人是古印度文明的始創者這問題仍有爭議，特別是自公元前二千年代中葉起印歐語系的印度·雅利安人才成為古代印度的主要居民。從公元前一千年代中葉開始至古代的結束，又有波斯人、希臘人、安息人、塞種人、大月氏人等先後入侵，並佔據了印度西北部的一定地區。由於各外族的不斷入侵和定居，遠古印度的原居民的真實面貌就更模糊了。

　　從考古資料看，印度河古城市文明顯然是由鄰近的西部及北部的坡地上遷移至印度河河谷上所建立的村莊，即是由上述的阿姆利和果德迪

吉等文化演變而來的。但他們在這裡採取了與兩河流域和古埃及的大型灌溉工程不同的農耕方式。他們主要依賴自然河道的氾濫，因為在河谷內至今仍沒有發現大型灌溉工程或大型人工運河的痕跡。同時，這裡因為來自喜馬拉雅山麓及季風所產生的氾濫有時是極具破壞性的，為了控制及防禦每年一度既會令土地肥沃，但又可能會造成禍患性的水災的河水，印度河古城市文明的大小聚落都建有用燒結磚或石頭造的厚厚圍牆，形成與兩河流域及埃及河谷不同的遠古聚落建築與景觀。

雖然考古顯示零星的商業在這時已出現了，但印度河流域的氾濫區的人民仍主要依賴農業為生。他們除了栽種小麥和大麥外，考古學家也找到豆、芥末、芝麻以及一些棗核和最早栽植棉花的痕跡。不過位於兩條河道或兩條支河道的中間地帶，即「河間地區」，分佈著草地、樹林和沼澤等，在這些「河間地區」，人們主要從事牧獵經濟。此外，他們也馴養動物，如狗、貓、瘤牛、短角牛、家禽等，他們還有可能飼養豬、駱駝和水牛。象可能也被馴養，而象牙的使用亦頗為普遍。雖然在沖積平原裡沒有礦產，但在鄰近河谷的地區，礦物、木材及石料都十分豐富，這些物產也容易利用河道運輸。河谷本身亦有石脈出頭，提供了本地部分石材（圖3.3）。因此，在整個大區域內，當時的經濟相當自給，與兩河流域及尼羅河流域的情況不同。

2.2 科技、藝術、文字、城市

正如前述，印度河古城市文明是已進入了青銅時代的文明。在不少遺址中出土了大量銅器和青銅工具，如斧、鐮、鋸、小刀、釣魚鈎、匕首，及非常少量的箭頭和矛頭等。但在這一時期石製工具仍在普遍地使用，在農業上還很少使用金屬工具，顯示金屬原料來自外地，屬於奢侈品，並不普及。當時的耕種已使用了鋤頭；木犁和帶有燧石頭的輕犁也開始被使用了。他們也已經掌握了對金銀等金屬的加工技術。從出土的手工藝品可見當時工匠的技藝不錯，但缺乏文采和創意，產品設計比較劃一，以實用為主（圖3.4）。製陶和紡織是印度河古城市文明的兩種重要手工業，染缸的發現顯示當時已掌握紡織品染色技術。從出土模型也看到車船製造業等的出現。

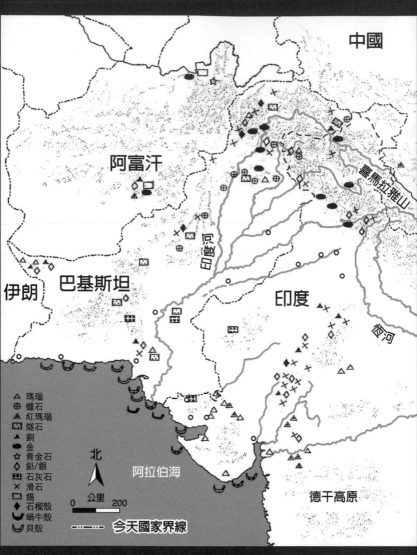

圖 3.3 │ 印度河流域的礦產及海貝資源

圖 3.4 ｜ 簡單的牛車模型和沒有文飾的金器

隨著農業和手工業的發展，商業貿易也發展起來。不僅在印度河流域（包括了薩巴爾馬提河流域）本土內的各個區域間有經濟的來往，河谷與西亞也有一定的貿易關係。一些印度河流域古城市文明的印章和印文，被發現於兩河流域地區，印證了兩地的商業來往，因為當時的印章是物品、物主與數量的憑據或記錄。它們印證了印度河流域所需的黃金、銀和銅、綠松石、青金石和白雲母等主要是由鄰近的南印度、阿富汗或伊朗輸入。這亦與兩河流域及埃及要仰賴於大量遠途貿易以取得這些物產，有明顯的不同。

　　考古資料證實了當時已有二進法和十進法等度量衡制度，而且它們是在整個古印度河流域內實行的統一的度量衡（圖3.5）。在多個距離數百公里的城市內也建立了發達的廢物處理系統，包括有蓋板的排水系統和傾倒垃圾的斜槽，顯示出這古城市文明擁有強大而有力的管理體制。

　　印度河古城市文明最著名的工藝品也許是已經出土了的超過30000個印章（如前述，它們的主要功能是貿易及物品的憑證）。它們通常以塊方形的小滑石製成（1×1英吋），每個印章都包含了圖像和象形文字兩個元素。圖像包括了印度常見的動物，如象、虎、犀牛和羚羊，亦有幻想或拼合而成的動物，及少量雕刻人形（圖3.6）。但到目前為止，仍只發現了十分少量的古印度河石質雕刻工藝品，它們通常是些個體很小的人像或神像。其中最突出及最著名的乃一尊被稱為「祭司王」（Priest-King）的小型石雕人像（約6.9英吋高，圖3.7）。它被認為是印度河古城市文明中的一個王者的半身雕像，並被一些學者引伸為在這個古文明中王權或神王的存在。但它的雕工與造型與其他在這個文明的遺址中已發現的所有石人像或陶人像 —— 如大量的母神像（Mother goddess）相比，風格都迥異，而其手工又比它們細緻高超很多（圖3.8），似乎更像是從外面進口的工藝品（它出土自城市商貿區一個商人家或貨棧，亦可作為佐證）。並且，至今為止，在整個地區被發現的同類物品只有它一例，假如此文明的領導者有留下刻像的習慣，在這文明長達千年的歷史及已有十多個發掘了的城市遺址中，這是不可能的。從雕像風格、髮型、頭飾和服裝上的花紋與式樣看，相信此像有可能來自兩河流域或伊朗（圖3.9），與印度河文明無關。此外，也發現了很多動物和人的小型赤

圖 3.5 ｜ 統一的度量衡：秤與權重

圖 3.6 ｜ 印度河印章圖案

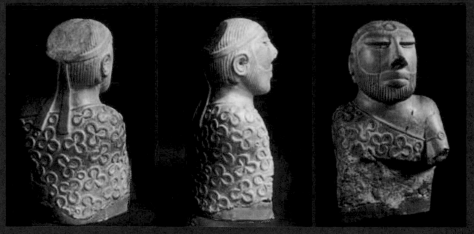

圖 3.7 ┃ 祭司王半身像（資料來源：巴基斯坦國家博物館）

圖 3.8 ┃ 造型粗劣的母神像

圖 3.9 ┃ 同期兩河流域地區人像和（較早的）
薩爾貢頭像。頭飾和造形與「祭司王」近似。

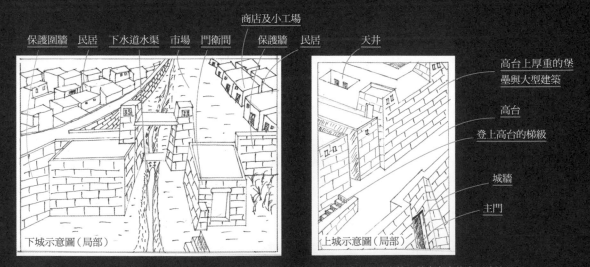

圖 3.10 ┃ 用標準燒結磚建造的城市：（左）下城的城門及其下的排水渠；（右）衛城高牆及其高台上的大型建築。

陶雕像，都是粗製濫造的，是一般玩具或一般家庭祭祠的用物。

正如前述，已發現的印度河古城市文明的文字主要被保存在用石、陶、象牙等材料製成的印章上。此外，在陶器和金屬物品上也發現了一些近似銘文的刻劃符號。迄今所知道的不同的刻劃符號約有 500 多個。在印章上一般是文字與圖畫（神、野獸）並見，文字多為單行的，而且很短，最多不超過 20 個符號（圖 3.6）。這些符號有些是發音符號，有些是表意字。這種文字目前仍在解讀中，但並無大進展。

賴特（Wright，2010）認為：城市是古印度河文明的身份核心。它包括了哈拉帕和摩亨佐－達羅兩個大城市以及 100 多個較小的城鎮和村莊。從兩大城市的遺址看，它們的規模都相當龐大。這些城市在當時是非常獨特的，因為它們都是按照一個預先定下的中央規劃而精心建成的。市內街道佈局整齊，並以縱橫相交為主，換言之，城市佈局呈格子型，由寬闊的主要街道環繞著長方形的大街區。房屋一般以耐用的燒結磚建造，有的分間出多個大廳和房間，並都設有良好的排水設備。古埃及留存下來的建築物用的是石頭，兩河流域的建築物用的是太陽曬乾的磚，而印度河古城市文明的城市的建築物卻是用窰燒成的磚所建造的。令人驚奇的是在整個印度河流域內，做磚的模子只有兩種標準尺寸：即 11×5.5×2.5 英吋和 9.2×4.5×2.2 英吋。如此整齊劃一的佈局、有條不紊的組織、統一的標準建築構件，似乎遍佈整個印度河古城市文明區域。（圖 3.10）

從考古資料的分析，我們了解到這一古城市文明於公元前 2600 年左右達到成熟期，在之後的 600 年中，它實際上是處於靜止不變的狀態，即城市的結構、房屋的大小和風格數百年不變。而且，考古資料證明每當它的城市在遭到洪水毀滅性的破壞後，重建後的新城市總是造得跟原來的城市一模一樣，因而有些城市在原址上經歷了六、七次的重建或大規模的水災破壞後的修復。

正因為如此，關於印度河古城市文明的來源問題，一直成為考古學家與歷史學家爭論不休的謎：它到底是土著文明，還是外來文明？

3. 印度河古城市文明特色

3.1 缺乏王權證據的特殊的城市文明？

從上述所指出的文字的出現，城市普遍的存在，在廣大區域內出現的統一的度量衡和藝術形式，發達的手工業和營造技術，區間貿易與經濟交流的頻繁，與西亞遠途貿易的展開等，都顯示了一個高度發展和高效率的管理體制，及社會複雜分工的高度發達的古文明在印度河流域的存在。換言之，印度河文化在哈拉帕成熟期經已是文明社會，這即是說：印度河流域自公元前 2600 年起已跨進了文明的門檻。

然而至今為止，已存在的考古資料並不能充分顯示在印度河古城市文明是否有王權的存在。我們亦未能確知一些界定古文明所需要的參考數據，包括：它的社會階層的大概狀況、宗教的狀況及其影響力，和戰爭的情況和作用等。目前能掌握的資料甚至不足以使我們弄清楚：在這個廣大區域裡的是一個廣域國家，抑或是眾多的城邦國？

在王權是否存在的這問題上，我們最沒有確切答案，因為在這個古文明的多個已發掘的城市遺跡裡，至今仍沒有發現王宮或近似王宮的建築，也沒有發現王墓及誇耀王者的其他痕跡，如石像或雕刻。前述的「祭司王」雕像只是過千件人型形象中的唯一一件精美的雕刻，但它並不出土自摩亨佐－達羅的衛城，而是被發現於下城的一間非宗教建築的民居內。它的造形與身上的衣物風格，如前文所述，流行於同一時代的兩河流域南部地區。而且，同一房屋也發現了兩河流域風格的陶器。這間房屋被解讀為是一個商人的住宅，因此「祭司王」雕像可能來自兩河流域。無論如何，目前大部分學者都認為「祭司王」與宗教無關。

與王權興起和存在有密切關係的軍事力量，一般來說都會普遍地體現在重大考古遺存及其出土的文物中，如古埃及的調色板上的和蘇美爾銘刻上的帝王形象與戰爭場面等。甚至是在中國的龍山時代，城市城門旁的大量青銅箭鏃及兵器，都明顯地展示了王權與軍事的存

在。然而，在印度河古城市文明的十多個已發掘和部分正在發掘的城市裡，不但沒發現王者形象，也沒有士兵形象及戰爭場面（在幾個印章中出現了頭戴牛角冠的人，亦有學者認為這人就是王，此外亦有一個有執矛打獵的形象，圖3.11）。除了投擲用的石或陶製圓塊和三角塊外，在印度古城市文明的城市中，只發現小量的石箭鏃及矛標頭。但它們都很細小，也有可能只是一種工具而不是用於作戰的；更沒有刀和劍這些在青銅時代同期的古城市文明中普遍存在和使用的武器。

對於印度河古城市文明城市的城牆及牆上的看似敵樓的設施，亦引起了與戰爭或防禦敵人無關的解讀。這古文明的主要城市都設有衛城（citadel），而且衛城都建在城市中較高的小丘上（圖3.10）。衛城同時也是城市最早興建的部分，並且都先建造以燒結磚壘高的台階，然後再圍以厚牆。衛城內的建築主要是公共建築、大浴池或火祭台及公共空間，住宅則較少。城市的居住、商業及手工業活動都集中在衛城旁邊的下城（lower city）。這個「雙城」結構成為古印度河城市文明的一大特色（詳見下文城市案例）。它顯示出城市中最早建成的衛城可能是為了防犯洪水而建的，它不但位於城市最高點，而且有燒結磚造的台基。亦因為地基較高和堅固，因而較安全，城市的公共建築及主要宗教設施都被放在這裡；而衛城內較開闊的公共空間，在古印度河嚴重的氾濫期間亦可能為下城居民提供了避難之所。考古學家亦在主要城市的衛城都發現了有洪水毀滅過的痕跡，這些痕跡同樣地出現在原址上多次重建的磚牆上，印證了衛城與防禦洪水之間的關係（詳見下文城市個案）。

3.2 多元的宗教和缺乏宗教精英階層

印度河古城市文明令考古學家驚訝的另一特點是它的城市沒有如埃及和蘇美爾等古城市文明一樣擁有大型的神廟，以及明確的神靈形象，更沒有資料顯示由宗教人士或祭司們形成的精英階層，甚或成為主導社會的力量。大城市如摩亨佐－達羅和哈拉帕的衛城上的大浴池，以及一些中小城市如洛塔爾（Lothal）和卡里班甘衛城內的火祭壇（見下文），固然是有宗教意義的，甚或是與之後的印度教的潔淨要求和伊朗拜火教

圖 3.11 ｜ 印章中疑似神或王的形象

未能解清的文字

戴牛角冠的神？

戴牛角冠的祭司？

未能解清的文字

祭祀的儀仗？

圖 3.12 ｜ 住宅區小街及標 磚砌造的房子

有關，但由於城市和農村的一般住宅內很多時都有神龕，及發現泥或陶製的各種偶像，包括出土最多的母神像，似乎說明了在印度河流城內，並不存在一個統一的有世俗組織架構的宗教。有學者對 1980 年代已發現的印度河古城市文明的 1755 枚有圖像的印章進行分析，發現刻有和印度後來宗教有密切關係的牛形象的印章只有 155 枚，但絕大多數印章，即 1159 枚，卻刻有一種神秘的獨角獸（見圖 3.6）。後者和印度後來的宗教沒有任何特殊關係（劉欣如，1990），進一步印證了古印度河流域人種來源的多元，其宗教的多元性以及它和其後的印度文明並沒有明顯的關連。

3.3 高度均富的社會

米拿（Miller, 1985）指出摩亨佐－達羅的房屋都按照劃一設計，以一個庭院或空地為中心，其三或四邊是房間，主門避開主街，開向屋角的小巷，私隱受到保護（圖 3.10，3.12）。他又引述了一個在 1979 年對該市已發掘的 112 間房屋進行的調查，發現房屋的大小差別不大，只有 7 間超過 150 平米，14 間最小的也在 50－80 平米。他推斷房屋的大小似乎是和家庭大小而不是和財富相關。其他的房屋如店舖、手工業作坊和公共建築，亦多與民居雜處。住屋內的物品也幾乎是一致的，就算是屬於貴重的銅器及金銀裝飾品，在衛城及下城都有分散的發現。器物，包括貴金屬製造的，都以實用為主，設計劃一和少有紋飾（見圖 3.4）。

同時，在城市裡，水井、浴室和廁所等設備，幾乎每間住房都有（見下文）。正如塞冼那（Sarcina, 1979）所說：古印度河文明高質素物品分佈的普遍性，指向了一個高水平的福利社會，這個社會總體上缺少奢侈品，亦沒有明顯的人剝削人的證據。在這個文明，墓葬內的陪葬品也近乎一致，而且至今仍未發現如王墓一樣的大墓。對出土的屍骨的醫學分析的結果也說明了當時居民的食物的豐富和一致性，沒有發現營養不良現象。

基於上述，麥金托什（McKintosh, 2002）結論說：在印度古城市文明的社會裡沒有任何人缺乏生活的基本所需；同樣地，高質素的物品都

在不同的城市或鄉村家庭中出現；鮮有集中或存在精英階層的痕跡。如此一貫、長時間地連續，近乎統一、規整的而近乎沒有戰爭及非常平等的社會，世上似乎從來沒有經歷過，即使在古埃及也沒有。因而，學界對此產生這樣一種假說：控制這一紀律嚴明的社會的也許是一種精神上的力量。但是，這一切畢竟只是推測，而且，在發掘更多的古城遺址，並能釋讀印度河流域的文字之前，這樣的結論始終欠缺足夠的證據，只能是屬於一種合乎邏輯的猜測。

4. 城市化與城市特色

4.1 城市化及其城市分佈

　　印度河古城市文明一直受到生態環境和氣候變化的影響，特別是受到灌溉農業用水的主要來源及主要運輸通渠的印度河和古薩拉斯瓦蒂河河道變化及水位高低的影響。自 1922 年對印度河古城市文明遺址的首次發掘起，至 1999 年，在這個區域及其周邊已一共發現了遺址 1056 個，其中已發掘的共 96 個。之後，新遺址續有發現，到 2014 年，已發現的遺址數增至約 2000 個，包括了近年才發掘的大型城市遺址拉基加里（Rakhigarhi）和甘衛里華拉（Ganweriwala）。然而，由於印度河數千年來的氾濫及古河薩拉斯瓦蒂的乾涸，很多哈拉帕聚落已被深埋河床下，或已被信德沙漠（Sindh Desert）和拉賈斯坦沙漠（Rajasthan Desert）所覆蓋，我們難以估計該文明的真正覆蓋範圍及其較詳細的原貌。我們在以下只就目前考古所得以推論其大概。

　　在印度河流域已進入文明時代時，即哈拉帕成熟期（公元前 2600－前 1900 年，見表 3.1），在該地區的核心地帶逐步形成了以城市為核心的四大經濟區或經濟圈（圖 3.13 的①②⑤及⑥）。每個經濟區由三個圈層組成。第一圈層或中心區在功能上以商業和手工業活動為主，它主要是個城鎮地區，包括了印度河古城市文明的主要城市如摩亨佐－達羅、哈拉帕和它們附屬的手工業村鎮。第二圈層乃沿岸及在河谷氾濫範圍內的農村地區，其中以克格爾河（Ghaggar-Hakra，即舊薩拉斯瓦蒂河中游）兩岸的村落最稠密，在那裡 60% 的農村建成區面積小於 50 公頃，25% 在 5－10 公頃間。它們一般坐落在河邊，其農牧範圍伸展不超過 8－10 公里之遙。由於地下水位高，它們的農業並不一定需要依賴河水，地區的考古工作亦找不到大型灌溉系統的痕跡。這裡的農耕技術落後，使用的工具仍以石製為主，以這種技術難以開發「河間區域」的灌木和叢林。第三圈層包括「河間區域」的灌木叢、草原及邊遠平原，這裡的經濟以

牧獵為主，有些附以少量農耕。這圈層內少有固定居民點，多是營地式遺址，人口流動性大，與邊沿山區森林狩獵採集部落屬於同一群人。

這四大經濟圈分別構成了四個區域性的聚落群（圖 3.13，3.14）：

東部聚落群

這個聚落經濟圈位於古薩拉斯瓦蒂河中上游河谷，約今天印度的哈利亞納邦（Haryana），包括了現今成為印度河支流的蘇特累季河（Sutlej）。（圖 3.14 中的①）這裡農牧礦業都發達，聚落眾多，不少已是城市規模。區內在 1963 年發現了一個大城遺址，1999 年開掘時估計規模為 80 公頃，但在 2014 年發現鄰近兩個土丘亦屬城市的一部分。目前估計這個大型城市的總面積達 350 公頃，是目前已知的印度河古城市文明的最大城市。圈內已發掘了多個中小型城市，如魯帕爾（Rupar）、班納華里（Banawali）、米達度（Mitathal）、卡里班甘等。

中南部聚落群

此區包括了印度河五大支流滙合地區和克格爾河河谷（圖 3.14 中的②）。今天這裡大部分已成為焦里斯坦沙漠（Cholistan Desert）的一部分，但當時是個重要農業區，也是印度河古城市文明居民點最密集的地區。區內的拉賈斯坦有重大銅礦資源，提供重要的生產資料和貿易商品，因此在克格爾河兩岸有眾多不同的按專業分工的手工業市、鎮及村。該地區的主要城市是甘衛里華拉（80 公頃）。

北部聚落群

位於印度河上游的巴基斯坦的旁遮普省（Punjab），這裡的天氣乾旱，是個牧區，農耕只局限於河岸地帶，是以區內固定聚落稀少（圖 3.14 中的③）。在印度河古城市文明早期及繁榮期（公元前 3000－前 2000 年）時，旁遮普每年有 200－700 毫米的穩定降水，因此其北部森林茂密。區內西部的蘇來曼山脈和東北部小喜馬拉雅山的礦產也很豐富，因而在這些邊緣地區有多個城鎮。哈拉帕是個面積 150 公頃的大城市，並且於整個哈拉帕時期存在。它控制及收集西北森林資源和礦產並將之送至河谷中、南部加工，因此是個物資集散地，為整個古印度河流域服務。

圖 3.13 ｜ 印度河古城市文明分區

圖 3.14 ｜ 印度河古城市文明城鎮群

中部聚落群

位於印度河下游，包括了周邊的平原和河口三角洲（圖3.14中的④）。在這裡河流沉積了肥沃的沖積土，是個重要農業地區，又因臨海和連接山區，也是個貿易樞紐。區內出現了一個成熟的四級聚落體系：大都會摩亨佐－達羅（250 公頃）；中型城市如儲達佐－達羅（Judeir-jo-Daro, 25 公頃）；小型城市，如昌胡－達羅（Chanhu-Daro, 4.7 公頃）、阿姆利（4 公頃）及貿易小鎮如阿拉甸努（Allahdino, 1.4 公頃）等。區內最近又發現了 5 個各相距 30 公里的 100－220 公頃的大城市，但仍未展開發掘，若它們被證實，將會改寫整個印度河古城市文明的城市化及城市概況。

除了上述四個核心區外，在印度河古城市文明範圍內還存在兩個邊沿區：

南部聚落群

這包括了古吉拉特邦（Gujarat）的喀奇島（Kutch Island）及索拉什特拉半島（Saurashtra Peninsula）（圖 3.14 中的⑤及圖 3.13 中的⑥）。這是個嚴重乾旱區，但石材和海岸資源（如貝殼，海港）豐富。最大城市杜拉衛華（Dholavira, 100 公頃），就是用石頭而不是燒結磚建造的。這裡也出現了一個四級城鎮體系：最大城市之下是大城市如溫帕爾（Rangpur，25 公頃）、小城市如洛塔爾（Lothal，4.8 公頃）及索谷達它（Surkotada，1.4 公頃）以及貝殼手工業鎮（那卡施華，Nageshwar）及海港（華卡，Dwarka）。

俾路支斯坦及馬克蘭（Makran）沿海

在俾路支斯坦部分的山中平地及主要山口有人口稠密的農村和較大聚落，但在大部分地區人口稀少，主要是以狩獵和採集為活的流移人口。（圖3.13 中的③、④）其中較大的聚落有連度華里（Nindowari，50 公頃）、帕法尼搭（Pathani Damb，50 公頃）、牛沙努（Nausharo，5 公頃）、古里（Kulli，15 公頃）等。在馬克蘭沿海地區（圖 3.14 中的⑥）則有一連串與波斯灣西亞地區貿易的沿海商站，如索特卡科赫（Sotka

Koh，16 公頃）及巴拉角（Balakot，2.8 公頃）。

對於上述城市群的屬性，克諾耶（Kenoyer, 2014）判斷它們有可能實際上是不同的城邦，即每個領土面積在 10－17 萬平方公里的邦國；而兩個邦國的都城之間的平均距離為 280 公里。與此相比，兩河流域城邦首府間的距離則只有 20－30 公里。不過麥金托什（2002）則覺得整個印度河古城市文明地區是一個統一的單個個體。換言之，它是一個龐大的廣域國家而不是眾多的邦國或一個邦國聯盟。他推論說：在這個大國內，不同級別的城市由相應等級的僧侶負責稅收、工商業及城市管理等工作。

4.2 城市化率及城市類別

有些學者如納威德（Naveed, 2014）認為印度河古城市文明與兩河流域及古埃及是世界三大古文明，它當時擁有了世界上最大數量的城市，同時摩亨佐－達羅也是世界上最早建立的城市等。我們認為這些都是言過其實。摩亨佐－達羅的出現遠遠晚於中國、埃及和蘇美爾的最早城市（見本書有關章節）；而在同一時期的中國龍山時代，已發掘出的城市達 60 個。到 2014 年已發現，包括未證實的印度河古城市文明的古城市，總數只有 35 個，包括了只有 1－4 公頃的小手工業或作坊集鎮及小商站，而大半數遺址至今仍未被發掘。

我們以每公頃「城市」遺址有人口 400 人的標準，估計出在印度河古城市文明的高峰期（約公元前 2200 年，即中國龍山晚期）其總城市人口為 68 萬人，相對於不少學者認同的印度河古城市文明高峰期總人口達 500 萬（主要是農村或農牧業人口），它的城市化率為 13.7%。當然，我們這個按已知遺址數量的估計是明顯地偏低的。因此，絕大部分的這個古城市文明的人口，以目前考古資料作為分析基礎，都屬於農村及遊牧採集人口。我們初步認為：印度河古城市文明的城鎮化率或可達 20－30%，比同時期的兩河流域或埃及的城市化率要低很多。

已發掘的城鎮的資料亦為我們提供了初步有關不同城市的功能及其在全國城鎮體系中的位置的資訊。表 3.2 列出了印度河古城市文明的一

個 6 個等級的城市分類。表中顯示哈拉帕可能是國都，摩亨佐－達羅應是全國的宗教和經濟中心，拉基加里、甘衛里華拉和杜拉衛華是重要區域中心（但拉基加里的發掘仍剛開始，隨著出土資料的增加，對它的城市性質的估計可能需要調整）。前三類都是面積超過 80 公頃和人口 3 萬以上的大城市。其他三類分別為區域中心（面積 25－50 公頃）、面積小於 25 公頃的工貿中心及細小的地區行政中心。

表 3.2 印度河古城市文明的城鎮等級

級別	城市（例）
1. 國都	哈拉帕
2. 全國宗教及經濟中心	摩亨佐－達羅
3. 重要區域中心	拉基加里、甘衛里華拉、杜拉衛華
4. 區域中心	卡里班甘
5. 工貿中心	洛塔爾、昌胡－達羅、索特卡科赫
6. 地區行政中心	阿拉丹努

　　從已發掘及文化層保留得較完整的數個城市所揭示的資料看，印度河古城市文明的城市的始建和發展基本是在整個文明地區同時發生的，只是它們的衰落時期的具體時間並不一致，出現了北方城市衰落期來得較早，南方城市則較遲的現象。這一現象與兩河流域先在兩河南部的蘇美爾，及古埃及則在上埃及地區先出現城市文明的經驗不同。後二者都經過數百年的征伐才將文明擴展至更大地區，並最終達致統一的廣域帝國，體現了與中國同樣的大河河谷文明史進程的近乎一致的規律。與此相反，印度河古城市文明卻能夠在這麼廣大的地域的不同地區，同時同步的發展，其背後的原因仍然是個謎。同時，根據考古資料分析，當印度河城市高速發展時，它的農村聚落也在高速增加，說明了它的城市的出現及城市人口的增加並不一定是來自農村的移民。換言之，它的城市化並非是傳統的「推力」與「拉力」的相互作用，此亦與兩河流域的經驗不同。

4.3 城市規劃、基建與建築特色

　　印度河古城市文明的城市多以衛城為中心，與下城或主城區形成了一個「雙城」形態的城市。兩個城區的街道都基本上呈網格狀分佈；衛城有大浴池、私人浴池及公共會所。全市亦發現有劃一的市政建設，包括了上下水道、市場、作坊、儲存區、民居和一些似乎是公共集會式或舉行大型禮儀活動的設施等。每座民宅都是圍著一個院子建成的，擁有幾個房間、一間廁所和一口水井。建築物所用的基本材料是從燒木頭的窰裡燒製出的耐用土磚 —— 高質建材，燒結磚。具體而言它們有以下特色：

　　一、城市佈局以東南西北四指針方位為依賴，南北向是城市主軸，這與當地盛行風向和日出方向有關，亦和我國古代城市突出指針方位和南北中軸線一致；

　　二、城市建在土丘上，成「雙城」結構，即分為衛城（又稱上城）和主城（又稱下城）。衛城處於西面較高的土丘，立於用燒結磚造成的台基上，並被圍以厚牆。衛城的始建時間最早，而且多在原址不斷地重建（因被水毀重建），導致形成目前的高丘遺址。城市的大型公共建築都集中於衛城內。下城一般與衛城分隔，位於一至數個較低土丘上，是城市的主要工商業和居住區。下城的每個土丘也都有厚牆圍著，牆中有門樓和近似敵樓的防禦設施（見圖 3.10）；

　　三、城市街道成格子狀，多呈東西及南北走向，街巷寬度劃一，其中主街 8−10 米寬並由它們把城區分為多個街廓；

　　四、每個街廓都有公共空間、市場、手工業及大小住宅；

　　五、每條街巷都有承接來自兩旁屋宇廁所及浴室污水的下水道，它們被接駁至主街的主管道（用磚蓋蓋上以便清污），形成全城系統；最後這些主管道便把污水排出至城外河道（圖 3.15，3.16）；

　　六、水井與衛生設備：大部分的房屋都設有水井，其旁多是浴室。浴室的排水道與廁所的污水道是分開的；幾乎每套住房都有廁所，一些並且有坐廁（圖 3.15，3.16，3.17）；

　　七、房屋：農村的房屋以土磚建造，但城市建築都用燒結磚（南部的杜拉華里用石塊，是例外）；正如前述，住房設計劃一，有中庭，在主街不開門窗，私穩甚高；房屋可一至二層高，每屋有二至六間房（圖 3.12）；

圖 3.15 ｜ 房屋遺址：廁所與下水口

圖 3.16 ｜ 房屋遺址：浴室與下水口

屋內水井

排水溝

圖 3.17 ｜ 磚砌的水井和排水溝

八、城市都具有顯眼的主要大型及重要公共設施，如大浴池、大糧倉（目前主流意見是宗教設施）、火祭壇、公共會堂及大型公共空間。這些建築主要集中在衛城，其中大浴池和火祭壇並不在同一城市共存，可能反映了不同城市或有不同宗教信仰。雖然摩亨佐－達羅及哈拉帕的大糧倉推論已被推翻，它被認為是個宗教設施或工人宿舍，但最近在拉基加里的考古卻發現了一個仍有部分糧食痕跡的糧倉（見下文）。

有關在印度河古城市文明中，衛城的性質及其城牆是否主要是為了體現防禦功能這一問題，上文經已提及，我們在此再根據已發現的建有衛城的 14 個城市的資料作進一步探討（見表3.3）。對表 3.3 資料的分析顯示：一些面積不到 5 公頃，人口只有一千數百的小聚落都設有衛城。加上在這些古城市中被發現的武器十分稀少，和城市遺址上完全沒有戰爭或士兵形象的遺留，可以推斷這些古城市似乎沒有外來武力的威脅，並沒有因防禦理由去花費如此大力以建築衛城的道理。因此，我們同意一些學者的分析：衛城的建造是為了防洪及在特大洪水到來時，作為全城的最後避難處。南部三角洲的古城杜拉衛華城的超大型儲水池（見下文），更加強化了印度河古城市文明對印度河洪水氾濫的愛與恨。他們將洪水的管理放在城市的生存與發展的基本考慮的最高位置上，並且是先建衛城，其後才有城市，即在衛城之後才建築城市其他部分。而且衛城的高台及城市圍牆都出現了多次原址重建的痕跡，顯示古印度河沿河城居民歷時悠久的與洪水的不懈鬥爭。

表 3.3 已發現有衛城的古印度河城市

城市	建成區面積（公頃）	估計城市人口（千人）	所在區域
摩亨佐一達羅 Mohenjo-Daro	250	100	中
哈拉帕 Harappa	150	60	北
拉基加里 Rakhigarhi	350a	140	東
甘衛里華拉 Ganweriwala	80	32	中南
杜拉衛華 Dholavira	48-100*	20	南
索特卡科赫 Sotka Koh	16	6.4	南
班納華里 Banawali	16	6.4	東
卡里班甘 Kalibangan	11.5	4.6	東
米達度 Mitathal	9	3.2	東
洛塔爾 Lothal	4.8	2	南
蘇特卡根多爾 Sutkagan Dor	4.5	2	西
巴拉角 Balakot	2.8	1.2	西
索谷達它 Surkotada	1.4	0.5	南
德沙帕 Desalpur	1.3	0.5	南

* 估計面積，絕大部分仍未發掘
100 公頃乃包括儲水塘面積

5. 城市案例

在已知的印度河古城市文明的城市中，最早發現的哈拉帕城的衞城因為受到盜磚而被破壞得較大，而最大城市拉基加里城及重要區域中心甘衞里華拉城目前仍只有小部分城區被發掘，我們對它們所知不多，甚至它們叫甚麼也不知。目前，考古學家對後者（包括已發掘的）只能按發現地的現在地名或本地人對它們的稱呼來命名，因此不少是以當地方言「死城」或「死亡之丘」為名的。我們在上述已提到在拉基加里已發現了共 9 個土丘，這個古城因而可能的總面積在 350 公頃以上。目前考古學家已在拉基加里其中的一些土丘上發現了排水系統、雨水收集和儲存系統、大型的糧倉，有 3000 多塊未加工的寶石料的黃金工場，銅作坊、大量的陶磚、人像、玩具、權重、印章、陶器、珠寶以至棉布痕跡等遺跡、遺物。預計拉基加里的城市考古將會大大豐富我們未來對印度河古城市文明的城市的認識。我們在此節選擇了目前已發掘較多及考古資料較多的五個古城市作為案例。

5.1 摩亨佐－達羅

摩亨佐－達羅位於印度河下游今天巴基斯坦的信德省（Sindh），屬印度河古城市文明最早開發的核心區。由於是印度河流域與西亞交往的主要通道：即接近波倫山口（Bolan Pass）、俾路支斯坦南部沿海平原及阿拉伯海沿海港灣，它負起了把多種來自印度河河谷和西亞及阿拉伯半島的資源及產品集中及重新分配的功能，並控制了河谷南部地區的貿易，成為這個古文明的最重要的經濟樞紐，它是中部聚落群的主城（見圖3.13，3.14）。

這個古城是在 1922 年發現的，自 1945 年開始至今一直未停發掘，是發掘時間最長的印度河古城市文明遺址。更因為它沒有受到太大破壞，遺址較完整地保留了古城原貌。其文化層由始建的公元前 2600 年

至城市已走下坡的公元前 1700 年，基本上保留得很完整，可以充分體現印度河古城市文明的各階段的城市狀況。城市是按已定的完整規劃建造的，並採用了標準規格的燒結磚作為建築材料。整個城市的建築和規模，比較早被發現的哈拉帕城更為壯觀，是印度河古城市文明的典型城市。城市分為衛城和下城兩部分，總面積約 250 公頃；城中居民總數估計在發展峰期時有 10 萬人（圖 3.18）。

衛城較小，面積只約 8 公頃。它位於高出目前的洪氾平原 18 米的台基上，有高厚的磚牆，形成城堡，並曾經被重建過 7 次。衛城的四周有看似防禦性功能的塔樓。衛城的中心建築物是一個大浴池。後者包括了浴池本身、周圍的廊柱通道及其背後的眾多房間。這組建築亦可能是個公共聚會處，或是為了履行某種宗教儀式所使用的場所。在大浴池的東面有另一組建築，其中有很多小房子及一座很大的長廳，考古學家稱之為「書院」（College），但其真正功能或用途仍難確定。大浴池的西面的一組建築被稱為「大糧倉」，因為在其中發現了可能用於搬運糧食的木樓梯或斜道。但由於沒有發現任何糧食的遺痕，其功能仍被存疑。衛城南部另有一組建築物，其中心建築是個會議廳。總之，在衛城內的這些主要的建築明顯都不是王宮、住宅或民居，它們亦是在這城市的其他地區找不到的。它們集中在衛城並與下城分隔，而進出衛城又似乎受到控制，我們有理由相信衛城是個以公共功能為主的特別城區（圖 3.18）。

在下城內，街道很整齊，都是南北及東西走向的，主要的大街寬約 10 米。街坊裡房屋主要用燒結磚砌成，而房屋都是高質素的。它們的大小、高低和屋內設備差別不大，都有排水設備、廁所和浴室。浴室多是設在一個比樓面稍高的微微傾斜的平台上，令污水可以自然地流入排水渠。房屋的設計劃一，大抵有兩種類型。多數屬於中小型的，平均面積 97 平方米，大型房屋只有 6 套，其中 5 套平均面積 183 平方米，另一套為 130 平方米。大型房屋全都位於下城區。最令考古學家驚訝的乃一個貫穿全城的完整的排水系統。位於房屋二層的沖洗式廁所的污水可經由牆壁中的土管道排至街巷的下水道；有的房屋還有穿過屋壁用以傾倒垃圾的垃圾管道。從各房屋流出的污水，都先在屋外蓄水槽內讓污物

衛城

下城

DK-G
Northern
Section

Jewelry
Trench E
Block

DK-G
Southern
Section

DK-C Area

DK-B Area

Site 3

書院

「大浴池」

SD Area

Site 2

「大糧倉」

後期印度廟

DK-A Area

VS-A Area

柱廊大殿

Moneer Area

L Area

ACC Area

VS-B Area

HR-B Area

HR-A Area

GFD Area

北

0   米   100

圖 3.18 ｜ 摩亨佐－達羅平面圖

排污渠

集水坑道

圖 3.19 ｜ 排污渠出口與集水坑

圖 3.20 │ 大浴池（中）及倉庫（左）

沉澱（圖3.19），再流入有如暗渠的地下水道。而地下水道縱橫交錯，遍佈整個城市。在市內已發現700個水井，近乎家家戶戶都有（見圖3.17）。

在下城主街兩旁遍佈不同類型的手工業工場、市場及貨棧，其中一些亦有和民居混集。摩亨佐－達羅的手工業相當發達，這裡發掘出的金屬器皿有金、銀、銅、鉛和錫等製品，還發現了不少金屬製和石製的斧、矛、箭鏃、短刀、投石器，和用玻璃製成的裝飾品、陶製品等，其中有些陶器上還繪有動植物圖案。出土的還有大量的小雕像、骨刻和繪畫。其中護身符印章便有兩千多個。在下城也發掘出一較大廟宇，內有大量相同的印章和小型神像，它們似乎是崇拜者的供奉。此外，下城還出土了很多婦女小雕像及數個男子雕像，包括了前述的著名的「祭司王」像。婦女小雕像發現得特別多，可能因為那時代十分盛行女神崇拜。

5.2 哈拉帕

哈拉帕坐落在今天巴基斯坦的西旁遮普省的小村哈拉帕旁，因以為名。因為此乃印度河古城市文明文物的最先發現地，所以印度河古城市文明又被名為哈拉帕文明。此城位於摩亨佐－達羅城以北644公里，坐落於印度河上游的一個支流 ——拉維河（Ravi）的河岸，其周邊除了附屬耕地外，幾乎沒有任何古文明痕跡（見圖3.13，3.14）。考古學家認為它是個西北森林資源和礦產向印度河中下游轉運的樞紐。因此，地理位置和交通幹道（主要是水運）是它工商業繁榮的基礎。它是北部聚落群的主城，也可能是整個印度河流域廣域國家的國都。

最早發現這個古城市遺址的是一名印度殖民地時期的英國官員，時間是1826年。在1872年起已有人在地表上收集到一些陶器、石刀及印章等古物。但哈拉帕古城的發掘遲至1923年才開始。由於它的衛城受到鄰近新建的鐵路工程的影響，不少遺址上的古建築的燒結磚已被人挖走用以建鐵路部分路基，造成嚴重破壞。從文化層分析，古城在公元前2450－前2200年出現急速發展，到公元前2200－前1900年達到最大擴展。但自公元前1900起，因流經它的印度河支流開始乾涸，城市便走

向衰落。

哈拉帕城的總面積約 150 公頃，估計最高峰時的人口為 6 萬人。它的平面佈局和摩亨佐－達羅一樣：在西面的高地上的是衛城，東面較低的是下城（圖 3.21）。衛城面積 11 公頃，高出洪氾平原 12 米，分為 AB 及 F 兩個土丘或兩部分。南部較大的 AB 土丘四面築起高厚城牆，牆基厚 14 米，牆高 6 米；牆上每隔一定距離及在城門處都建有敵樓，但沒發現戰爭或統治階層的痕跡。城門門道兩旁設有哨崗或收稅人員的房間，其主門是西門（見圖 3.10，3.21）。在衛城的 F 土丘上有多組大型公共建築，包括了大浴池、兩個擁有 50 多個房間的建築（有學者解釋為大會議廳或統治者的宮殿或行政中心），和另一組由大糧倉、多個圓形工作平台和近似兵營的勞動者的宿舍所組成的建築群。但有關後者是個糧食儲存與加工區的推斷已被推翻，目前普遍認為這些是與宗教有關的一組公共建築。

下城的 E 區有全城最早建成的聚落遺址，屬哈拉帕早期（公元前 3300－前 2600 年，見表 3.1）。整個 E 區的文化層有 1 米厚、3－4 米高的城牆，並有東南二門。南門是主門，門內有公共空地以供處理課稅空間，由此往北是主街及市中心，兩旁有石器、銅器、貝殼及寶石等各類工場。區內街道寬闊，主街寬 8 米，呈棋盤形，以南北為主向。距南門約 30 米有一小丘，在其上發現了房屋、浴室、排水設備和水井，似乎是供商旅暫住的地區。東門外的 ET 區似乎亦屬於同樣性質。

水亦是哈拉帕城的生存關鍵。下城中部有一低地，考古學家認為可能是個大型的公共儲水池，提供飲用水及洗衣用水。可能因為這樣，在這個城市內已發現的水井並不多，目前只發現了 30 個。在哈拉帕城兩處也發現了完整的有蓋的排水主渠。水渠用磚砌成，渠兩側鋪的是磨滑了的磚（見圖 3.17）。

在各個土丘上有大小不同的房屋，每個房屋都有中央院落，一至二層高，窗戶很小，從街上難以望入屋內。不少房屋都有經歷過多次重建及重組的痕跡。有些房子結成一組，似乎供給多個家庭同住，但各自擁有自己的廁所和浴室。

河道

F土丘

今天城鎮

城牆

衛城

下城

等高線

AB土丘

E土丘

ET土丘

北

0　米　200

圖 3.21　｜　哈拉帕平面圖

5.3 杜拉衛華

　　杜拉衛華是印度河古城市文明在南方的最大城市（100 公頃），是南部聚落群的主城（圖 3.14 中的⑤）它的最大特色是在它的下城建造了十多個巨大水池用以儲水，這些水池的總面積比城區面積（49 公頃）還大。此外，因為此城市的基址是塊大岩石，城市便是利用基址的石塊築造而成的，不少大水池也是在基石上挖成的（圖 3.22）。它因而是已發掘的古印度河城市的特殊案例：是個石造的城市。

　　杜拉衛華城於 1967 年被發現，自 1989 年起至今考古學家已在其上進行了多次發掘。他們發現最早建成的乃衛城中的「堡壘」，它在公元前 2650－前 2500 年經已存在，但毀於公元前 2500 年的地震，但在震後不久被重建。衛城其他部分以及中城和下城都是在之後加建的（圖 3.22）。城市自公元前 2100 年起開始走向衰落，並在公元前 1900－前 1850 年被廢棄。考古資料顯示：自公元前 1850 年起有少數非哈拉帕文明的人口遷入，但城市在公元前 1500 年又再完全被廢棄。至公元前 1450 年才又重新有人遷入。

　　和其他印度河古城市文明的大城市相比，杜拉衛華顯得更有氣魄，其規劃更精細和有創意。規劃師利用了南面的主河道，在其上建築水霸以提高水位。在汛期，城市便引河水流入下城區的 16 個巨大儲水池，同時也可利用城北的河道以排出多餘的河水。這個辦法在同一時間解決了城市的用水、防洪與排水，又美化了城市，使它彷如一座「湖城」（圖 3.22）。城市周邊的沙岩資源亦提供了方便和合適的建材，使它建成了堅固的城牆和高大漂亮的城門（共有 17 個）。

　　城市在佈局上分為衛城、中城與下城三部分，各有一重城牆。衛城由「堡壘」及「行政區」（Bailey）構成，主門為北門，此門有一斜道通向北面的「大運動場」或公共集會空地。在 2014 年時有報導說在這裡發現了比摩亨佐－達羅大浴場大三倍的浴場，但詳細資料仍未公報。中城是城市發展第三期時所擴建，它包括了「大運動場」，及很多道路與大街廓。下城主要是巨大儲水池及農牧地。下城的居住區比中城小，多是小巷及小街廓，但也包括一些手工業區。

水壩

儲水庫

中城

下城

北門

公共集會區

行政區

堡壘
衛城

早期水庫

水壩

水壩

水壩

河道

北

0　米　100

圖 3.22 ｜ 杜拉衛華平面圖

在杜拉衞華城出土了很多青銅器、金和銅的飾物、貝殼飾物、銅製工具，各種寶石珠粒、石製品、陶器，大量印章和度量衡工具，印證了它是個貿易及工業城市。最特別的發現乃是一個長三米，用石塊拼成十個象形文字的牌扁，有說它們是城市的名字或標誌，但這些文字至今仍未能被解讀。

5.4 洛塔爾

洛塔爾是位於今天印度南部古吉拉特邦喀奇島上的一個古城市文明時期的小型作坊及商貿小鎮（見圖 3.14），是印度河流域邊沿的南部聚落群的一個海港工貿城市（圖 3.14 中的⑤）。在它最繁榮時，連城牆亦只有面積 9 公頃，人口約 3000 人。這個小鎮離海邊不到 5 公里，有運河通海，東面並有大型倉庫、船塢及船隻靠泊的內港（圖 3.23）。這裡發現了波斯灣地區的滾印、大型的珠粒加工和裝飾品工場，出土了不少石材、銅、寶石等半製成品或原料，還有大量的印章、漁鈎、矛、銼等用具。

鎮內仍有近半面積未被發掘，不過已知它在公元前 2450－前 2350年時是一個由底部 15.8 米、頂部 12.8 米的厚牆圍繞的小村，並在公元前 2350 年毀於洪水。它於公元前 2350 年起開始重建，這時的城牆加大加厚了，衞城及房屋都建在磚砌台基上。在公元前 2200 年它又再一次被毀於洪水，之後它又被重建，並把磚砌台基進一步加高。但小鎮在公元前 2000 年又再被特大洪水襲擊，之後便再沒有重建。相對於小鎮的人口及佔地規模，洛塔爾的城牆是大得不成比例的，而且它亦沒有門樓及敵樓，顯然此小鎮的巨牆的建築主目的是在防洪。

洛塔爾在平面上亦與大型城市一樣分為三區：衞城、下城與港口倉庫區。除了特殊的港口倉庫區外，它仍是採用了「雙城」的設計（圖3.23）。衞城位於中部偏南的高大平台上，內有與水井排列在一起的兩組小浴池，其功能及性質或許與哈拉帕其他城市的大浴池相同。衞城內亦有一套約 50 平米的大房子及兩間配有浴室的房子。前者相信是城市首長的居所。下城在東面亦可分成兩部分，南面是工業及商業區，有間大型的珠鏈工場，它有個中央大院和 11 間房間，一個加工窰、燃料庫

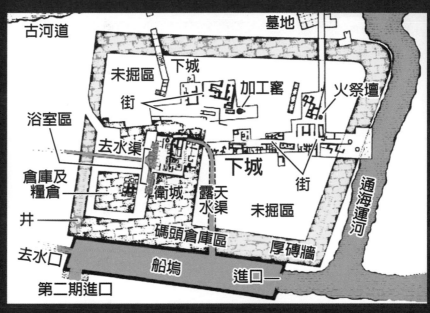

圖 3.23 ｜ 洛塔爾平面圖

和大量的原材料遺存。這裡還有製銅及製鐵工場，在中央主街兩旁有雙房設計的商店。下城北部主要住宅區，已發掘出約 20 套房屋、南北向主街以及在其西面的火祭壇（見圖 3.23）。

洛塔爾城的第三部分，亦是其特殊部分，乃是東部的港口倉庫區。那裡發現了一個人工港池，可以靠泊數艘船隻，其旁是個碼頭和船塢。在碼頭船塢後面有 64 個式樣一致的磚砌建築，已發掘了其中 12 個，出土了很多印章，證實是不同商品的儲存區。這個功能區說明了洛塔爾是個古印度河流域與波斯灣及阿拉伯海地區進行貿易的重要基地。

5.5 卡里班甘

卡里班甘位於今天印度拉賈斯坦邦北部，古薩拉斯瓦蒂河支流克爾格河的河谷（今已乾涸），距離新德里 310 公里。它是東部聚落群的一個區域中心（圖 3.14 中的①）在發展高峰時面積達 11.5 公頃，人口約 4500 人。遺址呈傳統的印度河古城市文明的規劃模式，分衛城和下城，並依循指針方向佈局，道路則是呈南北走向的格子型（圖 3.24）。它的重點乃在衛城之下發現了一個前印度河文明的有厚圍牆的聚落。這聚落與阿姆利、果德迪吉及與前哈拉帕並列為流域進入文明階段前的早期文化，因此它是目前已發現的在東部城鎮群中歷史最悠久的城市。

在哈拉帕早期（公元前 3000－前 2450 年）這個聚落佔地 4.5 公頃，其圍牆早期厚 1.9 米，重建後為 3－4 米。在城內發現了泥磚造的房屋及燒結磚造的排水渠、有 6 種花紋的本地特色的陶器、不同材料的珠粒及手鈪、玩具牛車及銅製工具等。另一重要發現乃在聚落之外，存在有同期的耕地痕跡。這一時期的聚落在公元前 2450 年可能因為地震而被廢棄一段長時間，因為在其地層中出現了中斷現象。

在哈拉帕成熟期後期（公元前 2300－前 1750 年）衛城被重建和擴大了，在其東面約 40 米之外亦建造了下城。兩者街道規整，都是在統一規劃下同時建造的（圖 3.24）。衛城又分為南北兩半，各有 3－7 米寬的城牆。南部按指針方位建築了 5－6 個燒結磚的平台，估計其上的建築應為宗教或典禮之用。只有一個建築已被發掘並得出較詳細

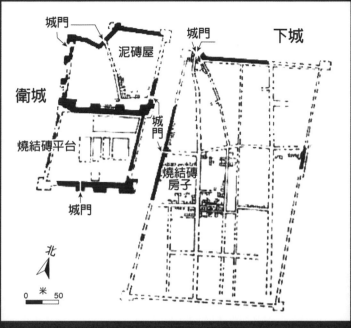

城門

城門

下城

泥磚屋

衛城

城門

燒結磚平台

燒結磚房子

城門

北

0 米 50

圖 3.24 | 卡里班甘平面圖（資料來源：M. C. Petersen）

資料，包括了一個水井、一個 1.5×1 米的方型火祭壇，和一列圍繞水井的共 7 個火祭壇。衛城北部似乎是個住宅區，但目前仍無具體資料。

下城區的城牆較厚，達 3.5—9 米寬，有東西二門。城區有 4 條南北主街及 3 條東西主街，它們將下城分成格狀街區。主街寬 7.2 米，小巷可窄至 1.8 米。北門有城樓，門內有寬闊空間，通過此空間後才與主街相接，這城門內空間可能是個市場。房屋都以泥磚建造。燒結磚只用於水渠、城牆、水井，及浴室平台。區內房屋平均每屋都有 6—7 間房，中有庭院，可能由 2—3 家庭共用。有些房屋有一口水井，有一些在其中一房間內有火祭壇。在下城東面不遠處有一圍牆建築，其內只有 4—5 個火祭台，可能是個宗教或祭祀建築。

在這城市內出土了很多哈拉帕時期的印章、度量衡工具、大麥及燕麥遺存，以及一個兩河流域的滾印。從建築材料及火祭壇在城中的普及等資料看，東部地區的城市除了擁有主要的印度河古城市文明的共性外，還有自己的地方文化特點，如在宗教方面就以火祭壇而不是大浴池為其特色。

卡里班甘自公元前 1750 年的衰亡，被理解為天氣的變化導致克爾格河乾涸，因缺乏水資源，人們被迫放棄這個城市而他遷別處。

6. 結論：對印度河古城市文明的理解及「大同社會」的推論

　　對印度河古城市文明的學術研究已經歷了近一個世紀，但它的文字仍未被解讀，而在其存在的約一千年悠長歷史中，亦竟然沒有留下一個主要領導人的畫像或證物（除了存爭議的「祭司王」）。正因如此，雖然這個文明仍可能有更多的古物古跡被埋在沙漠裡，我們現今對它的理解，相對於兩河流域、埃及，甚或同期的中國古城市文明，仍是非常的片面和不足。更因為證據的不充分，很多現存的有關這個古文明的論述都包含了一些大膽的推論，包括我們在這節的總結。

　　我們雖然不贊同一些學者，特別是一些印度學者的說法，認為印度河古城市文明的城市是世界上最早的城市，或者它是當時世界上城市最多的地區，然而卻十分清楚認識到印度河古城市文明有它偉大而獨特的地方。首先，它們因長期與迅猛而來的洪水氾濫的抗爭而營造了特有的厚圍牆及衛城，其東南部地區又因為降雨少的關係而產生了特有的儲水設施。也可能是這些費力而組織要求極高的大型治水、防水和用水（對水的管理的）工程締造了印度河古城市文明的文字、劃一的度量衡，和一致的規劃與建造標準，使它走進了文明的門檻，形成了這個古城市文明自有的特色，並為我們理解不同地區的古城市文明的出現提供了新的視角。然而有關這個古城市文明的性質和它的社會與統治模式，仍是眾說紛紜。我們先引述一些學者研究得出的有關結論，然後作進一步探討。

　　克諾耶（2014）不認同印度河古城市文明是突然出現以及它是源於兩河流域遷來的殖民的說法。他認為這是個由坐鎮於南北兩大都市的「祭司王」統治下的嚴格而劃一的文明，而它卻神奇地突然消失，並對其後繼的文明發展沒有留下任何影響。我們比較認同印度河古城市文明是土生的，因為從本章所描述的此古文明的各種特點看，難以找出它與

其他古城市文明之間的任何重大的共通點。當然，考古學界的主流亦已推翻了「祭司王」的存在。

目前考古學界最明顯的共識乃是對這古城市文明，特別是其城市建築與市政建設的高度發展，包括了對它的似乎非常平等及平和的社會的讚揚。比如羅奇（Roach, 2012）便有如此理解：「它的城市沒有宏大的王宮、廟宇和紀念性的大型建築。它亦沒有明顯的中央權威所在，沒有王或女王的蹤影。平庸、紀律及清潔似乎是全社會都擁戴的價值。陶器、銅或石製工具都按劃一標準設計。印章及權重亦顯示了一個被牢牢地控制的商貿體系。然而，我們在遺存文物中，如象牙、藍寶石、紅寶石和黃金珠粒，乃至建造城市的燒結磚，可以具體地觀察到這些古城市的財富和其發展水平。」詹森（Jansen, 1991）亦抱有近似的看法：「這些城市擁有了極高生活水平所需的一切設施，並且是為一個龐大人口而建造的。同時，它們沒有與極權神王甚或諸侯相關的王宮和紀念性的王陵及葬祭廟。更沒有任何一件標誌著統治者、神祇或祭司形象的紀念性雕刻被發現。」

對於印度河古城市文明有關宗教方面的看法，我們固然可從印章的雕刻看到一些神祇的或統治者的形象，如戴上「牛角冠」的人被認為是王、採用近似瑜珈坐姿的是印度神濕婆等的猜測（見圖 3.11）。但這些只不過是已被發現的三萬多枚印章中的幾枚。而有敘事內容的印章亦只有數枚，反映出這個古文明似乎並不重視歷史記錄。此外，我們從大浴池及火祭壇的普及性和分佈看，宗教似乎是這個古城市文明日常生活的一部分，但城市卻沒有任何遺存以指向當時是否存在極度集中的宗教權力與宗教精英。誠如麥金托什（2002）所說：「我們對印度河的宗教極難作出有信心的評估。我們所能說的都是基於薄弱的資料」，至於這些大浴池及火祭壇與印度後來宗教的關係，就更難以推估了。

對於整個印度河古城市文明的社會特點及背後可能的模式，米勒（Miller, 1985）曾作出了深入的及令人耳目一新的探討。按他的觀察，這個古文明的特點包括了六大特徵：劃一性（homogeneity）、保守性（convention）、規律性（order）、標準化（standardization）、形式化（formalism）及清教徒主義（Puritanism）。在這個社會裡，權力似乎被

分散至社會每個角落，同時社會的秩序與和平也不用通過個人或個別機構的強制便能達致。有能力者亦沒有利用其能力以取得特權、財富及超常的消費。社會以平庸為常，使器物與房屋設計劃一，沒有與個人的個性或階級有關的紋飾，以及作為追求特殊的印記。對此，米勒總結地認為：「我們可以想像：在這樣的社會中，極端的規律與對一切的控制結合在一起，並成為主流價值，它對一切威脅它而不是由它衍生的事物都予以排斥，比如屬於奢華的物品⋯⋯此文明與佛教及地中海的基督教文明的另一不同處是它的發展不需要權力與財富向特定機構集中⋯⋯甚或利用一些神祇的中間人。⋯⋯體現這文明的秩序與規律的責任分散至全部人口，通過每個家庭的日常行為來執行。⋯⋯以前的有關這文明的『祭司王』及由廟宇的剩餘糧食的再分配等模式並沒有證據支持。」

米勒對於印度河古城市文明的這些解讀，引起了我們把它與我國理想的「大同社會」作一比對的興趣，因為「大同社會」的特點似乎和印度河古城市文明的社會的特點有不少相同的地方。有關中國傳說中的「大同社會」的描述可見於中國古籍，例如：

（一）周代的《禮記・禮運・大同篇》：

「大道之行也，天下為公，選賢與能，講信修睦，固人不獨親其親、子其子，使老有所終，壯有所用，幼有所長，鰥寡孤獨廢疾皆有所養，男有份，女有歸。貨，惡其棄於地也，不必藏諸己，力，惡其不出於身，不必為己。是故謀敝而不興，盜竊禍亂而不作，故外戶而不蔽，是謂大同。」

（二）戰國時的《商君書・畫策》：

「神農之世，男耕而食，婦織而衣，刑政不用而治，甲兵不起而王。神農既沒，以強勝弱，以眾暴寡，故黃帝作為君臣上下之義，父子兄弟之禮，夫婦妃匹之合，內行刀鋸，外用甲兵。」

根據這些描述，在「大同社會」裡，物品供應充足，每人都能夠取得他所需的，而每個人都安分守己，都很自律，不貪婪，及不以自我利益為中心，社會不但平等自給，更無需戰爭。在中國，傳說中的「大同社會」的終結可能是仰韶的末期（約在公元前 2800 年），即神農衰亡的時期。之後興起的龍山時代乃是黃帝開創的時代，當時正是邦國林立、

「內行刀鋸，外用甲兵」的萬國爭霸的時代，即已脫離「大同社會」而進入了「小康」社會。若這個假設合理，而印度河流域古城市文明高峰期的公元前 2500－前 1900 年可被稱為「大同社會」，則古印度的「大同社會」大概晚了中國約 500 年左右。但從相反的角度看，印度河流域古城市文明提供的考古資料似乎亦說明了「大同社會」並不一定是個虛構的理想或理想國，它可能曾經出現過。

至於印度河古城市文明為何在公元前 1900－前 1700 年間由衰落而至湮滅？目前主流的看法可歸納為兩點：（1）天氣的轉變和河道的變化，包括了南亞次大陸季風的東移、乾旱期的到來和地震等，使印度河水流減少和影響了部分上游支河使它們流入了恆河。這些自然的變化，使印度河及薩拉斯瓦蒂河流域大部分地區乾旱及沙漠化，轉變為不適宜農耕。為求生存，人們最終只有放棄印度河河谷內的城市，向生存條件較好的東或東南部地區，特別是恆河河谷遷移。（2）這一文明自身的保守性和對自然及人文社會的抗拒性，逐漸地使它缺乏了適應能力和創意，因而在自然界連續不斷的打擊下或在新環境中喪失了競爭力和持久力。是否是因為這兩種原因，一個偉大的古城市文明在長期的自然變遷下，雖然經歷了多次的重建與復興，終於在較短的 200 年間完全湮沒了？

第四章

愛琴海的古城市文明

1. 愛琴海古城市文明與西方文明的關係

1.1 內涵與覆蓋

愛琴海（Agean Sea）古城市文明的出現遠後於古埃及和兩河的城市文明，不過由於它在地理上與這兩個古城市文明毗鄰，自然受到了這兩個古城市文明的影響。然而它沒有大河流域的地理環境，而是由極度依附藍色海洋的眾多分散小島和港灣所組成，使它擁有特別的海洋文明特色。

從公元前2000年起，愛琴海古城市文明經歷了克里特島（Crete）、邁錫尼（Mycenaean）及古希臘城邦三個階段，前後約1600年（見後文表4.1）。在這個長時間裡，古愛琴海地區通過海上商貿不斷的向外殖民，其影響超越了希臘半島和愛琴海諸島，覆蓋了整個地中海沿岸及黑海地區。它的不少文明元素更由於亞歷山大及其諸將領所建立的橫跨歐、亞、非大陸的數個帝國（Hellenistic，希臘化時代）及其後的羅馬帝國的繼承，被認為是西方文明最重要和直接的淵源，西方有記載的哲學、科學、文學和藝術被認為是從愛琴海古城市文明的最後一段，即古希臘開始的。

在討論愛琴海古城市文明時，我們先要釐清一些在學界普遍存在的錯誤觀點與概念。基於這些錯誤，在不少人的理解中這個古城市文明只包涵了古希臘城邦那一時段。造成這些錯誤的原因包括了資料的和政治的偏向。

其一乃愛琴海古城市文明被認為是西方成文歷史及典章文獻的開始，而這些最早的文獻都出於公元前六世紀的希臘城邦時期，如希羅多德（Herodotus，公元前482－前425年）的《希波戰爭史》，修昔底德（Thucydides，公元前460－前395年）的《伯羅奔尼撒戰爭史》，稍為晚一些的有色諾芬（Xenophon，公元前430－前355年）的《希臘歷史》、柏拉圖（Plato，公元前427－前347年）的《理想國》與《法律篇》和

亞里士多德（Aristotle，公元前 384－前 332 年）的《雅典政體論》等。在西方，這些文獻的確是最早的、最詳盡的歷史記載，因為之前的《荷馬史詩》（覆蓋公元前 11－前 9 世紀），只是口耳相傳的傳說，其編錄成文也是公元前五世紀中的事。

其二乃成文歷史的撰述往往晚於文明的出現，因此需要考古發現，包括了泥版及碑文的記載，以重現愛琴海地區內比希臘城邦更遠古的歷史。考古資料顯示這個古文明是始於公元前 2000 年的克里特島文明。不過，由於「希臘」這個地域和民族概念是在公元前 8 世紀起才開始形成，而其典章制度、文化、藝術、科技與城市建造的發展亦只在公元前 6－前 4 世紀才臻成熟，因而公元前 8－前 4 世紀的希臘城邦時代往往被等同和代表了整個愛琴海古城市文明。

其三乃希臘城邦時代的文明特點並不等同於雅典這單一城邦國在公元前 6－前 4 世紀時的狀況。在這同一時代，希臘本土存在著過百個獨立政治體，其中一些更不是城邦而是廣域國家，它們在政治體制、社會、和經濟結構上都與雅典不同，顯示愛琴海在希臘城邦時期，它的文明不能單由雅典城邦體現，而是十分多樣性的。不過由於雅典以外的古希臘地區的有關研究和資料傳播不廣而鮮為人知。

其四乃學術界一般認為愛琴海古城市文明給予世界的最大遺產乃雅典城邦式的民主，和自由貿易對經濟發展的貢獻。自第一次工業革命以來，英國、德國、法國及後來的美國，都以西方民主和貿易自由為口實，堅船利炮為手段，欺壓全球各民族。基於此，雅典城邦的政治體制和經濟的發展模式成為藍色文明或海洋文明的主調，體現了其城邦式民主和自由貿易是較高文明的西方主流意見。這個藍色或海洋文明的世界觀在希羅多德公元前 430 年的世界地圖明顯地體現出來（圖 4.1）。在這個主觀世界，地中海是世界的中心，而希臘半島更是核心。

在進一步展開討論愛琴海古城市文明前，我們先把結論要點條列如下：（1）愛琴海古城市文明的根在兩河及埃及古文明；（2）它的興起與發展仰賴於海洋（地中海）貿易及殖民地的建立；（3）戰爭與掠奪成為它發展的主脈。這些要點顯示這古文明雖然與鄰近較早出現的文明有一定的承傳關係，但卻有自身的和極不同的特點。後者卻和 15 世紀直至今天的

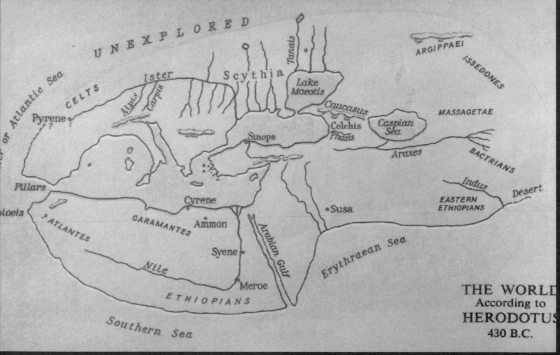

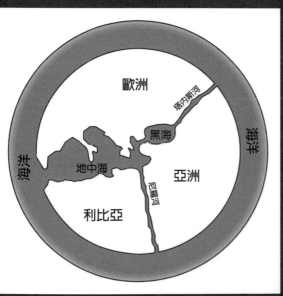

圖 4.1 ｜ 希羅多德在公元前 430 年所認識的以愛琴海為中心的世界（及其簡約圖）

西方大國崛起與稱霸的歷程十分相似。因此，從這個角度看，西方文明與古愛琴海城市文明更似一脈相承。不過，在古希臘，各城邦仍處於奴隸制階段，有不同的政治體制，包括高度的民主體制，但城邦間常相互征伐，鮮有和平，至終沒有成就大一統的局面。諷刺的是，古希臘的統一卻是由馬其頓，一個被認為是野蠻的王權國家，於公元前 332 年以武力完成的。本章亦因此將這一年定為愛琴海古城市文明的終結。

1.2 地理環境及海洋文化特點

愛琴海地區，即古希臘，位於地中海東部，扼歐、亞、非三大洲要衝（圖 4.2）。它以希臘半島為中心，包括了愛琴海諸島、小亞細亞西部沿海、愛奧尼亞群島（Ionian Islands）的本土地區，以及黑海沿岸、稱為「大希臘」的意大利南部、西西里島和「遠西」（法國及西班牙地中海沿岸）等地的殖民地。以當時西方對世界的理解，它就是世界的中心。

不包括海外的殖民地，古希臘總面積約 13 萬平方公里，其中大陸（希臘半島）面積佔約八成，其餘是為數眾多的海島（共 1500 個），最大的乃克里特島（圖 4.3）。在希臘本土是連綿的山嶺、小河谷、及曲折的海岸線。由於山嶺溝壑眾多，耕地缺乏，土地貧瘠，糧食的生產能力很低。僅有的小塊的平原又被難越的關山所阻隔，不利小區間的交通，促成眾多而分散的獨立政治體。

地中海的氣候使古希臘盛產葡萄和橄欖，山嶺的礦產資源亦比較豐富，為古希臘海外貿易提供了商品。毗鄰的海域亦賦予古希臘廣闊的發展空間：相連的綠島，眾多的海灣，有利海外貿易和殖民，以及與鄰近地區文明交流。

上述的自然地理條件對古希臘的政治、社會、文化產生了決定性的影響：（1）關山阻隔的小塊平原，促進了主體政治單位 —— 小國寡民的城邦的形成和長期存在。（2）商業和航海貿易需要平等交換和自由的環境，有助於平等觀念、民主政治和法治的形成。（3）狹小的城邦很易因人口增加令糧食無法自給，迫使人們到海外去建立殖民地或進口糧食。（4）航海貿易活動也使古希臘人勇於開拓新領土。

圖 4.2 ｜ 古希臘勢力範圍

圖 4.3 ｜ 希臘地勢及海岸線圖

是以古希臘不是個國家概念，它自公元前 2000 年文明出現起，經過了一千年的民族遷徙與融和，最後在公元前 8 世紀演變為操希臘語和有共同神祇的一個地區文化。古希臘最早的泛地區標誌乃公元前 776 年舉行的第一次古代奧運會，因此格羅特（Grote, 1888）認為歷史上的古希臘是始於公元前 8 世紀的（見後文表 4.2）。在公元前 6 世紀末至 5 世紀初，這個地區經濟高度繁榮，達到愛琴海古城市文明的高峰，對後世，特別是西方近現代發展有深遠的影響。這一後期的古希臘亦成為本章的主要部分。

2. 早期的愛琴海古城市文明

2.1 文明之前：前克里特島時期（公元前 7000－前 2000 年）

　　愛琴海地區跨進文明門檻時已是青銅時代，其中心在愛琴海的克里特島，時間約在公元前 2000 年。它又被稱為米諾斯或克里特島文明（Minoan/Crete Civilization），這是愛琴海古城市文明的第一階段。之前該地區在東方古文明影響之下已出現了一個前克里特島文化，但因為它仍未有文字及國家，仍不屬於文明的一種（表 4.1）。

表 4.1 愛琴海古城市文明進程

年代（公元前）	名稱	年期	注
2600-2000	前王宮期	600	史前文化
2000-1700	克里特島文明：第一王宮期	300	文明興起至鼎盛
1700-1450	克里特島文明：第二王宮期	250	走向衰落
1450-1200	邁錫尼文明：第三王宮期	250	第一次復興
1200-800	黑暗時代	400	多利安人入侵、與原亞該亞人混處
800-500	城邦時期之古風時代	300	第二次復興：希臘文字、區域意識及民族形成
500-323	城邦時期之古典時代	177	發展至古希臘文明高峰
323-31	希臘化時代	292	由馬其頓人主導的帝國、古希臘亡

　　愛琴海地區很早就有人類活動，伯羅奔尼撒半島的阿爾戈利斯地區（Argolis），有公元前 7000 年的中石器時代遺址，那裡的古居民用黑曜石製作的石器捕捉海魚。新石器時（公元前 6000 年）出現了更多居住地，居民種植大麥、小麥和豆類等作物，馴養綿羊、山羊等家畜，崇拜

象徵豐產的泥塑女神像。他們的農業技術是通過小亞細亞半島從西亞傳來的，也可能是來自那裡來的農業移民。

公元前 3000 年，愛琴海東面的小亞細亞與相鄰的伊奧利亞（Aeolis）和色雷斯（Thrace）發展較快，出現了 9 個城市，其中如特洛伊（Troy）更擁有圍牆、國王及宮殿。背後的原因是這時埃及和敘利亞人可能已經來到愛琴海的島嶼，特別是其最大的克里特島，建立起區域貿易據點，以便控制比陸路運輸便宜和效率更高的海上貿易。新石器時代的漁村及貿易點便由自給型經濟轉變為城市經濟，形成了新的城市聚落，並把近東和埃及的古文明的部份成果帶入。克里特島的這段早期的發展被稱為前宮殿期，它處於文明出現的前夜。這時的克里特島，已引進了青銅冶煉，出現了近似埃及的象形文字，主要的貿易對象集中在東面的敘利亞和埃及，社會以家庭為單位，但仍沒有大型房子及社會階層分化現象。

2.2 第一階段：克里特／米諾斯文明及其城市

公元前 2000 年後，一批屬於印歐語系的「希倫人」（Hellense）從中歐草原進入了希臘本土南部，與當地居民混合而成為古希臘人。這些古希臘人內部，因其佔據的地區不同又可細分為亞該亞人（Achaean）、愛奧尼亞人（Ionian）、伊奧利亞人（Aeolian）、馬其頓人（Macedonian）等。

在愛琴海地區西部，希臘本土的早期城市因為印歐人的入侵而衰落，但克里特島卻由於離岸較遠而倖免，並且興起成為愛琴海古城市文明的搖籃。克里特島是愛琴海的最大島，長 250 公里、廣 12－60 公里，適宜畜牧，並種植小麥、大麥、豆、葡萄、橄欖、芝麻等。它又位於埃及、敘利亞、小亞細亞與希臘本土及意大利海上交通的交滙點。因此，當其他愛琴海城市沒落時，它反而發展迅速，很快便進入文明階段：如出現了輪子、車輛、陶輪，和採用了古埃及象形文字；製造精美的工藝品、擁有強大的海上貿易與霸權；宮殿和城市也同時存在。這時的克里特島被考古學家稱之為第一王宮期（公元前 2000－前 1700 年），亦即愛琴海古城市文明的第一時期。

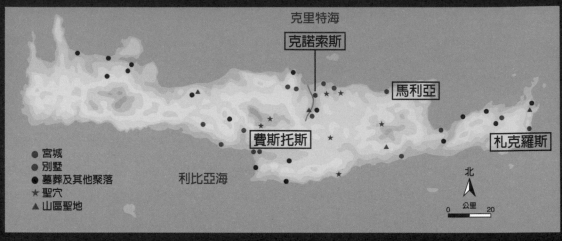

克里特海

克諾索斯

馬利亞

費斯托斯

札克羅斯

● 宮城
● 別墅
● 墓葬及其他聚落
★ 聖穴
▲ 山區聖地

利比亞海

北

0 公里 20

圖 4.4 ｜ 克里特島地勢，四大宮城及主要考古遺址。

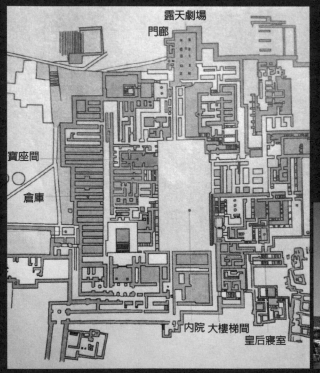

露天劇場
門廊

寶座間

倉庫

內院 大樓梯間
皇后寢室

圖 4.5 ｜ 克諾索斯第二期王宮平面想像圖（資料來源：A. Evans）

這時在克里特島東部出現了克諾索斯（Knossos）、費斯托斯（Phaistos）、馬利亞（Malia）及札克羅斯（Zakros）幾個王宮城市。它們都各佔一塊小平原，擁有自己的王宮及本地君主。但島的西部及希臘本土仍處於近乎原始狀態（圖4.4）。最大的王宮位於克諾索斯。但最早的是建於馬利亞的王宮，它的柱子都是由埃及傳入的。克諾索斯王宮是個多層建築，有許多房間，包括了行政及檔案區、倉儲區和手工業區。布迪安（Budin, 2009）認為：米諾斯人因接觸到西亞的王宮而受到其建築藝術的影響（圖4.5）。

　　王宮周圍是城市，住了不少商人及水手。國王是個祭司王，而主要宗教場所也設在王宮內。但城市內沒有兩河流域或古埃及式的廟宇，王宮結合寺廟、領主宅第、手工業工場及商業中心於一身，是個政治、宗教及經濟中心。克里特島的手工業包括了金屬、陶器、石器及印章。島上亦發現一些埃及物品，主要貿易夥伴為小亞細亞西岸，包括米利都（Miletus）、羅德島（Rhodes）及塞浦路斯（Cyprus）。

　　除了幾個王宮城市外，還出現了數個小城鎮及一些港口城市。一些城鎮與港口亦在島外建立了它們的商貿殖民地，如卡斯特里（Kastri）及特里安達（Trianda）等。海上貿易是這個文明的重要經濟命脈。這點也反映在克諾索斯王宮中的一個海港城市壁畫（圖4.6）。很明顯地這個文明是以商貿城鎮為它的節點及載體的，是個古城市文明。大約公元前1700年，克里特島發生地震或外敵入侵，宮殿被毀。

　　公元前17世紀後期，克里特島的王宮被重建，這便是第二王宮期（公元前1700－前1450年）。此時的兩大王宮位於克諾索斯及費斯托斯，形成島上的發展軸。最大王宮克諾索斯面積3英畝／2萬平方米，有數百個房間，多是三層建築，有廊道和梯級相連（圖4.5，王座及朝殿見圖4.8）。王宮周圍是城市，住了6－10萬人，包括藝術家、商人及海員。因為米諾斯王（Minos）的傳說，因此整個克里特島文明亦被稱為米諾斯文明（Minoan Civilization）。古希臘歷史學家希羅多德更認為古希臘的第一支海軍就是米諾斯建立的。公元前1600年，克里特文明進入繁榮期，出現了新的線形A文字、銅器、陶器，金銀製作技術亦有明顯進步。在公元前16－前15世紀更出現了埃及和西亞式的宮廷壁畫，

圖 4.6 ｜ 表現海港城市的壁畫

圖 4.7 ｜ 王宮遺址中的主殿、王座及壁畫

其藝術風格影響了整個愛琴海及希臘半島。

這時的手工業及海上貿易因受埃及新王國的強大需求影響而興旺。貿易港口集中在島的北岸（見港口壁畫，圖 4.6），但克里特人也在愛琴海的其他島如桑托林（Santorini）、米洛斯（Milos）、黑曜石島及基西拉島（Cythera）建立驛站，其貿易範圍遍及今天的西亞、埃及和北非、南意大利及西西里，和一千年後的希臘古典時代相似。這時的主要出口品為精美彩陶、布匹、青銅武器、珠寶、木材、橄欖油及美酒。進口品主要為小麥、寶石、水晶、印章等。

強大的出口需求使過往的宮廷經濟產生了變化，官僚體制擴大，出現了以手工業及農產品加工為主的莊園經濟。這些莊園成為國王與生產者的中間人。經濟的發展更引致人口增加，但由於土地有限，使殖民地的建立更為必要。基克拉迪群島（Cyclades）的不少島嶼，愛奧尼亞海岸，愛琴海西面和北面的島嶼和岸邊都成為克里特島的殖民地。

奇怪的是，在整個時期並沒有發現城邦爭霸痕跡，也沒有發現城市修建城牆。雖然政治、宗教及經濟（主要是貿易及手工業）都集權在祭司王或領主手中，邦國之間只存在寬鬆的聯盟關係，貴族（地主）在政府任職，人民在廣場上言論自由，似乎是個長期穩定、和平和積極發展的社會。多數學者認為這個文明的滅亡，主要是因為來自希臘本土的邁錫尼人的入侵及公元前 1470－前 1450 年間錫拉島的火山爆發。後者據說摧毀了這個文明的 300 餘個城市及鄉村。

2.3 第二階段：邁錫尼文明及其城市

邁錫尼文明是愛琴海古城市文明的第二階段。它以希臘本土南部的邁錫尼等早期城邦為中心，是由中歐的印歐人中的亞該亞人所創建的（圖 4.8）。他們約在公元前 1800－前 1650 年間逐漸佔據了希臘半島，成為古希臘人的主體。原居於希臘本土及愛琴海島嶼的居民說的並非希臘語。亞該亞人到來之前的整個地區的陶工也都是克里特島的移民。不過亞該亞人繼續了克里特文明的特點，包括了它的海上貿易、王宮建築及文字等。

這個新階段的文明擁有明顯的好戰特點，亞該亞人把馬及輕型馬拉戰車引入，以較先進的戰鬥力橫掃希臘本土，攻城掠地，搶奪了不少財富。這些亦反映在他們帶來的新的墓地文化。在這些非本土的墓葬，出土了眾多的青銅武器、刻畫戰爭場面的墓畫及銘器，以及搶奪得來的大量金銀器和精美工藝品等。邁錫尼起初只是由多個不同部落所組成，這些政治實體有可能是城邦，為數約有 20 多個。這個早期政治力量分散的狀況，反映在半島上分散的王墓（tholos tomb）上。但在公元前 1500－前 1450 年間，王墓向最大城市邁錫尼集中，顯示統一王權的出現。

在它們共同存在時，邁錫尼與克里特島保持著友好交往，直至它在公元前 1450 年征服克里特為止，如古埃及文書記錄了公元前 1580 年克里特運送邁錫尼雇傭兵至埃及，以協助法老攻打西克索人。

公元前 1450－前 1200 年（第三王宮期）邁錫尼文明發展至極盛。它在公元前 1450 年佔領了克里特首府克諾索斯，發動了對小亞細亞的特洛伊城戰爭，和兩河流域和埃及直接貿易，發明了線形 B 文字，並在泥版上紀錄了社會及宗教結構。考古資料亦顯示了當時經濟的繁榮：如它獨佔了地中海貿易，在羅德島、塞浦路斯、地中海東部的小亞細亞沿岸如米利都，及意大利的塔蘭托（Taranto）建立殖民地以開採銅和錫礦，建立商行及邁錫尼機構等。主要商品包括紡織品，橄欖油、陶器、金屬等，情況亦與日後的古希臘城邦相似。

當時的主要城市有邁錫尼（面積 11 英畝）、梯林斯（Tiryns，5 英畝）、皮洛斯（Pylos）、阿爾戈斯（Argos）、底比斯（Thebes）及雅典（Athens）等（圖 4.8）。在這些城市的中心都興建了大型的克里特式宮殿（圖 4.9）。但這的宮殿的中央庭院／廣場卻被一個被稱為邁加隆（megaron）的來自小亞細亞的宮殿風格式的大殿所取代（圖 4.10）。它有四條中心巨柱，中央放一火爐，四壁粉飾，繪有壁畫。大殿四面是王及貴族的房間。皮洛斯的考古出土了對這時期的王宮及其代表的宮廷經濟有一定代表性的資料：圍繞中心大殿乃很多房子，包括了儲存酒、橄欖油、奢侈品的倉庫及手工製作工場；也包括了行政辦公用房和檔案館。王宮有巨石疊築成的碉堡，邁錫尼王城碉堡前門有石刻獅子，名獅子門。特有的圓拱頂王陵也建在王宮內。王宮內外築有大路及灌溉工程。

愛奧卡斯

奧爾霍邁諾斯

底比斯

雅典

邁錫尼

梯林斯

阿爾戈斯

皮洛斯

克諾索斯

圖 4.8 ｜ 邁錫尼時代的主要城堡及聚落（公元前 1400－前 1100 年）

王宮

南聖地

軍營

墓地

軍營

獅子門

圖 4.9 ｜ 邁錫尼宮城及城堡想像圖（公元前 1600－前 1100 年）（資料來源：
Harry's-Greece-travelguide.com）

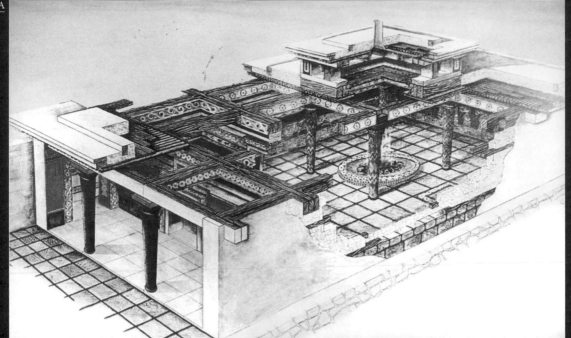

圖 4.10 ｜ 邁錫尼城的特色

A、B 王宮大殿中的邁加隆

C 王宮城牆主門：獅子門圖

D 王宮壁畫中的女士圖

E 王陵入口

F 傳說中的邁錫尼王，公元前 1556–1500 的金面具，現在雅典國家考古博物館。

邁錫尼王宮出土了數百塊線形 B 文字泥版。

已發掘的王宮城市都雄據高崗，包括邁錫尼、皮洛斯、梯林斯、底比斯、奧爾霍邁諾斯（Orchomenus）等（圖 4.8）。泥版的記錄顯示皮洛斯王宮管治著一個方圓約 2000 公里，劃分為不同省份（hither）的邦國。它本身亦是個行政及經濟中心。

2.4 黑暗時代：城市沒落

自公元前 13 世紀起，愛琴海地區各城市都在建造城牆和城堡等防禦工事，似乎在預備面對重大災害。當時的西亞、埃及及地中海東部地區亦面臨重大歷史變故：強大的赫梯帝國在公元前 1200 年突然崩潰、埃及在公元前 1225 及前 1180 年受到兩次「海上民族」的攻擊。在愛琴海地區，邁錫尼的宮殿在公元前 1230 年被燒毀，古希臘的其他宮殿也全被燒毀，只在城牆腳下留下了燒焦殘片及守兵的遺骸。在整個愛琴海及希臘半島上，城市、海港及整片平原地區被遺棄，人民奔往內陸或山中尋求庇護。然而考古發現：城市沒有被摧毀（如城牆及碉堡），它們只是被遺棄，成為無人煙之地。

城市沒落的另一原因乃公元前 12 世紀末，另一支或第二波印歐民族，多利安人（Donian），從巴爾幹（Balkans）侵入希臘本土，消滅了亞該亞人各城邦（阿提卡半島〔Attica〕除外），毀滅了邁錫尼文明，使正在解體中的氏族部落制度在愛琴海世界重新佔了統治地位，促使愛琴海古城市文明倒退。

從此，愛琴海地區進入了長達 400 年的黑暗時代（公元前 1200-前 800 年，見表 4.1），邁錫尼的文字和藝術品消失了，和近東的貿易和其他接觸亦被切斷。在這期間，愛琴海地區沒有精美的手工藝、陶器和豪華宮殿，陶器裝飾也倒退至樸素的幾何圖形。這個大轉折的原因乃天氣變化，使田地乾旱，海上貿易停頓。之後更觸發受影響地區梯度性的飢民四出搶掠，形成橫掃希臘和地中海東部，包括下埃及和中東地區的「海上民族」的大規模跨地區的流寇活動。

這時期留下的唯一的一部文獻《荷馬史詩》是由荷馬在公元前 9 世

紀末時口述，內容是公元前 11 至前 9 世紀間的一些傳說。 故此黑暗時代也被稱為「荷馬時代」。

在荷馬時代後期，私有制和階級分化開始出現，社會向奴隸制邁進。由於自然條件的差異，愛琴海地區並沒有形成龐大、統一的奴隸制國家。到公元前 8 至前 6 世紀，愛琴海地區便進入了以希臘本土為主體的愛琴海古城市文明的第三階段：古希臘城邦時期。

2.5 對早期愛琴海古城市文明的總結

總的來說，愛琴海古城市文明在克里特島及邁錫尼時期已是海上文明。顧準（1986）指出了克里特和邁錫尼的以下特點：

1. 克里特是個海島，它的發展基於海上貿易；
2. 邁錫尼文明是由克里特傳過去的，半島山多，但多海灣，海岸線長，亦便於海運；
3. 海把希臘、小亞細亞、意大利、北非連在一起；
4. 在地中海範圍的海船航行，都可以望到島嶼與陸地以指示航程，在航海器材發明前，有利遠途航海，此條件世界其他地區都無；
5. 當時海上劫掠與海上殖民，在性質上差距不大，這亦是這兩個文明的共有特式。

上述引證了圖 4.1 的愛琴海古文明世界觀：藍色或海洋文明。但除此之外，我們還要強調這古文明的來源明顯是西亞及埃及，而它們的發展亦與這個地區息息相關。無論是克里特及邁錫尼，城市都是它們文明的載體。這些不單是早期愛琴海古城市文明的特色，也正是它的成熟階段，即下文詳述的古希臘城邦文明的主要特點。

3. 愛琴海古城市文明第三階段：城邦時期

　　與其他古城市文明及愛琴海古城市文明早期的城邦不同，考古資料及古文獻提供了有關古希臘城邦的較詳細和清晰資料，使我們對城邦的定義、性質和體制有比較明確的理解（其歷史分期見表 4.2）。這些不但對古希臘城邦的功能、結構、城市社會、生活和景觀有密切的影響，也成為愛琴海古城市文明的最具特色及最廣為人知的部分，甚至有學者將此古文明理解為古希臘的城邦時期，值得我們作詳細的介紹。

表 4.2 古希臘城邦時代分期及歷史大事

分期（公元前）	起始事件	時代
776-560	第一次奧運會	古風時代
560-479	雅典僭主庇西特拉圖掌權	古風時代
479-404	第一次海上同盟	古典時代
404-379	伯羅奔尼撒戰爭完結	古典時代
379-338	第二次海上同盟	古典時代
338-323	馬其頓征服及將希臘覆滅	古希臘亡

3.1 城邦興起

　　在黑暗時代，古希臘剩餘人口的多數逃入高地或山中，建立易於防守的堡壘式的分散的小村莊。一些後來成為了新興起的城邦國的城市的舊中心，稱為衛城，希臘文為「高城」（Acropolis，acro= 高，polis= 城）。入侵人口與原希臘遺民都分為不同「部落」（phyle），諸「部落」或會組成更大的「部族」。這些部落是個軍事及宗教組織，有一定的居住地和共同的祀神、獻祭和集會活動與空間。部族頭人（酋長）由民主選舉產生，掌祭司及行政功能。最高權力在公民大會（agora），並由全

體公民（demos）討論和決定戰爭等大事。部族的常設權力機構乃長老會議。遇到征戰時，由長老會議選出統帥「巴西琉斯」（basileus）。由於統帥可從部落中得到一份田產（temenos）以養老，這個慣例逐漸地形成了由歸農軍人組成的貴族階層。而長老議事會也慢慢地變質為貴族議事會（boule），使原始的民主被貴族政治取代，公民大會勢力亦被削弱。其後「巴西琉斯」更演變為王，議事會也在王宮裡召開，它不能提出議案，而只能決定是否執行王的旨意。不過，自公元前 8 世紀起貴族統治再興起，議事會又再被強化，王只保留最高祭司職責。

在多利安人入侵時，阿提卡半島成為亞該亞人的避難所。其初，在這裡只有十數戶家庭，土地荒蕪。進入荷馬時代晚期，生產力發展，鐵鋤、鐵鐮等得到廣泛應用。考古發現：此時彰顯身份和財富的遺存已由墓葬轉向祠堂式的建築（sanctuary），「大房子」（部落首領的大宅兼行政中心）也出現了。在「聚居制」（oikos）的基礎上出現了一個「聚村成國」（synoecism）的過程，即由原本的 12 個部族同盟整合成一個較大的政治單位：城邦（polis）。這個過程乃因為要應對外敵，使分散的氏族村落（部落）組成軍事聯盟。半島的西面和北面都是敵對的多利安人，基於安全考慮，在半島的最大家族、地區的保衛者、裁判官甚或教士的倡導下，不同族盟的貴族逐步遷入阿提卡的最大聚落 —— 雅典，並在那裡成立了一個區城性的貴族管治機構，代替原先分散的部族公民大會和長老會議，便形成了新的政治組織 —— 古希臘城邦。

在多利安人入侵的地區情況稍有不同，入侵部族或氏族按地理小區建立了不少獨立王國。原本的居民多逃往山區，形成分散的鄉村；留在平地的淪為奴隸。簡言之，新統治者佔有平地，而城堡成為王宮所在，它們亦被稱為城邦，但性質與阿提卡的並不相同。因而城邦一詞背後的政治與社會實體，並非一致。一般而言，在城邦的城堡的城牆腳外，後來都聚居了民眾，被稱為阿斯托（asty），即市邑。

古希臘城邦形成之初，政權一般都由原來氏族貴族把持，至公元前 700－前 650 年間，才出現新的社會階層和利益集團。這個轉變動力來自兩個方面：1、頻繁的戰爭，加上方陣步兵戰術的出現，形成了新的軍人階層和公民的保家衛國的作用（圖 4.11）；2、以港口城市為基地的工

圖 4.11 ｜ 重裝步兵的形象

業和商業的發展，形成了新的工商業利益。這些新利益集團使以土地為基礎的貴族權力下降。部族軍事首領也演變為城邦的執政官，而部族民眾大會則轉變為城邦的公民大會，保留了對貴族會議的提議進行表決的權力。雖然如此，此時城邦領導仍出自貴族豪門，仍被稱為貴族政治。

阿提卡由於人口隨著經濟的發展而膨脹，出現了農地的開拓跟不上人口的發展。加上私有制已形成，貴族互相爭奪土地，不少公民甚至小貴族也失去土地。一些人被迫離開故里。一些城邦更是有目的地去其他地方掠奪土地和人口，出現了「分裂殖民」。這類殖民地主要位於小亞細亞沿岸及愛琴海的海島。由阿提卡移民建立的就有米利都、阿蘇斯（Assos）、庫邁（Cyme）等，它們也採用了城邦形式的統治。為了防禦外敵及海盜，殖民地城邦都是築城聚居的邦國，移民的頭人成為王或貴族，其他移民成為公民，被侵佔的本地人則淪為奴隸。（見圖 4.2）

正如布迪安（2009）認為：古風時期是個好時期，古希臘人建造廟宇、城市、舉辦運動會等……但土地因人口增長而供應不足。他們需要尋找新的資源或其他財富作為替代。在此後的 250 年，新建城邦遍及小亞細亞和北非的地中海沿岸。在原被多利安人近乎夷為平地的希臘本土，不同類型的城邦達 200 多個。加上海外殖民城邦，「希臘世界」的大小城邦共有約 1000 個，勢力最大的是斯巴達（Sparta）、雅典、科林斯（Corinth）和阿爾戈斯。

3.2 城邦定義與性質

布羅代爾（Braudel, 2005）對古希臘城邦概念，定義如下：它擁有農田、草地、園地、小山丘、凹凸海岸、城牆內的港口城市，面積在步行覆蓋之下，人口在 5000 人以下。莫里斯（Morris, 1994）也說：「所發展的城市生活，時常包含了它的農村背景和山崖與大海，而農村的生活也體現在對城市的利用上。」

明顯地，這個政治單位以一個城市為中心，包括了周圍的村落及農牧業地區，轄地不過百里，人口不過數萬。這時，只有三個城邦公民人數超過 2 萬人（指有公民權的男性）：斯巴達面積 8400 平方公里，總人

口約 40 萬，男性公民最多時有 3 萬人（包括半公民身份的周邊民族約 2 萬人）；雅典領土 2550 平方公里，總人口最多時近 50 萬，男性公民最多時有 3 萬至 4.5 萬人；阿爾戈斯，領土約 2000 平方公里，公元前 400 年公民總數約 3 萬人。因而，城邦的主要特徵是小國寡民，互相獨立，但常常通過聯盟方式以加強軍事安全。它們在社會制度、風俗習慣、語言文字、宗教信仰和文化傳統上基本一致，公民都自稱為「希臘人」，稱非希臘人為「異邦人」或「蠻族」，但在政治體制上卻是多式多樣的。

布羅代爾（2005）對古希臘城邦總結出下述的特徵：

1. 所有生活在城市及其周邊領土的人都屬「城邦居民」；
2. 城市只是城邦的一部分；
3. 城市為全體城邦居民提供經商的場所、戰時避難所和共同聖地；
4. 城市與鄉村是一個結合體；
5. 擁有土地的居民是城邦公民界定的基礎；
6. 它不僅是新型的政治單位，也是一個信仰與偶像的合體；
7. 擁有一片有限、但可接受的領土，一幢共同享用的聚會大廳，和一個自己的廣場；
8. 有家喻戶曉的法律；
9. 有公民平等的主張。

3.3 城邦的民主政治

在上述的古希臘城邦的特徵中，家喻戶曉的法律及公民平等被認為是古希臘留給後世的最重要財產，它們是本節介紹和討論的重點。

在城邦形成初期，雖然貴族會議掌握大權，但公民大會保留了對貴族會議的提議進行表決的權力。城邦的自治權利因而或多或少地屬於其公民集體。但實際上城邦的政治體制是多樣的，除了流行的貴族制和民主制外，還存在君主制、寡頭制和僭主制。而城邦公民只是城邦人口的極少數，所指的乃有權參加公民大會的男性，如雅典城邦在伯羅奔尼撒戰爭前（公元前 431 年）在其總居民 22.5 萬人中，公民只有 4.5 萬人。

因此，城邦民主發展，是指在人口中的公民與貴族間的政治角力。

公元前 8 世紀，城邦的權力都已轉移到貴族手中。同時，在鄉村也出現貧富二極分化：休閒的貴族和飢餓的大眾。然而一個軍事戰術上的重要改革限制了貧富分化並產生對政治的影響。這就是方陣（phalanx），它使重裝步兵（hoplite）成為戰場上的決定力量，而輕盾兵（peltast）、弓箭手和騎兵則成為輔助（圖 4.11）。重裝步兵以農民公民為主，在方陣的訓練中，重要的不是財富和社會地位而是力量、勇氣和紀律。因此，社會逐漸形成新的看法，貴族的財富是壞的，非希臘式的，野蠻的；好的公民是一個生活樸素的自給自足的農民，足夠的土地使他生活體面，有能力配置武器參加戰鬥。這樣，務農的公民的社會地位被提高了，他們的政治訴求亦受到重視。

同一時期，城市商人和藝人亦順勢聯合因土地太少或負債太多而無法過體面生活的小農，成為一股政治勢力，推舉一些稱為僭主的貴族獨裁者執政。「僭主」（tyrant）指一個統治者，其權力不是來自神授或民選，而是通過群眾運動等非法途徑而取得的。僭主（也是貴族）靠反對貴族而博得大眾的信任，因而僭主政權是貴族專政到民主政治的過渡形式。

僭主興起時，王權傳統已被航海、貿易、神人同形共性的宗教及人文主義的初潮所摧毀。僭主因為通過政變上台，他們多實施開明的、劫富濟貧的經濟政策，以求穩定治權。但是，因為沒有統治的合法性，加上重裝步兵公民階層對自身失去的權利不滿，僭主統治也極不穩定。

要解決高度工商業化城邦的政治與社會穩定問題，僭主政治外還有兩條道路：（1）寡頭政治；（2）拓展基於重裝步兵公民階層的民主。科林斯採取了第一條道路。它建立強大的軍事，把公民分成對立的兩派以使城邦政治癱瘓。雅典則採取了第二條道路，於公元前 510 年推翻僭主，引入民主體制，使無地的公民也可參與議會和法庭。但在公元前 483 年前，低等公民的參政空間仍然有限。至公元前 483 年雅典擴展艦隊，需要大量低等公民作為槳手，執政者才攏絡他們，給予更大的發言權和參政機會。因此，方陣是希臘城邦民主的基礎學校，艦隊是它的畢業學校，家庭農場是有限民主的基礎，而商業船隊和它的附屬工場、倉

庫、市場則是推進民主的「腱」。

　　當然，古希臘民主從來都不是完全或全社會覆蓋的。雅典城邦的民主雖然經歷了一個過百年的歷程，但佔人口大多數的奴隸、婦女和外邦人卻從來都沒有政治權利。在公元前 500 年後的很長一段時間，古希臘公民權還是封閉的，世襲的，而基本上是與血統相關的。

3.4 城邦經濟

　　公元前 800 年古希臘仿腓尼基線形文字，在輔音字母上，以希臘語加上元音字母，成為拼音文字，它易懂易學，不但將文字引入到生活，亦使城邦的規條法則人盡皆知。它採用改良陶輪，和獨特的幾何形花紋，製成盛器以載美酒和橄欖油，成為重要的出口商品（圖 4.12）。通過和呂底亞（Lydia）首都薩第斯（Sardis）的密切聯繫，古希臘學會了鑄幣，至公元前 7 世紀，城邦普遍使用鑄幣，令財富的積存更為便利。他們製造了槳划的戰船和運貨的帆船，在西頓（Sidon）和巴比羅斯（Byblos）與腓尼基人展開海上貿易，在地中海霸佔殖民地。如米利都，便在公元前 600 年擁有約 100 個海岸貨棧，在意大利有龐大的錫巴里斯（Sybaris）驛站以轉運加工品，在埃及三角洲亦建造了同樣性質的驛站。

　　不過農業依然是古希臘城邦的重要產業，也是雅典自公元前 6 世紀起劃分四等公民的重要指標，以保證地主貴族在政治和軍事上的領導。這時的農業已集中在葡萄及橄欖樹，而糧食如小麥等供應則仰賴進口。希俄斯（Chios）的美酒和雅典的橄欖油是城邦國最為著名的出口。一些城邦也以林業和礦產出名，如西錫安（Sikyon）的木材、阿提卡的勞立翁（Laurion）銀礦、馬其頓的黃金、雅典和科林斯的陶泥等。出口型的製造業亦成為主要城市經濟。它們利用外國工匠（metics）、婦女和大量奴隸勞動力，進口大量原料以加工出口品。有記錄顯示：其中一些作坊，每坊雇用了 120 個奴隸；在公元前 531 年的雅典，在其 125000 名奴隸中，有 50000 名被用於手工業，10000 名用於採礦業。亦有記錄顯示：當時船運的商品約九成是陶器，而科林斯陶器在公元前 625－前 570 年佔了主導地位，但在公元前 570－前 523 年它讓位予愛奧尼亞，

至公元前 500 年阿提卡成為最大出口地。總言之,城邦時代,經濟相當發達,工商業發展,除了斯巴達嚴格限制工商經濟外,其他各城邦對這些產業大都寬鬆自由。

3.5 城邦時期城市化特色:大殖民

黑暗時代的移民是由多利安人入侵所觸發的。當時邁錫尼、阿爾戈斯、斯巴達及皮洛斯等王侯貴族紛紛逃往小亞細亞西北角,建立了「新亞該亞」。其後,又因人口增加,耕地不足,自阿提卡遷出了第二批落戶小亞細亞的愛奧尼亞地區,如米利都、科羅封(Colophon)、厄立特利亞(Erythrae)及希俄斯和薩摩斯(Samos)諸島的移民。

因此,在公元前 8–前 6 世紀的古風時代,古希臘人除建成了自己的城邦外,還通過海外殖民,建立了許多殖民城市。相對於黑暗時代的殖民,它被稱為「大殖民」、「分裂殖民」或「二次殖民」。這次殖民將古希臘的城市化及城市文明擴展至整個地中海沿岸(見圖 4.2)。簡言之,它是由政治、經濟狀況所引發的海外擴張與避難等動力造成的:

(1)人口的增長超出了本土城邦承受的極限。這可從兩方面理解:土地及民主體制的要求。山多地薄的城邦,人口增加或遇自然災害,地區經濟就難以承擔,其出路乃強迫移民。如公元前 7 世紀後期,錫拉島(Thera)7 年無雨,居民被迫抽籤,從兩兄弟中選出 1 人,殖民海外。亦有意見認為城邦人口應有上限以便實行民主。柏拉圖提出人口應限於 5040 個家庭(即約 20000 人),希波丹姆(Hippodamus)則認為最多為 10000 個公民(或 40000 人),以便公民間有緊密社會接觸,而在公民廣場發言時,其他人可以聽到,投票時也能知道該投給誰。

(2)由於土地多在貴族地主手裡,佃農要上繳高比例的收成,形成欠債和失地的農民,他們無法維持生存,只好出外謀生。

(3)從事手工業的人過多,傭工苦不堪言,一些只得移民以謀發展。

(4)工商業者為了擴大經營,到海外開拓新的市場和原料供應。

(5)城邦在農業及手工業已發展至商業化及專業化時,需要在海外控制大量的糧食和手工業原料的生產與供應。

圖 4.12 ｜ 出口美酒和橄欖油的陶盛器

圖 4.13 ｜ 希臘在黑海的殖民城市

除了這些原因外，希臘的地理位置及自克里特時期已培養起來的航海和海上貿易傳統亦至為重要。顧準（1986）引杜丹說：「在希臘人的國民生活中，海洋所起的作用有了確定的形式，並升到重要地位。殖民地多靠近海洋，靠海洋才能和母邦往來。政治上經濟上的獨立，要強大的船隊。遠在雅典稱霸前，科林斯、卡爾基斯（Chalcis）、米利都、佛西亞（Portia）、敘拉古（Syracuse）、塔林頓（Tarenium）、馬賽（Marseilles），都擁有了強大的商業艦隊和武裝艦隊。」當時的商船一般載重 100－150 噸，大的可載 350－500 噸，便利希臘用陶器、銅鐵器、紡織品和油及酒交換黑海北岸和色雷斯的糧食、林牧產品，意大利和西西里的農牧產品，和埃及的黃金，伊比利亞半島的白金、黃銅等。

　　被殖民的地區可分為三類：（1）輕而易舉型，即海岸空置及沒有設防的地區；（2）重點型地區，即已有農田及種植場的肥沃地區，包括意大利南部和西西里島；（3）走險型地區，如遙遠的高盧（法國南部，Gauls）和伊比利亞半島海岸。

　　大殖民按其背後動力及新開拓城邦的地域分佈，也可分為三期。早期（公元前 775－前 675 年）主要是農業開拓式的殖民，最早發動的母邦有小亞細亞的城市米利都，優卑亞島（Euboea）上的卡爾基斯，希臘本土上的墨伽拉（Megara）和科林斯等。而目的地則集中在小亞細亞東北面的愛奧尼亞、赫勒斯滂海峽（Hellespontos）、好客海（黑海），西面則是意大利南部的塔蘭托海灣到西西里沿岸廣闊肥沃的盛產小麥、橄欖油和美酒的土地，南面則有埃及和昔蘭尼加（Cyrenaica）。亦有遠至伊比利亞半島和高盧的，如科林斯便在公元前 734 年建立了馬賽。

　　中期（公元前 675－前 600 年）主要是商業殖民，如米利都在黑海設立商行，以取得南斯基泰（South Scythia）小麥再轉賣給本土城邦，特別是雅典，而自己則從本土城邦收購酒及橄欖油以交換小麥（圖 4.12，4.13）；也如佛西亞在地中海西部的馬賽建立與高盧貿易的殖民地。在前期和中期，亞非兩洲都沒有強大的陸上帝國，因而希臘城邦有近 200 年的自由擴張。

　　後期（公元前 600－前 400 年）主要是小亞細亞城邦被波斯壓迫而產生的「避難移民」，如部分人避難至雅典，將不少文化藝術，如陶畫

風格帶至雅典,佛西亞人因呂底亞入侵而移民至遠西的馬塞及科西嘉(Corsica),提奧斯人(Teos)則遷至色雷斯海岸及黑海北岸等。這後期的移民也包括雅典稱霸期間的軍事移民,如公元前 476-前 464 年雅典掠奪安菲波里(Amphipolis)、拜占庭(Byzantium)、斯庫羅斯等城,為雅典移民提供新土地和打通黑海航線;公元前 450-前 440 年間,雅典政府將公民 4000 多人移民至克森尼索(Chersonesus)、拿索斯(Naxos)、安德洛斯(Andros)及色雷斯四地。

簡言之,殖民地都有一些共通特點,如擁有礦石、木材、糧食、橄欖油等自然資源或產品,或可作為希臘手工業品和橄欖油及葡萄酒的市場 / 出口地。至公元前 6 世紀,殖民地的擴展與保有成為希臘城邦發展的重要保障。在公元前 6 世紀末,黑海地區已成為雅典主要商品市場及原料和糧食的供應地,顯示雅典經濟已由奴隸主農業經濟,轉變成開放型的對外掠奪與擴張的經濟。它極依賴海外貿易通道,特別是進口糧食的穩定供應。貿易通道的暢通因而已成為雅典社會、政治和秩序的基礎。波斯的崛起及西進,阻礙雅典與黑海貿易,威脅其獨立及自由,因此,與波斯爭奪海權成為雅典乃至整個希臘的首要任務。

移民方式亦由起初個別團伙的自由漂泊變成有計劃性的政府行為。據布迪安(2009)考證,有計劃的移民包括了一定的程序與原則:(1)要得到阿波羅神諭的批准,(2)由政府任命移民者的頭人(oikistes),(3)從母邦女神殿取火在新建殖民城市燃點,顯示與母邦的精神相連,(4)由移民頭人組織殖民城邦政府。雖然早期殖民地都抄襲母邦的社會秩序、制度及習慣,但它們是獨立而不是依附於母邦的政治實體。

海上的同舟共濟、登陸後協力佔地,及對付兩大競爭對手(意大利中部及北部的伊特魯里亞人〔Etrurian〕,和地中海東岸的腓尼基人)及海盜侵略,每個殖民者在防衛上有都同等的責任和義務,使他們之間的友情勝過了血緣關係,產生了平等選舉產生領袖的體制。同時,由於新城邦沒有王裔,城邦創立者便成為世襲王室,但不久王便成為有名無實。而且,殖民地土地廣闊,每個男性成年人都能分得一片土地、在本地事務上就有同等發言權。防衛的需要加上較平等的權與責,使海外殖民地比本土更早就建為 polis,成為有高地城堡,與本土不一樣的築城

聚居，有民主選舉的城邦。被征服地的原居民變為依附民或農奴，後來一些升格為自由民，與新移民構成殖民城邦的「平民大眾」。海外殖民不但促進了一種新型的城鎮化，也在城市規劃和民主的發展上領先希臘本土。

通過殖民帶動的城市化，希臘古城市文明範圍遍及地中海大部分地區和黑海沿岸，形成了新的希臘世界，或希臘古城市文明圈，它包括了希臘本土、愛琴海諸島的古希臘，東北面的黑海與色雷斯，和「西方希臘」（見圖 4.2）—— 後者包括以敘拉古為首的大希臘（南意大利及西西里）和遠西（馬賽及其東西沿海的殖民地）。據統計，在公元前 800－前 500 年間，有明確記錄的希臘本土參加殖民的城邦共 44 個，建立的殖民城邦至少在 139 座以上，光是米利都便建立了 60 多個殖民地。當然實際情況應比這數字顯示的更多。

作為古希臘的特殊城市化過程，「大殖民」的影響是深遠的，包括了城邦經濟的轉型，城市空間分佈的擴張，地方文化的交流，及城邦管治體制的轉變等幾個方面：

（1）殖民緩解了本土城邦發展的內在矛盾，促使母邦轉為商品經濟，發展了進口糧食和原料、出口手工藝品為主的開放式工商業；整體經濟也由單一轉向多種經營，本地農業也從自給轉向商業化生產。

（2）壯大和增強了希臘工商業者的力量，如科林斯、墨伽拉、西錫安等大舉移民，發展了工商業，但同時也導致人力不足及刺激土地貴族貪慾，加深剝削。其結果是新一輪社會矛盾，使僭主興起，推翻貴族統治，開展民主政治。

（3）海外城邦由於受外敵侵略威脅，多推行僭主政治。

（4）早期移民促進了希臘對東方文明成果的吸收，如詩人荷馬、阿格拉達斯（Ageladas）、薩福（Sappho）都是小亞細亞城邦的公民，古希臘的抒情詩、史詩、自然哲學和醫學等也源於小亞細亞。

（5）中、後期移民使希臘文明中心從小亞細亞移回本土，突出了雅典式希臘古典期的城市文明特色。正如克利斯提尼（Cleisthenes）所說：「雅典的政治、外交和軍事上的許多事情都是由其商業利益決定的」（顧準，1986）。它構成了一個海洋與大陸交錯、東方與西方聯結

的，前所未有的旨在征服和奴役異邦人、以稱霸為目的的地中海經濟貿易圈。在這過程中以雅典為代表的城市文明及其價值觀亦在這經濟貿易圈滲透。

（6）分裂殖民體現了貴族氏族自立門戶的慾望，使眾城邦不能形成一個強大的政治軍事核心，以締造一個統一的古希臘國家。

然而「大殖民」對一些本土城邦的影響不大。比如斯巴達，它在征服美塞尼亞（Messenia）後，獲得了大量農奴，在此基礎上建立了公民軍營生活的「戰士－公民」。他只在意大利建立過一個小殖民地以安置公民妻子和奴隸茍合產生的私生子。而在本土另一城邦國色薩利，因四周高山，土地肥沃，貴族繼續役使農奴，經濟與社會的變化不大，它亦沒有參予「大殖民」的城市化進程。

顧準（1986）說：「公元前 8－6 世紀 200 年間，希臘人從小亞細亞及本土出發，殖民於東、西、南、北。古典時代以本土為中心的地中海的希臘世界，就是這個時期形成的。」希臘的「大殖民」和古代的一些民族遷徙不同，它是一種特殊的城市化。它的「推」因（push factors）乃希臘本土資源不足以支撐人口快速的增加，而它的民主制亦只是在小圈子內讓一小部分人享受自由與民主權利，不能將公民圈子擴大。它的「引」因（pull factors）乃海外的資源、市場及被搶掠的奴隸。古希臘人以海上強權為實力去強建殖民城邦的特點成為公元前 800 年後的城市化及城市發展主調，與古埃及和兩河的古城市文明不同，但卻與近現代的資本主義殖民侵略相似。

4. 古希臘城邦的種類及案例

4.1 古希臘城邦種類

若從整個愛琴海古城市文明發展進程看，廣義的古希臘的城邦可分為3種，體現了它在文明進程中的三個不同時期的歷史背景。第一種是在邁錫尼文明時期，當時尚未形成國家、沒有遭到外族入侵，城邦是在原有氏族制度基礎上形成的，如雅典。第二種是在邁錫尼文明毀滅後，由多利安人在其基礎上形成的，如斯巴達。第三種是在黑暗時代後在本土的及「大殖民」建立的城邦。

由於城邦時期的歷史都是由雅典的亞該亞歷史學家所撰寫，有關第三種城邦或狹義的城邦時期的描述與評論自然偏向雅典，形成一種錯覺：古希臘各地的政治實體都是如雅典一樣，是城邦國。實際卻非如此，有些政治實體並不是真正的城邦，是以顧準（1986）將這時期古希臘本土的政治實體分為四類：

（1）海上交通便利的工商業小城邦。它們領土小，但有優良港灣，如科林斯、西錫安、卡爾西斯、墨伽拉和埃吉納（Aegina）等。

（2）農業為主的大城邦。它們有大片農業區，由原來不相統屬的小王割據的諸城堡逐步合併為以單個城市為中心的大城邦，如雅典、福喀斯（Phocis）、彼奧提亞（Boetia）、伊利斯（Elis）等。

（3）領土廣闊，不徹底「城邦化」的農業國。它們存在農奴階層、邊區居民、貴族和特權公民間的矛盾，如斯巴達、色薩利等。

（4）介於前三者間的類型，如阿爾戈斯。

表 4.3 顯示古風時代的一些「城邦」的簡約狀況，包括了一些其實是邦盟形式的廣域國家。下面我們通過實例對上述三種非雅典典型的城邦國簡單介紹，說明雅典城邦並不代表了當時的古城市文明，而只是它的一部分，以顯示這一階段的愛琴海古城市文明的多樣性。

表 4.3 古風時代希臘本土政治實體狀況

城邦 / 國	面積（平方公里）	城市 / 國家性質	經濟
斯巴達	8400	多城	農業、農奴制
雅典	2400	單城	工商為主、農業為次
科林斯	910	單城	工商為主
西錫安	360	單城	工商為主
夫利阿斯	180	單城	工商為主
福喀斯	1600	20 多小城、邦盟	農業為主
彼奧提亞	1440	8 城、邦盟	農業為主
優卑亞	2720	8 城、邦盟	農業為主
色薩利	24000	多個重要城市、四個自治體、廣域國家	農業為主

4.2 非雅典型的城邦案例

斯巴達（Sparta）

斯巴達位於希臘本土南部的伯羅奔尼撒半島，面積 8400 平方公里，包括了拉科尼亞（Laconia）和美塞尼亞（Messenia）兩大平原，和南邊海島基西拉（圖 4.14，4.15）。美塞尼亞本是個獨立國，被斯巴達人征服後，原居民被收為奴，稱為希洛人或黑奴士（Helots）。希洛人曾多次起義，是斯巴達國內的心腹大患。

兩大平原土地肥沃，宜耕，周邊山區又有森林和葡萄園，北面的山區有鐵礦，能造成優質武器。因此斯巴達是個自給自足的農業國。但斯巴達沒有優良港口，公民保守，鄙視勞動（體力勞動皆由奴隸承擔），以做戰士為目的，以致全民皆兵。斯巴達以約一萬左右（最少時 5000人）的公民，統治面積廣闊的及奴隸眾多（奴隸加非公民人口約 40 萬）的國家。

斯巴達奉行原始氏族的「平等人民公社」制度，是典型的農業奴隸

圖 4.14 ｜ 公元前 750－前 490 年的古希臘城邦及氏族國家

圖 4.15 ｜ 伯羅奔尼撒半島諸國

制邦國。全國土地平均分給成年公民，他們又各得 10 個奴隸。持地公民 10−15 人成一組將土地交奴隸耕種，奴隸各向主人納實物稅及盡其他義務、不服兵役，但作戰時作為雜役及前鋒。不過公民沒有私產，對土地及奴隸只有使用權。公民的新生嬰兒由長老檢查，強壯者才可養大，自 7 歲起便要過軍人生活。青年終年不穿鞋，在團隊（agele）裡生活、吃公餐、從事體育、運動、學習語文、按軍事編制操練等。軍隊以重裝步兵（hoplites）為主力，公民 18−60 歲在役。公民除軍訓外，可享受繁榮，創作優美的詩歌、歌曲和精美陶器，但被禁用貴金屬，以鐵器為貨幣，也沒有劇院及其他娛樂場所。

斯巴達在邁錫尼時代已有一個城市。邁錫尼末期，入侵這裡的共有三個多利安部族。斯巴達實行奴隸主貴族專制，設有兩個王，分別在兩個王族中世襲產生。王擁有司法、行政和宗教權力。在戰爭時，一個王任軍事統帥，擁有較大的權力。國家的長老會（gerousia）由前兩個王、28 名貴族組成，終生任職，決定戰爭、談判等。此外，30 歲以上的公民組成公民大會，每月召開一次，形式上享有選舉王及長老會其他成員的權力，但實際上只能就王和貴族的提案進行表決。此外，由王和貴族提名 5 名監察官，監督法律實施、判處案件，督促年輕人體質鍛煉和維護風紀。

兩大平原區分割為五個行政區。柯尊文（2005）稱：「斯巴達是五個農林區合併，不是城市」。然而在「邊區」的居民不屬於「平等人公社」，他們有農民、工匠及商人，是自由民，但不是公民，無政治權利，不過他們可服兵役及持有私有土地及財產（屬半公民）。他們也有自己的城市。斯巴達人不能經商，從事工商業的主要是皮里阿西人。南面海島基西拉，也有自己的城市，由斯巴達派駐的「事務官」監督，向中央交納貢稅，形同自治市。

公元前 6 世紀下半葉，伯羅奔尼撒半島的城邦，除阿爾戈斯外，都被斯巴達糾集，組成伯羅奔尼撒同盟。盟中各邦保持獨立，但在外交及軍事聽從斯巴達。斯巴達經常利用同盟鎮壓境內的希洛人，及干預各邦內政，支持各邦的貴族統治。公元前 431−前 404 年斯巴達與雅典爭霸引起伯羅奔尼撒戰爭，有數百城邦參與，波及整個地中海。其後斯巴達雖勝，但卻給予馬其頓征服整個希臘的機會。

科林斯（Corinth）

　　它位於伯羅奔尼撒半島，與阿提卡為鄰，兩面臨海，面積 910 平方公里，擁有肥沃土地及天然泉水（圖 4.15，4.16）。自多利安人入侵後，當地邁錫尼人淪為農奴。公元前 8 世紀中，一個只有數百人的強大氏族將王驅逐，建立寡頭政府，並在公元前 750－前 675 年間連續執政，建設了大型的公共建築，如阿波羅廟；它並繼承邁錫尼海上貿易遺風，前往海外殖民。由於它擁有到愛琴海和自科孚島（Corfu）至南意大利的兩條重要海道，在公元前 730 年時已是個發達城邦，有公民 5000 人；公元前 400 年公民增至 9000 人。

　　至僭主庫普塞魯斯（Cypselus）及兒子佩里安德（Periander，古希臘七賢人之一）當政（公元前 658－前 587 年），科林斯開始解放農奴、改革貨幣、大力造船、開鑿運河、修建道路及獎勵科技和藝術，又建了兩個海港，分別通向意大利、西西里和東地中海，港口與主城亦建了 3.2 公里長城牆相連。他們使科林斯成為當時最發達城邦，擁有海上霸權，與米利都和埃及商貿關係密切。出口包括陶器、石材及銅器。它的優美的自然風格陶瓶聞名希臘世界。

　　公元前 734 年，科林斯發動貴族領頭移民西西里敘拉古，在科孚島上建立殖民地，及聯同其他 8 個城邦在尼羅河口建立殖民地以便和埃及貿易。庫普塞魯斯父子亦大力推動海外殖民，建立了安布拉基亞（Ambracia）及亞納克托里翁（Anactorium）等城邦。

　　公元前 585 年，一個寡頭集團推翻了僭主，建立一個 80 人議會執政。公元前 433 年科林斯與它在意大利的殖民地海戰，之後實力及威望均下降。公元前 395－前 386 年它又與斯巴達開戰；在公元前 338 年被馬其頓滅亡。

阿爾戈斯（Argos）

　　它位於伯羅奔尼撒半島東部，面積約 2000 平方公里，北面是科林斯，西南面是斯巴達（見圖 4.14，4.15）。據說它的名字與宙斯兒子有關，它的士兵也參與了特洛伊（Troy）的戰爭。它的中部是肥沃平原，兩旁

科林斯灣

墨伽拉

科林斯地峽

科林斯
1858

運河

舊科林斯市
(至1858年)

薩羅尼克灣

夫利阿斯

科林斯

阿爾戈利斯

圖 4.16 | 科林斯圖

是山脈。公元前 700 年有公民 5000 人，公元前 400 年增至 30000 人。

　　阿爾戈斯原本是邁錫尼王畿，三個邁錫尼時代的中心城市：阿爾戈斯、邁錫尼、梯林斯都位於此，都是王畿的重要城堡，俯視整個平原。這裡發現了多個邁錫尼王墓。在黑暗時代時，它在多利安人諸邦中居領導地位。公元前 770－前 730 年，在古希臘首位僭主菲敦（Pheidon）領導下，發明了重裝步兵的作戰方式，吞併了梯林斯、邁錫尼和納美亞（Nemea）等小邦國，並打敗過斯巴達和雅典，與這兩大強國在公元前 7－前 5 世紀間爭霸。

　　阿爾戈斯有眾多陶器工場，陶器及青銅雕塑非常精美。它亦是首個以青銅加銀製幣的城邦。這裡建立了培養雕塑技師的學校，有不少製革及織布工場。它還有不少音樂家和詩人，人民亦喜愛戲劇，是個藝術和文化中心。自公元前 700 年起它便和斯巴達及帕羅斯（Paros）舉辦音樂比賽。阿爾戈斯城每年有 25 個不同的慶典及多次的商品展銷會。

　　公元前 496 年斯巴達打敗阿爾戈斯，殺死了它 6000 個士兵，使阿爾戈斯人口下降。在希波戰爭中它保持中立，亦常周旋於斯巴達和雅典之間。公元前 460 年因與雅典結盟而走向民主化。但在公元前 418 年在斯巴達干預下它又重回寡頭統治。

福喀斯（Phocis）

　　福喀斯是希臘本土中部科林斯灣北部的邦國，面積約 1600 平方公里（圖 4.14）。它中部有高山將邦境分為兩部分，土地貧瘠，亦無優良港灣，經濟以牧業為主。

　　福喀斯沒有大城市，由 20 多個小市邑組成。其中特爾斐（Delphi）及伊乃提（Elatae）是重要的泛希臘宗教及文化中心。這些高度自治的小市邑因防衛需要而組成了一個鬆散的國家。

　　有關福喀斯的歷史資料甚少，主要是公元前 5 世紀後和戰爭有關的記錄。在公元前 480 年開始的希波戰爭，它初時參加了希臘聯盟，但其後站在波斯一邊。公元前 475 年因爭水源與鄰國多麗斯（Doris）不和，給斯巴達入侵機會。在公元前 448 年起的斯巴達與雅典之爭中，它和雅典聯盟，後因雅典衰落而受影響。在公元前 4 世紀和彼奧提亞多次戰

爭，在科林斯戰爭時（公元前 395－前 394 年）受困，並在公元前 380 年被底比斯滅亡。

色薩利（Thessaly）

色薩利位於希臘本土北部，面積約 20000 多平方公里，是古希臘的廣域國家及最大國。它有多個被山嶺環繞的平原，最大的是拉利薩（Larisa）和卡迪察（Karditsa），東南部海岸也有良港（見圖 4.14）。多利安人入侵時，邁錫尼住民部分遷離希臘本土，部分退入山區成為「邊區居民」，留在平原地區的成為多利安人奴隸。多利安人在平原上建築城堡以統治農奴及納貢的「邊區居民」，每城堡有一王，形成眾多的獨立小國。

它的平原肥沃，宜種穀物及牧馬，山區則以牧業為主。公元前 7 世紀時王權消失，由散據各小城堡的貴族家族掌權。他們生活如帝王，好文藝，常招引南希臘詩人及藝術家到訪。各小邦組成了色薩利聯邦，中部平原區被分成四個自治州，選舉產生自治機構，再由四州產生聯邦政府，其首席行政長官由諸邦互選，但只掌控由四州合併成的一支 8000 人的貴族騎兵和 20000 重裝步兵的聯邦軍。各州行政獨立。

區內有多個重要城市，如拉利薩、斐賴（Pherae）、法薩洛斯（Pharsalos）和克拉龍（Cranon）。人民共分為三等，最高一等乃多利安人；其二為「邊區居民」，他們是自由民，向所屬州納貢，沒有管治權；最低為奴隸，地位一如斯巴達的希洛人。在公元前 4 世紀前，城市中平民（demos）不許涉足政治集會場所，沒有政治權利。

公元前 480 年，它被波斯入侵及佔領，但貴族統治卻延續至伯羅奔尼撒戰後。公元前 374 年，斐賴的傑森（Jason of Pherae）統一全境。公元前 344 年，中央政府向各州委派州官，而騎兵亦被融入馬其頓遠征軍中。

4.3 總結

上述諸案例基本上都不是雅典式的古希臘城邦。它們是以氏族社會或氏族專政為基礎的奴隸主政治實體，一些更是農牧業自給的較封閉社

會。然而，它們所代表的卻乃古風至古典時代的普遍現象。因此，有學者更認為這些都是氏族國家（見圖 4.14），而雅典卻恰恰是個特殊案例。然而，基於古希臘學者的雅典偏向，及後世普遍以雅典作為古希臘城市文明的代表，加上後來羅馬以至整個西方文明都把雅典作為發展典範與根源，我們在接受愛琴海古城市文明後段多樣性的背景下，有必要對雅典城邦作為一個獨立主題，進行較詳細的分析與論述。

5. 雅典城邦：愛琴海古城市文明的高峰

5.1 雅典城邦的代表意義

在古希臘人建立的眾多城邦中，影響最大而及對後世最具意義的乃公元前6－前5世紀的雅典，它被泛稱為古希臘文明的高峰，實際上亦是愛琴海古城市文明的高峰。它發達的商品經濟、民主政治、文學、科學、哲學、演藝和建築等，創造了輝煌的古希臘文明。正如當時的雅典領導人伯里克利（Pericles，公元前495－前429年）說：「雅典是全希臘的學校」。雖然雅典體制，如上文所述，在古希臘並不普遍，但它的城市化，城市規劃，城市功能等和它的社會及民主政治制度緊密結合，承繼了愛琴海古城市文明發展的主軸並將它推至頂峰。

雅典城邦位於愛琴海中部的阿提卡半島，居民是愛奧尼亞人和亞該亞人（見圖4.14）。它境內多山，礦產豐富，海岸線曲折，多良港，宜發展航海和工商業，但不利農業（圖4.3）。邁錫尼晚期時那裡多以部落小城堡為核心的小王國，分屬4個主要部落。雅典從未被多利安人佔據，但後者在其西及東北面環峙。安全的需要最後促成了阿提卡諸小國的合併。傳說雅典王忒修斯（Theseus）在公元前8世紀託古改制，取消各市鎮或小國的議事會和政府，設立位於雅典城的中央議事會和行政機構，將權力集中至雅典，並把所有貴族都遷入雅典。他更把雅典公民分成貴族、農民和手工業者3個等級，規定只有貴族才能出任行政機構公職。為了配合他的新的政體，他在衛城建立了一個共同體公共空間：阿果拉（agora），並規定每年一月舉行雅典娜女神祭典，以之為「統一節」以營造邦國意識。

5.2 雅典民主發展

公元前682年，雅典國王被廢除，由3名執政官（archon）分別掌

管政治、軍事和宗教事務。他們由公民大會從貴族中選出，任滿後加入貴族會議。後者負責國家的一切大事，包括審判刑事案件和推薦執政官。執政官雖然歷終身、十年制，至公元前 6 世紀一年制的轉變，但被選與選舉權只屬於貴族。自庇士特拉圖（Peisistratos）落實梭倫（Solon）的改革（公元前 594 年，見下述）後，貴族政治才開始走下坡（表 4.4）。梭倫改革的實質乃新興的工商業者聯合其他平民，向貴族奪權，使雅典城邦出現了古代民主政治。梭倫改革也包括其他方面，成為古希臘城市文明的最重要人文因素：

在經濟方面：（1）頒佈「解負令」，取消平民所欠債務，又使因負債淪為奴隸者重獲自由；（2）實行有利於工商業的政策，如限制糧食出口，擴大橄欖油輸出，實行貨幣改革，獎勵外地工匠移居雅典，提倡公民學習手工業技術等；（3）承認私有財產繼承。在政治方面：（1）按財產多寡把雅典公民分為 4 級（表 4.5），第 1、2 級可任高級官職，第 3 級可任低級官職，第 4 級不能擔任官職；（2）設立 400 人會議，作為公民大會的常設機構，由 4 個部落各選 100 人組成，第 4 級公民不能被選；（3）設陪審法庭，陪審員由公民抽籤選出。

表 4.4 雅典的民主進程

人物	年份（公元前）	貴族 / 職位	大事
德拉古	621	貴族	庫隆暴動後，立法典開始法治
梭倫	594	貴族、十將軍、首席執政官、仲裁員	廢貴族世襲代以資產資格（分公民為四等）、在衛城南建阿果拉
庇士特拉圖	560-508	貴族、僭主	落實梭倫改革、對外擴張、設全國性節日
克利斯提尼	525-508	貴族、首席執政官	創主權在民、輪番執政、廢傳統血緣氏族，改為新地區「氏族」、抽籤選議會議員、建立陶片放逐法
伯里克利	462-429	貴族、首席執政官、首席將軍	黃金時代（公元前 442- 前 429 年）、執政官人選擴至三等公民、公薪制、用盟國貢金建設雅典、限制公民數目

圖 4.17 ｜ 雅典 10 個新「部落」分佈圖

表 4.5 公元前 594 年改革後的公民等級

等級	名稱	政治權利	軍事權利／義務
一	富農	可出任議事會、執政官	出任騎兵
二	騎士	可出任議事會、執政官	出任騎兵
三	中農	可出任議事會（公元前 457 年後可出任執政官）	出任重裝步兵
四	貧民	（公元前 404 年後可出任執政官）	出任輕裝步兵、雜務、樂手

改革因損害了貴族利益，梭倫在未完全落實改革措施前便被迫下台。其後庇士特拉圖以武力建立「僭主政治」，是他貫徹執行了梭倫改革。他治下亦作出了很多其它貢獻，如在小亞細亞西北部建立殖民地，以控制黑海的商路和貿易、進行大規模市政工程建設、重視雅典文化事業，出資組織節日慶典，請文人墨客到雅典創作交流，對《荷馬史詩》整理等。在他治下，雅典從一個二流邦國變得繁榮強盛，所以亞里士多德說「庇士特拉圖的僭主政治有如黃金時代」。

50 年後，「僭主政治」被推翻，新領導克利斯提尼（Kleisthenes，公元前 525－前 508 年）進行了第二輪改革，包括：（1）以 10 個新的地域部落代替舊的 4 個血緣部落（圖 4.17）；（2）建立 500 人會議，代替 400 人會議。在 10 個部落中，所有公民經抽籤選出 50 人，在 1 年內 1/10 的時間裡，處理國家日常事務；他們中間再抽籤選出執行主席；（3）設立 10 將軍委員會，每部落各選 1 名將軍，1 年 1 任，首席將軍權力最大；（4）制定陶片放逐法，公民每年一次將他們想驅逐的人的名字寫在陶片上，名字最多的便被放逐十年（不需要理由、不事前通知和不予辯解機會），成為除去反對派領袖的不民主和不透明機制。

約 40 年後，伯里克利推動了最後一次民主改革：（1）各級官職，除 10 將軍外，向所有公民開放，以抽籤方式產生；（2）公民大會成為國家最高權力機構，包攬內政、外交、軍事、官員選舉任免等大事。公民在會上都有發言權和表決權。500 人會議成員都有機會擔當公民大會

的輪值主席，執掌國家最高權力；（3）自公元前 451 年起擔任公職和參加城邦政治活動的公民都有工資和津貼；（4）削減貴族會議的權力，讓它只處理宗教事務；（5）保留陶片放逐法。

經過三輪的政體改革，雅典的確開創了民主政治先河，正如伯里克利在一次演說中說：「我們的制度之所以被稱為民主政治，是因為政權在全體公民手中，而不是在少數人手中。在解決私人爭執的時候，每個人在法律上都是平等的」，「任何人，只要他能夠對國家有所貢獻，絕對不會因為貧窮便在政治上湮沒無聞」。但雅典政治是真正民主或是變相的寡頭統治？其真確地位仍不明朗。古典時期一位作家曾說：「雅典的貧民和平民比貴族和富人更有勢力」，這個評語對陶片放逐法最合適，因只要有 3000 人以上投暗票要放逐某人，一個政治死結便可解破。投票的人正是容易被收賣的公民中的貧民，被放逐的都是有意問鼎政府大權的貴族和有財有勢人士。

此外，雅典的婦女、奴隸和外邦人都不享有這種民主。亦有評論說：雅典的民主是種頗為原始的直接民主，只能是小國寡民的城邦體制的產物並且有很多流弊。比如，抽籤選舉和輪流做莊的方式，導致政權長期落入庸懶人手中，使有道德及能力的公民只能短暫發揮。而 10 將軍卻可無限制地連任，使實權落入 10 將軍委員會中。因此長期連任的首席將軍，如伯里克利，可不理 500 人會議，獨行獨斷。令人尷尬的是，兩名民主改革者都是首席將軍。到伯里克利時，執政官候選人擴大至第三級公民，但這時的執政官只有虛名，實際權力集中於首席將軍。當日修昔底德說得坦白：「雅典在名義上是民主政治，但事實上權力在第一公民手中（即首席將軍伯里克利）。」（顧準，1968 引）

在表面民主實際上是軍事強人專政下的雅典進入了軍事、經濟擴張及文化大發展的「帝國」及黃金時代。「民主」的擴大有利雅典在軍事上發揮，它比其他邦國擁有較多務農公民的優勢，可隨時組成一支較大的公民軍。換言之，雅典將民主轉化成為軍事力量，然後再以從其他邦國掠奪得來的財富，建設雅典城及使雅典公民在經濟誘因下全民參政，並且造就了雅典城特有的服務公民政治及營造公民意識的城市中心區，成為它的城市文明在硬件上的一大特色。

5.3 雅典的人口

在雅典城邦發展高峰的古典時代（表4.2），它的居民在社會地位成金字塔型分佈。作為非公民的廣大人口，權利比一般公民少很多。

公民

表4.6顯示古典時期三個不同年齡層的人口總數及構成。公民，即18−59歲男性有公民權利的只有2−4萬人，從屬他們的婦女、兒童及退役老年人約7−12萬人。因此，城邦的主體人口，即本地人口，約9−17萬人，大抵是城邦總人口的一半。其中成年在役公民從軍與傭工公民約一比一。

亞里士多德在《雅典政體論》提到雅典公民的職業時稱，在戰士之外，包括了：生產糧食的農民、工藝品工人、批發及零售商人、散工。這些職業當然並不限於傭工的公民，也包括了婦女及退役老年人。似乎表4.6的「傭工」指的乃受薪公職。在提洛同盟（Delian League）時期，雅典國力及財力大增，不但擴大了軍隊，公民軍的一部分轉為全職有薪的常備軍，亦向參與政治及行政工作人員發薪。比如由退役老人出任的6000個陪審員，一個人的津貼便可養活一家5口。這些受薪者的總人數約為18000人。此外，僅駐雅典城的常備軍便有5850人，未包括約20000個參與同盟常備軍的軍人（見表4.7，4.8）。

表4.6 古典時代雅典城邦總人口

公元前	公民			異邦人		奴隸	總人口
	18-59 歲男性	18-59 歲男性		18-59 歲男性			
	軍人	傭工	總數		總數		
489	15000	20000	140000	?	?	?	?
431	25000	18000	172000	9500	28500	125000	325500
400	11000	11000	90000	?	?	?	?
323	14500	13500	112000	12000	42000	106000	260000

表 4.7 雅典黃金時代（約公元前 431 年）的公薪人員

界別	職位	人數	總數
行政	國內外官員	1400	
立法	議事會成員	500	
	公民大會成員	10000*	
司法	陪審員	6000	
常備軍	城市衛士	50	
	造船所衛士	500	
	重裝步兵	2500	
	弓箭手	1600	
	騎士	1200	
	其他	10650	
全部			23750

* 公民大會成員和其他公薪類別有重疊。

表 4.8 雅典黃金時代城市管理工作及行政人員數
（公元前 462 年起由議事會抽籤選出）

工作	人數	備注
公賣	10	出租公共財產
收款	10	
會計	10	
查帳	10	
城市監督 *	10	5 在雅典城、5 在庇里尤斯港
市場監督	10	同上
穀物看守	10	
港口監督	10	監督港口市場、保證進口糧食 2/3 賣給雅典城
神廟修繕	10	
競技裁判	10	
司令	10	

* 工作包括監督女子音樂演奏收費、清道夫工作、築房佔路、水溢道路、樓宇朝向及向道路開窗等。

在實行報酬公職後，雅典在公元前 445 年恢復了舊法律以限制公民數目，即父母同是公民者，才是公民。全權公民數目因而立即減少約 5000 人，餘下 15000 人。

異邦人（metics）

自梭倫改革後，雅典鼓勵有技藝的外國人移入。在古典時期，雅典建造了龐大的船隊和海港，成為希臘世界的商貿中心，它因而要各種人才，導致大量異邦人湧入，人數達 3－4 萬（見表 4.6）。雅典更和同盟國簽定《異邦人互惠公民權利協定》，方便他們處理商務有關的契約、信貸、投訴及訟裁，保障他們的居留權、人身安全、宗教及習俗權利，以吸引異邦人移入。

雅典這些政策對它的城市化、城市經濟和城市人口產生積極作用，使異邦人口由佔總人口 1/6 增加至 1/1.25，是希臘城邦中比例最高的。異邦人多開設作坊、從事進出口及商貿活動、承包開礦（因公民不可從商及採礦），亦有從事醫生、教師等職業。在各行業中，從事零售及批發的人數最多，之後乃紡織、穀物及蔬菜進口。據估計，公元前 6 世紀，雅典有工商業者 6000 人，金、石、木、皮革及紡織工匠 1000 人，製陶工匠 150 人。

異邦人是自由民，但無公民權，要繳納人頭稅，可擁有奴隸，有從軍義務，但不可擁有土地及房屋。他們居住在雅典城及兩個港口，為城邦帶來工商業發展及經濟收益。

奴隸

雅典人口近四成為奴隸，人數達 9－13 萬（表 4.6，4.9）。奴隸有從黑海沿岸購買，但多是通過海上掠奪及戰爭俘虜而來，如公元前 467 年海戰大敗波斯，便得奴隸 20000 人。約一半的奴隸為傭僕（65000 人），近半是作坊工人及雜役，又有一萬人從事採礦。在公元前 6－前 5 世紀，一個奴隸的價格為 100－150 德拉克馬（約 8－12 兩銀），而奴隸主每年可在每個奴隸身上取得 8 兩銀的利潤。

表 4.9 雅典城邦黃金時代人口構成（約公元前 431 年）

大類	細分	人口數
市民總數		172000
	成年男：軍人	25000
	成年男：受薪公職	18000
	其他	129000
異邦人		28500
	成年男	9500
奴隸		125000
	傭僕	65000
	工業	50000
	礦工	10000
總人口		325500

　　一些大型作坊有 100 人以上的工奴，中型作坊也有 20–30 人。奴隸出租亦是國家及私人的大生意。在公元前 5 世紀，最大的私人奴隸主便有上千奴隸，把他們出租予礦山開採者以謀利。國家的奴隸是最高級奴隸，他們充任雅典城的警察和檔案管理員，由國家供應膳食，並可自由選擇居所。被釋放的奴隸可取得異邦人身份。

5.4 雅典的經濟

傳統產業

　　古典時期的雅典農業已轉型為出口型的園圃並大量出口橄欖油和酒，而糧食的自給率只有 25%。優良的陶土，加上油和酒對盛器的需求，促進了製陶業，使雅典超過科林斯成為最大的陶器出口地。大理石亦是重要的出口。公元前 483 年發現了勞里翁銀礦，加上奪取色雷斯金礦，成為雅典建造強大海軍的經費來源及政府年度收入的一部分。

希臘世界的工貿中心

公元前 6 世紀前，雅典工商業不發達，但自梭倫採重商政策後，製陶業已勝過科林斯，有製陶工藝人 400；總體工商業也領先各城邦。至古典時期雅典成為古希臘的工商業中心和最繁榮的工業區，有冶金、造船、武器及陶器等主要工業。不少富有地主也一反傳統，兼營作坊。雅典出口的陶器上的繪畫反映了當時各種經濟活動的實況。在波希戰爭中始建的庇里尤斯新港（Piraeus）已建成，並以城牆和雅典相連，加上老港法勒隆（Phalerum），使雅典成為希臘世界最大商貿中心。主要的出口為油、酒、金屬細工、陶器、奢侈品、武器等。進口有糧食、亞麻、亞麻布、木材、鐵、錫、銅、象牙、珠寶、皮革和奴隸。進出口市場包括了大希臘、馬其頓、色雷斯、迦太基、黑海、埃及和高盧，但主要市場是黑海地區。

雅典和科林斯、米利都等城市亦展開城際互市，向黑海及殖民地輸出本地產品外，也把雅典藝術家和手藝人產品轉運至異邦。庇里尤斯港區內有巨大倉庫、造船廠、作坊、銀行、公證人、旅店，它亦有很多高樓大廈，是邦國內人口眾多和最繁華熱鬧的地區。公元前 5 世紀，它的年貿易額有 2500－3000 塔蘭特（白銀 1.4－1.7 百萬兩），公元前 4 世紀時只有 2000 塔蘭特。雅典對進出口收取 2% 的關稅，並規定糧食進出口由政府專營，2/3 要在雅典城出售。

金融業興起

公元前 450－前 446 年，雅典規定同盟邦國要按它的標準鑄幣及採用它的度量衡，使雅典的「梟幣」和銅幣被廣泛採用，覆蓋地中海、印度及伊比利亞半島，造就了雅典的國際金融業。它亦成為首個以貨幣經濟代替自然經濟的國家：企事業單位使用貨幣交地租、交稅、發工資及替代力役等。

雅典的金融商在市場和寺廟放置錢櫃，辦理兌換、信用證（供貿易及製造業支付）及向個人和企業貸款，如被稱為「海洋貸款」的商品抵押貸款及高息船主貸款，甚至城邦的信用及借貸等。金融業極盛於公元

前4世紀，如公元前371年記錄了一筆50金塔蘭特（約白銀100萬兩銀）的生意。廟宇也加入金融業，如給個人、城市及國家貸款等。當時共有53個城邦擁有廟宇、私人及公共的錢櫃（金融機構），而雅典城則成為希臘世界的信貸總部，它的金融商在其他重要城市都開設分支或設立代理。

雅典的財政收入

雅典城邦的財政收入，除了來自關稅、商業稅外，還包括出租礦山、鹽田等國有資產、發行公債、罰款、異邦人人頭稅、公民捐款、戰爭掠奪、同盟國的5%關稅、同盟國貢金等。公元前5世紀中期起，後三者成為雅典的主要財政來源。如公元前431年的總收入1000塔蘭特（白銀57萬兩）中，盟國貢金佔了六成，在餘下的海內外財政收入，礦租佔了一成。

高度發展的古典時期的雅典經濟，特別是對同盟國的掠奪，和它的海上霸權相關。它也促進了雅典高水平的城市化及文化、藝術和社會建設。正如徐躍勒（2013）引述亞里士多德：「維持雅典公民的費用，必須一方面取之於盟邦，他方面取之於奴隸」，「雅典人開始極其專橫地對待盟邦」。換言之，雅典約二萬公民、政客與官吏通過了表面的民主，依靠盟邦的歲幣與稅收來維持其高水平的城市文明。這就是下節討論的提洛同盟的實質。

5.5 雅典「帝國」（提洛同盟，公元前 476－前 411 年）

公元前546年，波斯在使小亞細亞諸希臘城邦臣服後，佔領了希臘東北部的殖民地和埃及，控制愛琴海，雅典的主要商道及糧食進口因而被切斷。公元前499年，米利都起義，希臘諸城邦乘機對波斯反擊，展開了希波戰爭的序幕。公元前481年，斯巴達組織「希臘人同盟」以對抗波斯，同盟陸軍以斯巴達為首，海軍主力則是雅典和科林斯。同盟在海戰中大敗波斯，但斯巴達因國內事變而退出同盟，使雅典負擔起反波斯大任。它更在公元前478年組成了一個新同盟——提洛同盟。

加盟邦國由 35 個增加到公元前 431 年的 250 個，加盟城邦總人口估計
達 1000－1500 萬人，軍事力量包括三層戰艦 400 艘，陸軍 27000 人（表
4.10）。同盟成為愛琴海最大軍事力量，亦成為雅典稱霸的工具，被稱
為「雅典帝國」。

表 4.10 雅典「戰士共和國」全部軍隊力量估計

軍隊性質	兵種	人數
常備軍		16000
主力軍 *	重裝步兵	13000
	騎兵＋射手	12000
	徒步射手	1600
	300 船槳手	45000
總軍力		87600

* 包括盟邦戰士及雇傭兵。

　　建立同盟的目的乃「劫掠波斯國王的領土，以補償盟邦過去的損
失」。盟邦的義務乃每年納貢金及共同組建海軍。按規定雅典出戰艦
150 艘，另 150 艘由貢金支付，雅典監造；各邦按定額出槳手及士兵，
但也可以現金替代。表面上最高權力機構是在提洛島舉行的同盟會議，
但實際上同盟被雅典控制，由雅典人出任同盟財政官，規定盟邦的進出
口要繳交 5% 關稅、支付雅典訴訟費（重大案件在由雅典審決）和支付
由雅典派駐的巡閱使、監察吏的費用等。

　　盟邦早期每年貢金總額約 420 塔蘭特（白銀 24 萬兩），公元前 425
年提高至 1000 塔蘭特（白銀 57 萬兩）。貢金原本用於軍事及同盟行政，
餘款存於金庫。公元前 454 年，同盟總部及金庫由提洛島遷至雅典，並
由雅典公民大會決定貢金的使用，結果大部分用於雅典城自公元前 447
年起共 20 年的重建，及新建庇里尤斯港。光是後者便花了 6000 塔蘭特
（白銀 350 萬兩）。

　　公元前 460 年，同盟貢金積存 8000 塔蘭特，公元前 446 年，增至

9700 塔蘭特（白銀 550 萬兩）。來自同盟的其他收益亦支撐了雅典通過公薪制而發展的民主，製造了不少雅典城的就業。如亞里士多德所言，同盟資源，維持了雅典 20000 多公民的生活。顧準（1968）亦說：伯里克利建設雅典，目的是把這財富分給不同年齡和行業的人。

雅典利用同盟的集體財力與軍力，控制了愛琴海和中希臘，跟斯巴達爭霸，迫敵對者放棄艦隊和加盟，更向盟邦軍事移民，鎮壓不滿和要求退出的盟邦。這些並不是平等盟邦及民主的盟友關係。但雅典在公元前 411 年遠征西西里大敗後，元氣大傷，無力抵禦斯巴達的新攻勢。公元前 406 年，雅典向斯巴達投降。

公元前 450－前 420 年，一位喜劇家對「雅典帝國」有如下的評語：「雅典人授權給伯里克利使諸城邦納貢，併吞諸城邦，或剝奪其自由，或任意予以獎勵、容許它們建築城牆，以後加以摧毀；他有權去破壞和平協定以增加國帑，使雅典公民富裕。」按照這個解釋，似乎雅典的黃金時期來自強權、征伐、剝奪，而並非因為它建立了民主與公義的體制。

通過對同盟的控制和掠奪其資源，雅典城市建設走向高峰，它同時亦影響了愛琴海整個地區的城市化及城市文明的進程。

6. 愛琴海古城市文明後期： 城邦時代的城市

6.1 歷史淵源

　　愛琴海古城文明誕生於希臘本土和愛琴海域，自克里特文明起，古希臘人與海盜及海上貿易便已結上不解緣。在這個地理背景下，從建築與城市藝術及其演變次序看，本文將愛琴海古城市的發展分為克里特時期、邁錫尼時期和古希臘城邦時期三個階段。

　　克里特時期城市的特點，如上文所述，主要體現在克諾索斯、費斯托斯及馬利亞三個王宮城市。王宮融合寺廟、領主宅第、手工業工場及商品中心於一身，是個政治、宗教與經濟中心。王宮是多層建築，有許多房間，包括了行政及檔案區、倉儲區和手工業區。它們圍繞著一中央廣場，四面有廊道和梯級相連，柱子都由埃及傳入。王宮周圍是城市，住了 6-10 萬人，不少是商人和水手。不過王宮和城市都沒有圍牆。

　　邁錫尼時期的城市，因防禦海盜及海上來的攻擊，多遠離海岸，是建在山丘上的城堡。主要城市的中心都興建了大型克里特式宮殿。但它的中央庭院被邁加隆取代，繪有壁畫，是來自小亞細亞的宮殿風格。大殿四面是王及貴族的房間。圍繞中心大殿乃儲存酒、橄欖油、奢侈品的倉庫及手工工場、行政辦公用房和檔案館等。

6.2 城市結構特點

　　邁錫尼時期的城市多在黑暗時代失掉了重要性，但也有部份城堡演變成其後的衛城，成為古希臘城邦時期古風及古典時代城市的舊中心。由於民主及商貿的發展，在古風時期，古希臘城市圍繞著兩個中心發展：衛城成為宗教中心，廣場則成為一個多功能中心，反映了上述主導這一時期愛琴海古城市文明的主要動力。城市的關鍵宗教功能及建築與

藝術精華都在衛城，因為衛城是王及神的家園，它在意義上和地勢上都處於城市高地（詳見下文雅典城案例）。

由邁錫尼王宮廣場邁加隆演變而來的廣場和市場（阿果拉），位於舊城邊緣或衛城山腳，是體現城邦政治及公民集會的場所。與克里特和邁錫尼的王宮廣場不同，阿果拉不單是大型公共空間，更是個全功能的中央區，是城市日常社交、營商及政治活動的集中地。在新建的城市，它也是整個城市在規劃上的核心。它的重要性反映了當時社會把政治、學術交流和商業活動置於家居生活之上。有時一個城市會有多個阿果拉，如海港城市多有一個位於港區的阿果拉。此外，城市還有一個或多個文化區（體育和競技場、劇院等）、其他的宗教區（聖地）、住宅區、碼頭及海港。

整體而言，城邦時期的城市可分為三個部分：居住區，祭祀區（衛城），公共活動區（阿果拉），但區與區之間並無明確界限。祭祀區也是景觀觀賞區，因此與其他區有一定距離。總的來說，城市佈局來自自然演進，但對公共政治及社會活動的強調，明顯地影響了城市的觀感和佈局，使城市自然形成一個統一、無封閉、功能分區不明確的整體。居住區無等級之分，但都在道路兩旁且容易通達公共活動區，體現了全體利益和公共參與。

由於城邦的人口統計零碎而模糊，估算城市人口更顯得困難。修昔底德認為，公元前 5 世紀，大多數雅典人仍住在鄉村。在伯里克利時期，雅典城邦公民約 4 萬人，全體自由民約 15 萬人，另有約 15 萬奴隸。但城邦總人口中不到一半（約 15 萬人）是住在雅典城和它的外港庇里尤斯港裡。在其他邦國，很少有城市人口達到 15 萬人的。因此，雅典城是古典時期愛琴海地區城市人口較多的特大城市。

6.3 城市規劃理論

古典時期以前，古希臘城邦城市的發展自由放任，基本上沒有規劃。但到古典時期，民主制度出現，影響了城市的發展與規劃，創建了一套城市發展新理論和概念，推動了城市規劃的產生，即：（1）建造了

聖地建築群藝術的最高代表——雅典衛城；（2）出現了柏拉圖和亞里士多德的「理想城市」理論；（3）營造出理性的希波丹姆規劃模式。有關雅典衛城將在雅典城市案例一節討論，在本節我們簡介柏拉圖與亞里士多德的理論和希波丹姆的城市規劃模式。

理想城市：柏拉圖與亞里士多德

柏拉圖和亞里士多德對希臘城邦的理想功能，選址和規劃原則的論述，體現了愛琴海古城市文明在城市性質及功能上反映了當時的社會與政治發展的特點，是古希臘城市規劃思想的重要成就。

對城市的目的和性質，亞里士多德有句名言：「人們為了活著，聚集於城市；為了活得更好居留於城市」，反映了城市與人息息相關，城市滿足人類生活的目標。他說，城市的目的就是達致「某種善」：城邦由中心城區和周邊領土（城郊，chora）構成，中心城區或城市只是城邦的一種形態或一個部分，是有別於鄉村的另一空間，是城邦的中心和活動中心。城邦是為美好生活而存在的，個人和城邦的終極目的都是「善」。但公民的集體活動所實現的善比個人所能實現的善更高級和更完全，因為個人在城邦的公共政治生活中能最大限度地實現自己的德性。同時，城市亦成為展示自我、培養公民民主意識與公共精神的場所。公民行使職權的主要場所就是城市的公共建築和公共空間，如市政廣場（阿果拉）、神廟、露天劇場、運動場、柱廊（stoa）等等，它們都是城邦公共生活得以展開的載體，為城邦公有，向公眾開放。換言之，它們是達致善這目標的硬件。因此亞里士多德說：「城市一旦以公眾集會廣場為中心，它就成為嚴格意義上的城邦」。

要達到善的德性與美好，理想城市可從三方面發揮：一、建立神廟等宗教性公共空間使公民宗教生活得以舒展。在神廟舉辦各種活動給公民共同參與，能使他們獲得「美好生活」的精神保障，及強烈的認同感與凝聚力。二、通過市政性及文體性公共空間，使公民的政治生活與日常生活密不可分，強化民主與集體觀念。「阿果拉」是城市最有活力的公共活動中心，它賦予公民嚴肅的、分享的、共命運的氣氛，公民可展現理想和作出集體的政策、行政和司法的決定。三、要控制城市規模，

以便達致公民能間緊密接觸與交流。「對於希臘人來說，小是美的，任何東西都要適合人的規模，城邦也像其他東西一樣要適合於人的需要。」

對城市的選址，亞里士多德認為：城市「應儘量按環境所許可，建設為聯繫陸地和海洋的中心，也就是全境的中心」，「既是全邦的一個軍事中心……也應該是一個商業中心，具有運輸的便利，使糧食、建築用木材以及境內所產可供各種工藝的原料全都易於集散」。因此，中心城市的規劃應考慮三個因素：健康（良好的向陽位置，避開北風，充足的水源）；防禦（城市不應以筆直線條設計，既安全又美觀，要有防禦工程，近海是錯誤的）；政治活動的便利和城市的美觀。

對於城邦的內部規劃，他建議將雅典邦城分為 12 個部分。衛城為神廟所在，圍以圓牆。中心城市和國土（country）從衛城起向外輻射伸展為 12 個分區。每個地塊都包含一塊城區地，另一塊地則在遠郊（這個分法成為 10 個新氏族的分法的基礎，見圖 4.17）。這樣，城邦的地區在資源上便可達致平等，因而可享有同等的政治權責。城市的 12 個分區也比照此方法劃分。每個公民有兩個住所，一在城區，另一在偏遠地帶。這樣，傳統以血緣為基礎的氏族被空間瓦解，成為平等的公民。

在城市中心的規劃上，柏拉圖認為：「廟宇應該置於廣場的四周，整個城市應建在圓周中心的高地上，以利防守和清潔。」此外，他建議私人住宅應當排在一起，形成城牆的形式，朝向街道，既考慮防禦和安全性，也兼顧整齊劃一的建築美感。亞里士多德更把廣場分為相互隔離的集市廣場（commercial agora）和集會廣場（free agora）。前者為買賣交易之所，選擇適宜商業的良好位置；後者供公民公共活動及城邦政治生活之用。非公民的商人、工匠及農民不准進入集會廣場。柏拉圖則主張把外籍商人置於城外，並盡可能少與其來往。

因此，柏拉圖和亞里士多德從政治理論和道德層面建構理想城市。但和當時的民主思想一樣，他們的觀點反映了雅典社會狹隘的公民概念的和階級的局限性。

希波丹姆的城市規劃

城邦時期由於大殖民導致新的城市化，要求有效率地建設新城。加

上美學觀念的逐步確立和自然科學、理性思維的發展，古希臘出現了新的城市規劃模式 —— 希波丹姆斯模式。它以棋盤式路網作為城市骨架，構築明確而規整的城市公共中心，達致城市的秩序和美感。

棋盤式路網的城市佈局在中國夏代的首都、埃及的拉罕城、美索不達米亞的許多城市以及印度的摩亨佐－達羅城已被應用，但希波丹姆將之系統化，並用以體現城邦時代的民主和平等的城邦精神。他按照當時的政治、宗教和城市公共生活要求，在城市中心平面上，設計了兩條寬廣並相互垂直的大街，大街一側佈置了中心廣場。他又將城市的土地利用分為三個部分：聖地、公共建築區、住宅區。住宅區又細分為工匠、農民、城邦衛士和公職人員區。

具體上，希波丹姆規劃的城市：

1. 著重防衛設施與功能；
2. 有嚴格的土地用途與分區；
3. 幾何形的佈局；
4. 由四個部分構成：防衛城牆及衛城、聖地和廟宇區、周邊有柱廊的阿果拉及其相連的公共建築及商店、用棋盤式街道分隔的住宅小區。

希波丹姆主持了米利都城的重建、規劃了雅典外港庇里尤斯和意大利的塞利伊城。以後地中海沿岸的希臘殖民城市，大都按照他的規劃建設（見下文：城市案例，圖 4.18），這種新城市佈局形式因而被奉為典範，希波丹姆更被稱為「城市規劃之父」。

7. 城邦時期的城市案例

　　在本節裡我們將討論古希臘城邦時期的城市案例以突顯這一時期城市在功能與結構上的特色，以說明城市的發展過程、空間結構和規劃原則。因為雅典城具有代表性及資料較多，我們對它作出較詳細的介紹。米利都則代表了典型的希波丹姆規劃，奧里維亞（Olbia）和墨伽拉－希布利亞（Megara-Hyblaea）分別代表了黑海區及西西里的殖民城市。

7.1 雅典城

地理環境、發展過程和主要功能

　　阿提卡半島上有五個小丘，其中一個因有泉水，自公元前 13 世紀便已建了個小城堡（圖 4.18）。公元前 9－前 8 世紀，圍繞城堡出現了自然增長，由山坡擴展至戰神山的阿果拉，經歷了最初的防禦中心、宗教中心，至在統一運動中成為城邦的政治、經濟和文化中心。雅典城體現了這時期的城市的特點：「重集體生活，輕私人生活」，呈現公共建築與公共空間的輝煌，但有住房、用水、排污與道路建設不足的矛盾。

　　梭倫執政時（公元前 594 年），衛城山下建了一個新廣場，稱為「梭倫廣場」，用於體育、競技和文化娛樂活動，其後在廣場四周建築了神殿和反映新民主體制的廣場，議政會議大樓（bouleuterion）、法院及柱廊等（圖 4.19）。因而在衛城下，以梭倫廣場和忒修斯廣場為核心，形成了「下城區」，衛城則演變為宗教聖地。

　　雅典城在波希戰爭時受到嚴重破壞，公元前 447－前 432 年開始重建。衛城新加添了以大理石建築的主門（Propylaea）及三個主神殿。但重建主要集中在下城的公共建築、公共空間和城市設施上，如元老議事會、劇場、俱樂部、畫廊、體育場、商場及作坊。重建後的衛城及阿果拉成為希臘文化最輝煌的標誌（圖 4.19，4.20）。城市學家芒福甚至認為

圖 4.18 │ 雅典城城牆及 5 個小丘

往柏拉圖學園

河道

科羅諾斯山

阿果拉

衛城

城牆

城門

戰神山

普尼克斯山

奧林匹亞廟

城門

圖 4.19 │ 19 世紀德國畫家的雅典衛城及周邊劇場的想像圖

圖 4.20 ｜ 從雅典城南面北望衛城及海港（資料來源：A. Savine, Wikimedia Commons）

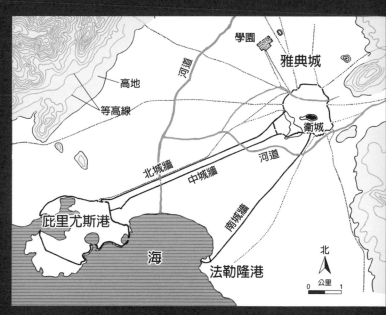

圖 4.21 ｜ 雅典城與外港（公元前 5 世紀）

雅典城的成就，超過了古埃及人或蘇美爾人幾千年的成就。

在雅典城全盛時，2.5 平方公里的城區內，人口超過 10 萬人。希波戰爭後，雅典才建造城牆，此時庇里尤斯港也重新規劃，添加了棋盤格路網，堡壘、船廠、碼頭和旅店等，並修築 6 公里的北、南、中三防禦牆將新港、舊港法勒隆（Plialerum）和雅典城連在一起，構成一個面積 10 平方公里的大城，使雅典擁有內陸與海港城市的優點（圖 4.21）。

庇里尤斯港新建的住宅街坊，以方格網劃分，強調平等的居住條件。但雅典城區仍保留原始的鄉村住房形式和落後的衛生設施：街坊細小，貧富混居，平房大小及住宅質量不同，街道曲折狹窄，排水及有鋪路面的路只在個別街區存在，廢物及污水收集系統很差或不存在。古希臘作家狄西阿庫斯（Dicaearchus）曾說過：雅典滿是塵土，十分缺水，多數住宅區骯髒、破敗、陰暗。貴族等上層人士都住在鄉郊的大宅，只有商人、工匠及雇工住在城內。

公共建築、公共空間與公共生活

對公共建築的高度重視是城邦公共生活的體現。城市雖然缺少統一的規劃，沒有宏大的王宮，然而卻有壯麗的衛城及廣場上的公共建築，成為最大特色。伯里克利為了建設和美化雅典，動用了同盟國的貢金重建衛城及興建鄰近的大劇場、音樂廳和大型雕塑像等一大批公共文化工程，使雅典城成為古希臘最美麗的城市和「全希臘的學校」。衛城更是精華所在，它的建築群依循舊習，順應地勢，沒有軸線。但從衛城可以看到山巒秀色，其視覺觀賞是按雅典娜大典的路線來設計的（圖 4.19），照顧到朝聖者的行進路線與山上山下、城內城外的視覺效果，結合了自然主義與人本主義，以物化的形態展現城邦時期文明高峰期的民主、自由、卓越與樂觀精神。因此，威爾士說：「伯里克利不但在物質上重建了雅典衛城，而且復興了雅典的精神。」

衛城之下有政治上更重要的市民廣場及平民活動中心。顧準說：「城邦創造了一種全新的社會空間——一個以市政廣場及其公共建築為中心的公共空間」，城邦的「權力不再限於王宮之中，而是置於這個公共的中心」。這些公共空間與公共建築，包括了宗教、政治、市政和文

娛體育，都以吸引和匯聚整個城邦的公民為目的，體現了雅典城在古典時代的政治與社會發展狀態（詳見圖 4.22 及下述）：

阿果拉 / 市政廣場

它早期位於距衛城不遠的城市主入口，與衛城形成雙核心。其後，阿果拉功能上超越衛城，成為城市最有特色的地方，既是公共空間，城市心臟，也是整個城邦的政治、社會、宗教、公民、司法中心。阿果拉早期是個無組織和不規則的開放空間，毗連有神殿、雕像、噴泉、手工作坊和臨時貨攤，也是商業、聚會和討論哲學的場所。後期的廣場建有英雄牆，樹立 10 位傳說中英雄的銅像，代表城邦新創造的 10 個部落，以取代傳統的氏族及氏族政治。牆身亦用以張貼政府公佈、民意及法令。

公民大會

公元前 5 世紀前，它在普尼克斯（Pnyx）小山上的邁錫尼王宮舊址舉行，後來遷至阿果拉舉行（在圖 4.22 柱廊圍繞的空間）。

議事會廳

早期位於阿果拉西的戰神山（Areopagus）近忒羅（圓形廳，tholos）處。公元前 5 世紀在廣場邊建了新議事會，舊議事會便成為神廟（圖 4.22 中的 T）。

執行委員會 / 市政廳

它保留了黑暗時代王者的家，即宮殿與神廟的特徵。這裡有灶神的長明聖火。殖民頭領在此取火，燃點於殖民城市公共會堂，以表明與母邦的關係。此建築亦是市政管理及公共會堂，同時也是城邦政治及國民事務的檔案館。（圖 4.22 中的 C）

陪審法庭

位於市政廣場，從梭倫改革起便一直與阿果拉連在一起。

圖 4.22 ｜ 公元 1 世紀的雅典的市政廣場及其周邊建築。圖中除個別羅馬新加建築外（如廣場內的劇院及神廟），基本保留了公元前 5 世紀的樣貌：S 柱廊及廣場空間，T 神廟，C 議事廳、市政廳，L 圖書館，O 劇院，A 衛城。

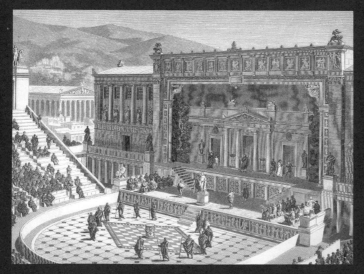

圖 4.23 ｜ 大劇場復原圖

忒羅

　　近似神廟的圓形建築，是議事會成員公餐的食堂，議員分批在此用餐。這裡也舉行祭祀及存放度量衡工具。（圖 4.22 中的 C 之北鄰）

柱廊

　　在阿果拉邊沿由長形列柱所形成的空間，最早於公元前 7 世紀出現，公元前 5 世紀成為城市特色。外排柱為多利安式（Doric），內排為愛奧尼亞式（Ionic）。它匯集政治、商業、健身等功能。執政官在其中的神壇宣誓就職，新法律也以石碑在此展示。它也是公民集會及閒談場所。（圖 4.22 中的 S）

聖地、神廟及祭壇

　　古風時期神廟多建在城邦邊界，以神的名義宣示邊界與領土主權。城邦形成後，神廟移至城邦的中心高地及阿果拉。雅典的神廟多建於僭主庇士特拉圖執政時。

劇場

　　劇場在公元前6世紀因慶祝酒神狄奧尼索斯節（Dionysus）而設計，在公元前 5 世紀初重建為狄奧尼索斯大劇場（Theatre of Dionysus）（圖 4.22，4.23）。它依山而建，呈開放式半圓形，觀眾站於山坡或坐在木椅上，後改為石座。劇場分為觀眾區、樂隊區、置景及舞台區。

　　其他城市公共娛樂、體育、競技建築及設施包括：音樂廳、健身房、摔跤場、田徑場、跑馬場和浴室等。

7.2 米利都

　　米利都位於小亞細亞的愛奧尼亞，是與黑海貿易的重要城市。城市坐落門德雷斯（Maeander）河口的半島上。四周是肥沃的耕地。銅器時代晚期，從小亞細亞及希臘遷入了不少移民，取代了原來居民，並成為赫梯帝國一部分。其後，它成為克里特人的殖民地，是個有防禦設施的

城市。其後它又成為邁錫尼在小亞細亞的重鎮，但在期末被「海上民族」毀滅。黑暗時代中期起，它成為希臘半島亞該亞人逃難之地。

在古風時代，它積極對外殖民，在黑海開拓了數十個殖民地，城市規模也擴大，幾乎覆蓋整個半島，成為愛奧尼亞最有影響力及最富有的城市。它的財富來源於溝通希臘、意大利、中亞、中東和北非的貿易，以及為數眾多的殖民地。它亦是古風時期古希臘文學、哲學與科技的發源地。這時的城市大概十分規整，在兩個海港中間有雅典娜神廟，但其他遺存很少，舊城圍繞著神廟發展。

城市在公元前 495 年被波斯毀滅，壯年公民全被殺，婦女及兒童被賣為奴，青年被賣作閹人。公元前 479 年波斯大敗後，城市按照希波丹姆的新規劃重建，被認為是希臘殖民城市規劃的典範之作。城市三面臨海，四周築有城牆，有兩個天然良港。路網採用棋盤式，兩條主要垂直大街從城市中心通過。中心的開敞式空間呈 L 形，有兩個面向海港的廣場，使市場及城市中心就近港灣，並將城市分為南北兩個部分。城市中心東北及西南為宗教區，北與南為商業區，東南為主要公共建築區。兩個廣場都是規整的長方形，周圍有敞廊，提供公民政治及商業活動空間。兩個廣場中間是議政會議建築（圖 4.24）。

米利都採用了希波丹姆的規劃，體現了當時民主和平等的城邦精神，它和中國封建都城的軸線對稱是完全不同，表現出以下特點：呈棋盤狀內部結構，街道交叉口為直角，街道平行或垂直，街區長方形，部分街區空地作為廣場和公共建築；城市中心的大建築物、神廟和屋脊的朝向都是一致的；住宅已經由地中海式的中庭式住宅發展為柱廊庭院。但城市輪廓和城牆仍然是按照地形安排，無固定形狀。

米利都在公元前 5 世紀在雅典與斯巴達爭霸的夾縫中生存，於公元前 334 年被亞歷山大大帝征服。

7.3 奧里維亞

地中海西部的殖民城市多建在易於防守的山脊上，且一定有個天然良港，因為它們目的是貿易。城內主幹道穿越市區，房屋及其他建築多

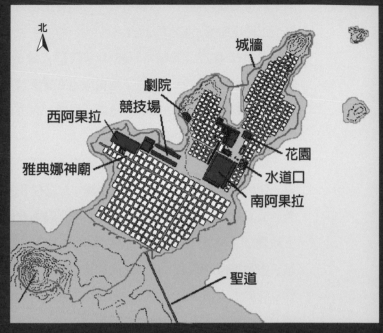

圖 4.24 ｜ 米利都土地利用及結構圖

圖 4.25 ｜ 黑海殖民城市奧里維亞簡圖及遺址航拍

建在兩旁，予人規整的感覺。對於這類以貿易為主的殖民城市，相對於農業的殖民城市而言，一個系統性的劃分土地的規劃並沒有必要，奧里維亞正是這種殖民城市的代表。

奧里維亞乃公元前 7 世紀由米利都人建於黑海烏克蘭南布格河（Southern Bug）東岸，代表了殖民城市在空間發展上的規整傾向。城市腹地資源豐富，主要是糧食、魚產及奴隸，它亦向其周圍區域轉賣阿提卡的產品。此城亦以海豚銅幣馳名。

城市約 50 公頃，建於兩個古河灘上。公元前 6 世紀末，上河灘建成一個棋盤式大框格，形成了「上城」。這裡有阿果拉（中心廣場）、三角形公共建築區（衛城）和住宅區；阿波羅神廟則建於公元前 5 世紀。下河灘即「下城」，主要用於私人發展，它亦是碼頭、倉庫及手工業區。在阿果拉的西沿，有南北向幹道穿越整個城市。在東部有兩條平行幹道建於上下河灘上。住宅小區多呈方形，但大小及形狀並不一致。在西北及西面的城牆是稍後才建造的（圖 4.25）。

考古發現了上下城的一些遺存，數個墓地以及古典時代屋宇。城市在公元前 331 年被亞歷山大大帝的將領征服。

7.4 墨伽拉－希布利亞

這是希臘本土城邦墨伽拉在公元前 735－前 728 年間在西西里島建立的殖民城市。它位於敘拉古西北面約 20 公里，建在兩個山咀上，以開拓它們及鄰近海岸平地的農業資源為目的。城市的規劃體現了土地利用的分區和數種不同的路網。最早的房屋分佈和街道走向是一致的，顯示出阿果拉、主街和東部早期房屋是同步建造的。西部住宅區建於較後期（圖 4.26）。前後一共建了五個住宅區，各有不同的街道系統，以容納不同時期的新移民。在阿果拉南北，兩條東西向幹道將東部住宅區與西部的兩個神廟和住宅區連在一起。在東部，南北主幹道與住宅區的街道將地區分割成住坊（insulae）。住坊有南北的圍牆再細分，而坊界是低矮的石階，把坊和街道分隔。

公元前 7 世紀城市極其繁榮，住宅區增加，房屋面積加大，阿果

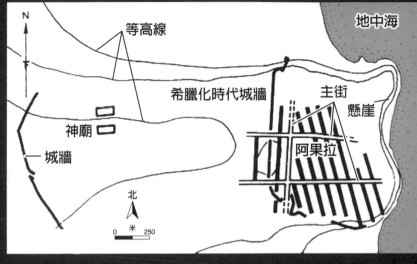

圖 4.26 ｜ 西西里殖民城市墨伽拉‧希布利亞簡圖

拉亦有新一輪的建設，而鄰近住坊亦被新增的公共建築所取代。公共建築與住坊間也建造了隔牆。公元前 6 世紀末，城市加添了城牆。但希布利亞沒有總體規劃。它的發展建基於城址的地理環境及在一個長時間裡對事態變遷要求的適應。雖然如此，整個城市緊湊和協調，因為從一開始，它的發展就依從了一些基本原則：分區土地利用，街道走向跟從舊城，利用主幹道和街道形成長條形住坊將公共的、宗教的和私人的需求糅合成一個整體。這些成為古希臘在地中海及黑海殖民城市所依從的原則。

　　希布利亞建立約 100 年後，在西西里西南發展了一個新殖民地塞利農特（Selinunte）。公元前 483 年城市被敘拉古征服，市民被賣為奴。後來敘拉古人新建城牆以抵禦雅典人的入侵，戰敗後城市被廢棄。公元前 340 年才成為另一希臘城邦的殖民地。

8. 結論：古希臘城邦時期城市文明的特點與意義

　　在本章第一節我們便指出愛琴海和古希臘都不是個國家概念。長達約一千多年的克里特島文明及邁錫尼文明是愛琴海古城市文明的前期部分，它們各有不同的城市和殖民地，包含了不少獨立的城邦式政治實體，但這時的愛琴海還沒有出現統一的或泛希臘的政治意識和實體。愛琴海地區要到公元前 776 年第一次古代奧運會後，才出現操希臘語和有共同神祇的大小不同城邦，逐漸形成了泛希臘身份和形象。雖然如此，愛琴海地區在整個橫跨約 400 年的城邦時代，最終仍沒有形成大統一局面。

　　特有的自然地理環境、便利的海運，處於歐、亞、非三洲的交匯，決定了愛琴海古城市文明的商品經濟發達，工業和農業都有面向海外市場的特點。這些，包括了不斷的在黑海和地中海沿岸的殖民，明顯地與兩河流域、古埃及、古印度河及中國等古文明不同。此外，城邦時期的城邦與東方遠古時期林立的小國及其城市相比，也帶有鮮明的個性。我們條列出這些個性並嘗試作出解釋以為本章的總結。

　　一、愛琴海古城市文明沒有由眾多小國或城邦走向統一帝國，背後是甚麼原因？是不是雅典式的民主存在著鮮為人知的缺陷？在伯里克利的民主體制中，500 人會議、議事會、執政官及政府重要職位都以抽籤選出，不考慮被選者的賢愚或意願；同時被選者一生只可出任一年。或許因此公民感到體制缺乏嚴肅性，無論是公民大會或議事會，出席率都低於一半。此外，雅典在民主高潮及軍事與經濟最盛時卻將公民數目減縮，只容許父母都是公民者成為公民，又不把民主推廣至整個「雅典帝國」，這是為何？

　　實質上，雅典的民主和氏族社會的貴族專政十分相似，都是小圈子專政，由控制軍隊的氏族貴族在背後操控。海軍中第三、四等公民

在維護安全及城邦的霸權上很重要，民主為的就是安撫他們，以保持軍隊的戰鬥力。是以民主改革從沒觸及 10 將軍的產生及可連任的安排，以及從不涉及或要求取消陶片放逐法。通過軍隊的掠奪，雅典贏得財富和經濟發展，造就城市建築的輝煌，和公民輪流執政的民主假象。換言之，伯里克利以金錢和就業，誘使公民大會及議事會的委員（一半為三等以下公民），因分享到戰爭掠奪和社會地位，任由他獨斷獨行了 30 年，如擁有軍權、可召開公民大會，亦可不經公民大會而決定戰爭等不民主的專政。這個「民主之父」實際上限制公民權，更以陶片放逐法將前任西蒙推下台，及把多個強大政治對手放逐，以鞏固其專權。

曾推動民主改革的古代雅典政治家克利斯提尼坦言：雅典政治、外交和軍事上的許多事情都是由其商業利益決定的。解光元（2006）認為：雅典政治家都以擴大本邦勢力，征服和奴役異邦人及稱霸為目的。修昔底德認為軍事強人「伯里克利的死對雅典是個致命傷，由於繼任者低能，他們偏向民粹而不是實用，政策不定，主要在煽動人性的壞習」，這或說明是一個強有力的個人而不是民主體制支撐了雅典的「黃金時代」。

二、古希臘的城邦政體，與其因地理資源而形成的小國寡民和要面對來自鄰國競爭和海上的侵略有關。為了自保及發展，各小國都需要一支強大的軍隊。雅典和斯巴達體現了能夠達到這個目的的兩種不同的體制，他們的政策目的也是一樣的，即可隨時召集一支有戰鬥力的國民軍。同時，不論城邦採民主或貴族專政，公民的義務與權利都是建基於對奴隸和異邦人的不平等與剝削之上的。因此，不同體制的城邦政治和民主權利和義務上都自我封閉，民主只是在公民小圈子內的利益交換，不像東方體制那樣，可以吸納更多人，成為君主專制及發展為統一帝國。在狹隘的利己思想下，雅典更以提洛同盟為口實，掠奪其他邦國資源，但卻不吸納它們以共同發展，錯失邁向統一及真正帝國的機會。

三、雅典軍事上的掠奪及財富積累，加上發達的商品經濟和寬鬆的政治氛圍，使古典時期的雅典城產生傑出的文化成就。雅典的重建及新海港建設吸引了名建築師、規劃師及雕塑家；公薪制更興起和促進了戲

劇、雄辯術及民主生活。在伯里克利的友人中有哲學家阿拉克薩哥拉斯（Anaxagoras）、雕刻家菲迪亞斯（Pheidias）、和歷史學之父希羅多德等。雅典的蘇格拉底（Socrates）成為哲學宗師，他之後的四大領頭人：柏拉圖、亞里士多德、伊壁鳩魯（Epicurus）、芝諾（Zeno）都亦出自雅典城。解光元說：「以城市為中心的雅典城邦留給後世的遺產是豐富而偉大的，成為西方人力量和智慧永不枯竭的泉源。」

四、古希臘城邦時期體現了城市，特別是海港城市，在國家經濟及社會發展上的作用。而城市亦因應海上貿易、軍事及公民政治的需要，在空間結構與公共設施上開創了新局面。以雅典為代表，在傳統王宮及神廟所在的衛城舊核心之外，發展出阿果拉或市政廣場的新核心，配合了城邦的新政治和新經濟，以著重公民集體生活和工商業活動、輕視個人生活環境為時代特點。因而古希臘城邦在城市發展史上創新了一個新模式，與兩河流域和古埃及的城市以王宮及神廟為核心明顯不同。同時，它在擴大公民集體的政治空間外，加添了不少體育、觀賞戲劇和競技的公共設施，在城市建設「重集體」上，成為城市土地利用發展上的先例。

在建造殖民城市和重建舊城的客觀需求下，城邦時代出現了城市規劃理論，提出了城市大小規模，公民參與、城市和城邦的關係，以及城市的目的是讓生活更美好等系統性的觀念。他們更認為城市規劃必要包括安全，順應自然，可持續、達致善和美；它具體形成了波丹希姆的棋盤式路網與住坊的規劃模式，和城市公民的集體政治活動和行政空間。這些觀念和規劃原則，加上其他公共活動設施，包括了劇場、競技場、浴池等成為希臘化和羅馬時代超過一千年的西方城市建設的樣板。我們同意解光元的總結：「希臘文明最重要的後果，不論是對基督教還是對羅馬而言，最終是城市在起作用。」

總言之，愛琴海古城市文明，從克里特文明起，就是環繞海上貿易與殖民發展起來的文明。到古希臘城邦的崛起，這一古城市文明進入了更高速和更輝煌的城市發展期。在這後期的愛琴海古城市文明，我們見證了古典時期，特別是以雅典城邦為代表的兩種矛盾：政治體制上，公民小圈子的民主發展與對奴隸和外邦人不公平的矛盾；城市公共建築的

輝煌與市民居住環境惡劣的矛盾。我們也認識到在古希臘城邦中，個別領導人的能力比民主體制的作用更為重要。反過來，民主亦縛束了城邦向帝國的發展，導致邦國間的互相征伐而給外敵以機會，促成了古希臘城邦時代的終結。

公元前 433 年，雅典因為害怕科林斯的壯大，干預科林斯和它在西西里的子城科西拉的衝突。它的遠征軍於公元前 411 年在西西里大敗，引發雅典重大黨爭，寡頭派在斯巴達支持下推翻民主，取消議事會，建立了寡頭政治，停止了公共政治生活。在這之前因伯里克利突然去世，軍隊的新領導不能駕馭議事會，使權力落入名望低及私利者手中，導致軍事決定的混亂和內耗，是戰敗的重要原因。公元前 403 年雅典恢復民主，但議會仍只是個黨爭戰場。

後來雅典聯合科林斯、底比斯等城邦反擊斯巴達，令波斯乘機插手希臘事務。斯巴達竟與波斯和解，斯巴達因而落得在城邦中更為孤立。公元前 371 年，底比斯大敗斯巴達。雅典又聯合斯巴達對付底比斯。括言之，雅典與斯巴達的爭霸，耗盡了希臘各城邦的力量，最終由馬其頓在公元前 338 年征服了整個希臘世界。

參考資料

拱玉書   （2009）《蘇美爾、埃及、中國古文字比較研究》，北京：科學出版社

        （2001）《日出東方：蘇美爾文明探秘》，昆明：雲南人民出版社

費爾南‧布羅代爾（Fernando Braudel）（2005）《地中海考古》（蔣明煒等譯），北京：社會
        科學文獻出版社

林之滿、蕭楓 （2008）《高貴典雅的古希臘文明》，瀋陽：遼海出版社

孫道天   （2004）《古希臘歷史遺產》，上海：上海辭書出版社

敦文   （2001）《歐洲文明之源：古希臘考古大發現》，北京：中國紡織出版社

陳恆   （2001）《失落的文明》，香港：三聯書店

馮作民   （1979）《西洋全史》，台北：燕京文化出版社

王尚德   （2010）《希臘文明》，台北：華滋出版社

柯尊文   （2005）《歐洲史》，北京：九州出版社

解光元   （2006）《古典時期的雅典城市研究》，北京：中國社會科學出版社

徐躍勒   （2013）《雅典海上帝國研究》，北京：中國書籍出版社

顧準   （1986）《希臘城邦制度》，北京：中國社會科學出版社

日知   （1982）《古代城邦史研究》，北京：人民出版社

修昔底德   （1978）（中譯本）《伯羅奔尼撒戰爭史》，北京：商務印書館

亞里士多德   （1953）（中譯本）《雅典政制》，香港：三聯書店

希羅多德   （1959）（中譯本）《歷史》（王嘉雋譯），香港：商務印書館

庫朗熱（Fustel de Conlanges）（2006）《古代城邦：古希臘羅馬祭祀、權利和改制研究》
        （譚立鑄等譯），上海：華東師範大學出版社

金觀濤、王軍銜 （1986）《悲壯的衰落：古埃及社會的興亡》，成都：四川人民出版社

趙伯樂   （1999）《永恆涅槃》，昆明：雲南人民出版社

劉健   （2003）〈蘇美爾王權觀念的演進與特點〉，《青島大學學報》，第五期

許倬雲   （2009）《歷史大脈絡》，桂林：廣西師範大學出版社

沈玉麟   （2009）《外國城市建設史》，北京：中國建築工業出版社

劉文鵬   （2000）《古代埃及史》，北京：商務印書館

        （2008）《埃及考古學》，北京：生活‧讀書‧新知三聯書店

劉欣如   （1990）《印度古代社會史》，北京：中國社會科學出版社

薛鳳旋   （2014）《中國城市及其文明的演進》，北京：世界圖書出版公司

Adams, R.M.	(1981)*Heartland of Cities*, Chicago UP: Chicago;
	(1972) Patterns of urbanization in early Southern Mesopotamia, in Ucko, et. al. (eds.);
Adams, R.M. & Nissen, H. J.(1972) *The Uruk Landscape*, Chicago UP: Chicago;	
Agraval, D.P.	(2007) *The Indus Civilization*, Aryan Books: New Delhi;
Algaze, G.	(1993) *The Uruk Revolution*, Chicago UP: Chicago;
	(2008) *Ancient Mesopotamia at the Dawn of Civilization: the evolutionary of urban landscape*, Chicago UP: Chicago;
Allen, W.	(1972) Ecology, technique and settlement problems, in Ucko et. al. (eds.);
Andelkovic, B.	(2011) Political Organization of Egypt in the Predynastic Period, in Teeter(ed.) ;
Arizona, J.	(2003) *Art of the First Cities*, Metropolitan Museum of Art: New York;
Austin, M.M. & Vidal-Naquet, P.(1977) *Economic and Social History of Ancient Greece*, California UP: Berkeley;	
Baines, J.	(1999) Ancient Egyptian cities: momentality and performance , in Chant & Goodman;
	(1994) Origins of Egyptian kingship, in O'Conner & Silverman(eds.) ;
Bard, K.A.	(2015) *An Introduction to the Archeology of Ancient Egypt*, 2nd edition, Wily-Blackwell;
Bestock, L.	(2011) The first kings of Egypt, in Teeter (ed.);
Bowman, A.K. & Rogan, E.(1999)(eds.) *Agriculture in Egypt from Pharonic to Modern Times*, Oxford UP: Oxford;	
Braun, E.	(2011) Early interaction between peoples of the Nile Valley and Southern Levantine, in Teeter (ed.);
Budin, S.L.	(2009) *The Ancient Greeks*, Oxford UP: New York;
Burke, G.	(1971) *Towns in the Making*, Arnold: London;
Butzer, K.W.	(1976) *Early Hydraulic Civilization in Egypt*, Cambridge UP: Cambridge;
Carter, H.	(1982) *An Introduction to Urban Historical Geography*, Arnold: London;
Chant, C. & Goodman, D.(1999) (eds.)*The Pre-industrial Cities and Technology*, Routledge: London;	
Childe, V.G.	(1936) *Man Makes Himself*, Watt: London;
	(1950) The urban revolution, *Town Planning Review* , 22, 3-17;
Cialowicz, K.	(2011) The Predynastic/Early Dynastic Period at Tell el-Farkha, in Teeter(ed.)
Cork,E.	(2005)Peaceful Harappans? Reviewing evidence for the absence of warfare in Indus Civilization, *Antiquity*, 79, 411-423;
Crawford, H.E.	(2004) *Sumer and Sumerians*, Cambridge UP: Cambridge;
Daniel, G.	(1968) *The First Civilizations*, Thomas & Crowell: New York;
Danilo, M.	(2008) New insight into Harappan town planning, proportions and units with special reference to Dhdavia, *Man and Environment*, xxxiii, 1, 66-79;

Dreyer, G.   (2011) Tomb U-J: a royal burial of Dynasty O at Abydos, in Teeter (ed.);

Evars. A.   (1921) The Palace of Minoss Maemillion: London;

Eltsov, P. A.   (2008) *From Harappa to Hastinapura: a study of the earliest South Asian City and Civilization*, Brill: Boston;

Fagan, B. M.   (2001) *People of the Earth*, Prentice Hall: New Jersey ;

Finley, M. I.   (1981) *Economy and Society in Ancient Greece*, Chatto & Windus: London;

Flannery, K.V.   (1972) The Origins of the village as a settlement type in Mesopotamia and The Near East:a comparative study, in Ucko, Tringham & Dimbleby(eds.);

Friedman, R.   (2011) Hierakonpolis, in Teeter(ed.);

Gangal K.& Vahia, M.(2010) Spatial-temporal analysis of the Indus Urbanization, *Current Science*, India, 98, 846-852;

Gutkind, E.A.   (1969) *Urban Development in Southern Europe:Italy and Greece*, Free Press: New York;

                    (1965) *The Twilight of Cities*, Free Press: New York;

                    (1962) *International History of City Development*, Free Press: New York;

Hammond, M.   (1972) *The City in the Ancient World*, Harvard UP: Cambridge;

Hendricks, S.   (2011) Sequence Dating and Predynastic Chronology; Iconography of the Predynastic and Early Dynastic periods; Crafts and craft specialisation, in Teeter(ed.);

Holloway, A.   (2014) Rakhigarki now the biggest Harappa site after two new mounds discovered, www. ancient-origins.net;

Jansen, M., et.al. (1991)(eds.) *Forgotten Cities on the Indus*, VPVZ: Mainz;

Kemp, B.J.   (1977) The early development of towns in Egypt, *Antiquity*, 51, 213, 185-200;

                    (1972) Temple and town in ancient Egypt, in Ucko , et.al.(eds.);

                    (1986) *Ancient Egypt: an anatomy of a civilization*, Routledge: London;

Kenoyer, M.J.   (1998) *Ancient Cities of the Indus Valley Civilization*, Oxford UP: Islamabad;

Kosambi, DD.   (1964) The Culture and Civilization of Ancient India, in History on Line ;

Koehler, E. C.   (2011) The rise of the Egyptian State, in Teeter (ed.);

Jubba, S.A.A.   (1987) *Mesopotamian Architecture and Town Planning*, BAR International Series 367;

Leick, G.   (2001)*Mesopotamia: the invention of the city*, Penguin;

Lempriere, N.G.   (1981) *Atlas of the Greek and Roman History*, California UP;

McIntosh, J.R.   (2002) *A Peaceful Realm: the rise and fall of the Indus Civilization*, West View Press: Colorado;

Malville, J. M. & Gujral, L.M.(2000) *Ancient Cities, Sacred Skies*, Aryan Books: New Delhi;

Mallowan, M.E.L.   (1965) *Early Mesopotamia and Iran*, McGraw Hill: New York;

Manley, B.	(1996)*Historical Atlas of Ancient Egypt*, Penguin: London;
Maughty II, T.H.	(2012) Migration of monsoons created and then killed Harappa Civilization, www. nationalgeographic.com/science;
Meier, C.	(1998) *Athens, a portrait of the city in its golden age*, Metropolitan Books: New York;
Mellaart, J.	(1979) Early urban communities in the Near East, 9000-3400 BC, in P. Moorey (ed.)
	(1972) Anatolian Neolithic settlement patterns, in Ucko et.al.(eds);
Mieroop, M. V. D.	(1997) *The Ancient Mesopotamian City*, Clarendon Press: Oxford;
Miller, D.	(1985) Ideology and the Harappan Civilization, *J of Anthropological Archeology*, 4, 34-71;
Moorey, P.R.S.	(1979)(ed.) *The Origins of Civilization*, Clarendon: Oxford;
Morris, A.E.J.	(1994) *History of Urban Form*, Harlow: London;

Muhammad Abdul Jabbar(1986) *Historic Cities of Asia*, National U of Malaysia:Kuala Lumpur;

Muhammad bin Naveed(2014) Harappa: an overview of Harappa architecture and town planning, www.ancient.eu;

Murray, O & Price, S. (1990) *The Greek City*, Clarendon: Oxford;

Mumford, L.	(1961) *The City in History* , Harcourt, Bruce & World: New York;
Nissen, H.J.	(1988) *The Early History of the Ancient Near East, 9000-2000BC*, Chicago UP: Chicago;
O' Connor, D.	(2011) The Narmer Palette: a new interpretation; in Teeter (ed.);
	(1972) The geography of settlement in ancient Egypt, in Ucko et. al. (eds.);

O' Connor, D. & Silverman, D.P.(1994) (eds.)*Ancient Egyptian Kingship*, E.J. Brill: Leiden;

Oppenheimer L.A.	(1977) *Ancient Mesopotamia: portrait of a dead civilization*, Chicago UP: Chicago;
Owen, J.E.	(1991) *The City in Greek and Roman World*, Routledge: London;
Petersen, M.C.	(2012) Aggressive Architecture: fortifications of the Indus Valley in Mature Harappan Phase(M.A. Thesis), U of London;
Philip von Zabern	(1993) Mohenjo-Daro: typical site of earliest urbanization process in South Asia, in Spode & Sarinivasn(eds.), 35-51;
Pollock, S.	(1999) *Ancient Mesopotamia*, Cambridge UP: Cambridge;
Possehl, G.L.	(1990) Revolution in urban revolution: the emergence of Indus urbanization, in *Annual Review of Anthropology*, 19, 261-282;
	(2002) *The Indus Civilization*, Alta Mira: Walnut Creek;
Postgate, N.	(1994) *The Early Mesopotamia: economy and society at the dawn of history* , Kagan: London;
	(1972) The role of the temple in the Mesopotamia secular community, in Ucko, et. al. (eds.);
Rathbone, D.	(2009) *Civilizations of the Ancient World*, Thames & Hudson: London;

Ratnagar, S.	(2001) *Understanding Harappan Civilization in the Greater Indus Valley*, Tulika: New Delhi;
Rhodes, R.J.	(1986) *The Greek City States*, London;
Roach, J.	(2012) "Faceless" Indus Valley City puzzles archeologists, www.nationalgeographic.com/science;
Roaf, M.	(1990) *Cultural Atlas of Mesopotamia and the Ancient Near East*, Facts on File: New York;
Rothman, M.S.	(2001)*Uruk, Mesopotamia and Its Neighbors*, A. R. Press: Santa;

Scarre, C. & Fagan, B.M.(1997) *Ancient Civilizations*, Longman: New York;

Singh, M.V. & Shrivastava, B.B.(2011) *Indus Valley Civilization*, Centrum: New Delhi;

Smith, H.S.	(1972) Society and settlement in ancient Egypt, in Ucko, et.al. (eds.);
Snape, S	(2014)*The Complete Cities of Ancient Egypt*, Thomas & Hudson: London;
Southall, A.	(1998) *The City in Time and Space*, Cambridge UP: Cambridge;
Spencer, P.	(2011) Petrie and the Discovery of Earliest Egypt, in Teeter(ed.);
Stephen, T.	(1996) *Athens and Sparta*, Bristol Classical Press:London;
Stevenson, A.	(2011) Material Culture of the Predynastic Period, in Teeter(ed.);
Teeter, E.	(2011)(ed.) *Before the Pyramids: the origins of Egyptian civilization*, Chicago UP, Chicago;
Tringham, R.	(1972) Territorial demarcation of pre-historic settlements, in Ucko et. al.(eds.);

Tristant, Y. & Midant-Reyes, B.(2011) The Predynastic Cultures of the Nile Delta, in Teeter (ed.)

| Tsetskhladze, G.R. | (2006)(ed.) *Greek Colonization*, Leiden: Boston; |

Ucko, P.J., Tringhan, R., & Dimbleby, G.W.(1972)(eds.) *Man, Settlements and Urbanization*, Duckworth: London;

Uphill, E.P.	(1988) *Egyptian Towns and Cities*, Shire: Princes;
	(1972) The concept of the Egyptian palace as a ruling machine, in Ucko et. al. (eds.);
Vahia, M.N.	(2011) Reconstructing the history of Harappan Civilization, *Social Evolution and History*, 10, 2;
Wendy, C.	(2006) *Ancient Civilizations*, Scholastic: New York;
Wengrow, D.	(2011) The Invention of writing in Egypt, in Teeter(ed.);
	(2006) *The Archeology of Early Egypt*, Cambridge UP: Cambridge;
Wiesner, M.E.	(2004) *Discovering the Ancient Past*, Houghton Mifflin: Boston;
Williams, B. B.	(2011) Relations between Egypt and Nubia in Naqada Period, in Teeter(ed.);
Wright, R.P.	(2010) *The Ancient Indus: urbanism, economy and society*, Cambridge UP: New York;

Zetter, R.L.& Horne, L.(1998) *Treasures from the Royal Tomb of Ur*, Pennsylvania U: Philadelphia;

責任編輯	梅　林
書籍設計	嚴惠珊
排版印務	馮政光

書　　名	西方古城市文明
作　　者	薛鳳旋
出　　版	香港中和出版有限公司 Hong Kong Open Page Publishing Co., Ltd. 香港北角英皇道 499 號北角工業大廈 18 樓 http://www.hkopenpage.com http://www.facebook.com/hkopenpage http://weibo.com/hkopenpage
香港發行	香港聯合書刊物流有限公司 香港新界大埔汀麗路 36 號 3 字樓
印　　刷	中華商務彩色印刷有限公司 香港新界大埔汀麗路 36 號中華商務印刷大廈
版　　次	2019 年 7 月香港第 1 版第 1 次印刷
規　　格	16 開（185mm×255mm）296 面
國際書號	ISBN 978-988-8466-60-3